本书由中国青年政治学院出版基金资助

比较传媒史

陈彤旭 著

中国山版集团

世界图书出版公司

广州·上海·西安·北京

图书在版编目（CIP）数据

比较传媒史 / 陈彤旭著 . —广州：世界图书出版广东
有限公司，2014.1

ISBN 978-7-5100-7193-5

Ⅰ . ①比⋯ Ⅱ . ①陈⋯ Ⅲ . ①新闻事业史—对比
研究—中国、西方国家 Ⅳ . ① G219.19

中国版本图书馆 CIP 数据核字 (2013) 第 285346 号

比较传媒史

责任编辑 孔令钢
出版发行 世界图书出版广东有限公司
地 址 广州市新港西路大江冲 25 号
http:// www.gdst.com.cn
印 刷 北京天正元印务有限公司
规 格 710mm×1000mm 1/16
印 张 17.5
字 数 294 千
版 次 2014 年 1 月第 1 版 2021 年 6 月第 2 次印刷
ISBN 978-7-5100-7193-5/G · 1496
定 价 54.00 元

前言　比较的阐释与比较的叙事

比较是一种重要的研究方法。比较的研究方法是最古老的政治学研究方法之一。亚里士多德的《政治学》即是比较研究的成果。比较方法最简单的逻辑线索就是异中求同、同中求异。比较政治学已在此基础上发展出完整的分析框架。比较政治研究遵守价值中立等经验研究的最基本原则，同时又注意并克服在跨国研究中，由于文化背景或政治生活的差异而造成的各种问题。[1]

《世界政治》（*World Politics*）、《比较政治》（*Comparative Politics*）和《比较政治研究》（*Comparative Political Studies*）是一流的比较政治专业学术期刊，发表的论文代表国外最前沿的学术发展趋势。[2]《社会与历史比较研究》（*Comparative Studies in Society and History*）倡导用比较研究方法对人文社会科学进行研究，涵盖的学科包括历史学、社会学、经济学、人类学、政治学等人文社会科学的各个领域。[3]

比较出学问。马克思的博士论文是关于比较的《德谟克利特的自然哲学和伊壁鸠鲁的自然哲学的差别》。[4]英国社会学家安东尼·吉登斯在《资本主义与现代社会理论：对马克思、涂尔干和马克斯·韦伯著作的分析》中，对三位重要学者做了全面的比较，是了解社会学的重要入门书籍。[5]

---

[1] 张淡：《比较研究：一种跨文化的政治学分析方法》，载《政治学研究》1997年第1期。

[2] 熊易寒等：《如何做好比较政治学研究》，载《中国社会科学报》2011年11月7日版。

[3] 徐萍：《〈社会与历史比较研究〉（*Comparative Studies in Society and History*）简介》，载《史学集刊》2011年第6期。

[4] 马杰伟：《媒体现代：传播学与社会学的对话》，复旦大学出版社2011年版，第10页。

[5] 马杰伟：《媒体现代：传播学与社会学的对话》，复旦大学出版社2011年版，第8页。

传媒史为什么需要比较？西方学者说："在我们对传播历程的理解中总是带有一定的西方文化中心主义的色彩，如何补偿这样的偏差？我们恰好正在不断认识到东方的语言和媒介历程的起源，这令一直把欧洲和北美的有记载的历史作为传播编年史主线的我们多有不安。"[1]Hallin & Mancini（2004）在《比较媒介制度：媒介与政治的三种模式》（*Comparing Media Systems:Three Models of Media and Politics*）中提出了三种媒介制度模式：北大西洋自由主义模式，北欧、中欧或民主统合主义模式，地中海或极化多元模式。Robert Mckenzie（2007）在《全球比较媒介》（*Comparing Media From Around The World*）一书中也比较了多国媒介制度。[2]这两个研究都未将中国作为考察的重点。

本书缘起于《中外传媒史研究》课程的教学。在授课中，经常不可避免地面对中外传媒史的关联与差别，笔者由此开始了比较研究的历程。在中国，传统与变迁不仅表现在政治、经济、社会、文化的层面，也表现在传媒的领域。不同的时代，受众需求不同，传媒也就不同。不同的社会类型，受众需求不同，传媒也就不同。

本书的体系是历史性的、历时性的研究，包含了从文献到个案研究的丰富内容，比较的视角始终贯穿其中。对于传媒史来说，最严谨、可靠的研究态度就是以文献为基础、以文本为准则，在实证材料的比较中得出研究结论。

美国政治学家乔万尼·萨托利（Giovanni Sartori）阐述了比较与错误比较之别。他指出，被比较的两个事物之间应该具有一定的相似性，同时也具有一定的相异性。他用四个概念来概括比较研究中常犯的错误：①地方偏见（parochialism）；②错误分类（misclassification）；③程度主义（degreeism）；④概念延展（conceptual stretching）。其中，地方偏见是指处于真空中的一国研究，其忽视常规理论或比较分析所认可的通常类型，或者在一时冲动之下就发明某个特别的、自我裁剪的专业术语。[3]这些提示是非常重要的。比较要慎重，使用比较框架（比较地理区域或学科角度）可能产生一些特别的问题。[4]

---

[1] ［加］戴维·克劳利、保罗·海尔：《传播的历史：技术、文化和社会》（第五版），董璐、何道宽、王树国译，北京大学出版社 2011 年版，第 3 页。

[2] 彭怀恩：《比较政治新论》，台湾风云论坛有限公司 2011 年版，第 41 页。

[3] ［美］乔万尼·萨托利：《比较与错误比较》，载《经济社会体制比较》2013 年第 1 期。

[4] 余宁平、杜芳琴：《不守规矩的知识：妇女学的全球与区域视界》，天津人民出版社 2003 年版，第 11 页。

比较的目的是阐释。美国政治学家亚当·普沃斯基（Adam Przeworski）指出："目前存在一种共识，即比较研究的特征并不是比较而是解释。跨国研究的主要目的就是去理解政治现象。"[1] 由于所有的知识都在寻求一种对事实的理解和解释，因此把比较研究之目的归结为解释是合理的。法国历史学家雷蒙·阿隆在《论治史：法兰西学院课程》中也指出："说到底，我们只能通过阐释工作来认识或理解过去"，"文献学是阐释学的一种表现或技术手段，因为全部历史就在于阐释"。[2]

美国比较政治学家阿伦德·利普哈特（Arend Lijphart）指出，比较方法的主要问题可以简单地表述为：变量多，案例少。这两个问题是紧密相关的。前者实际上是所有社会科学研究的共同问题，无论采用了什么样的具体方法；后者是比较方法所特有的，它使多变量问题更加难以解决。最有效的方法是：把比较分析作为研究的第一阶段，在此阶段仔细地阐明假说；把统计分析作为第二阶段，在此阶段用尽可能大的样本来检验这些假说。

他也指出，若不考虑案例研究方法，对比较方法的讨论就是不完全的。案例研究的最大优势是，集中于单个案例可以使案例得到深入的考察，即使在研究者可支配的研究资源相当有限的条件下也能做到这一点。比较方法与案例研究方法对于科学的政治学研究来说都是非常有益的工具。[3] 在本书中，报刊名称研究主要采用了统计的方法，而报人世家研究主要采用了案例的方法。

比较研究对于理解中国和世界的传媒史都是十分必要的。北京师范大学刘家和教授指出，历史比较研究要勇于超越、勇于创新。比较性的研究需有明确特定的聚焦点，而不是一般性的泛泛的比较。比较研究包括：共时性的比较，即不同国家、民族等在同一历史时期中的同异；历时性的比较，即一个国家、民族等在不同历史时期中的同异。这样的比较研究，既需要以专门性的研究为基础，又需要比专门性研究更高、更广阔。[4]

历史分析和历史叙事在本书的写作中是不可分割地结合在一起的。历史是科学，

---

[1]　[美]乔万尼·萨托利：《比较与错误比较》，载《经济社会体制比较》2013年第1期。

[2]　[法]雷蒙·阿隆：《论治史：法兰西学院课程》，生活·读书·新知三联书店2003年版，第6页。

[3]　[美]阿伦德·利普哈特：《比较政治学与比较方法》，载《经济社会体制比较》2006年第3期。

[4]　刘家和：《历史比较研究要勇于超越勇于创新》，载《光明日报》2013年5月17日版。

也是修辞。[1] 叙事是将特定的事件序列依时间顺序纳入一个能为人理解和把握的语言结构，从而赋予其意义。意大利历史学家克罗齐（Benedetto Croce）曾说："没有叙事，就没有历史学。"21世纪以来，从叙事史学向问题导向的分析性的历史研究转型，是历史学社会科学化的路径之一。不过，叙事史学并没有因此衰微，不断有叙事性的历史著作被生产出来并产生重大的影响。历史解释离不开历史叙事，美国历史哲学家海登·怀特（Hayden White）曾引述文化史名家彼得·盖伊（Peter Gay）的话说，"没有分析的历史叙事是琐碎的，而没有叙事的历史分析则是欠缺的"，并用康德式的语言将这句话改写为"历史叙事无分析则空，历史分析无叙事则盲"。[2] 要避免琐碎和盲目，需将历史分析和历史叙事融合在一起，对于比较传媒史来说，关键是将问题阐释以及统计分析与传媒史的叙事相结合。

比较的研究方法对研究者提出了很高的要求，有学者称之为"学贯中外、沟通古今、融合史哲"[3]。《比较传媒史》在打通中外文献、提炼问题意识、跨学科分析、长时段的定量统计、图像史学等方面，都做了许多努力。本书是一项开拓性、探索性的研究，在多个领域都有所创新，包括对报刊名称的长时段数据统计，对报人世家社会阶层流动的分析，对报刊漫画的图像史学分析等。本书对国外传媒史文献、传媒史研究方法、传媒史教育的梳理具有很高的应用价值。传播政治经济学与历史的研究方法相关，本书对政治经济学与传播政治经济学的比较也富有新意。

---

[1] 刘亚猛：《西方修辞学史》，外语教学与研究出版社2008年版，第13页。

[2] 彭刚：《叙事、虚构与历史——海登·怀特与当代西方历史哲学的转型》，载《历史研究》2006年第3期。

[3] 刘家和：《历史比较研究要勇于超越勇于创新》，载《光明日报》2013年5月17日版。

目　　录

第一章 比较视野中的印刷文献

印刷文献是传媒史研究的基础。本章主要记述和评析海外图书馆有特色的中国报刊及相关文献收藏、电子报纸数据库、中国新闻史研究参考书资源等，目的在于寻觅他山的宝藏，分析海外文献资源的特点，指出其中对国内学者有价值的部分。这些文献不但海外访学时可以使用，其中有些也可在国内通过互联网在线使用，对于国内的传媒史、历史学研究者以及教学有非常实际的作用。

20世纪80年代以来，我国新闻史学者对海外中文文献的运用是引人注目的。中国人民大学方汉奇教授的唐代"进奏院状报"研究使大英图书馆收藏的敦煌文书价值得以发挥，是古代新闻史的一项重大成果。[1]复旦大学黄瑚教授根据大英图书馆收藏的《飞龙华报》所做的研究改写了近代欧洲华人报纸的历史。[2]新加坡学者卓南生教授在大英图书馆的发现对中国近代报业开端的研究做出了贡献。[3]

尽管如此，国内学术界对海外传媒史文献的利用迄今还是有限的。关于海外文献在各大洲的分布情况，目前没有系统的文章介绍；至于如何利用这些文献，也还认识不足。

为更多地了解有价值的海外文献，笔者运用多种方法进行查询，获得关于文献的丰富信息。本章与同行共享文献查询的路径，并且在诸多文献中凸显与传媒史有关的研究线索。本章的研究对象，不仅包括对传媒史有直接研究价值的报刊，

---

[1] 方汉奇：《方汉奇文集》，汕头大学出版社2003年版，第94页。

[2] 黄瑚、范书杰：《新发现的欧洲第一份华文报刊〈飞龙报篇考〉》，载《新闻大学》2004年春季号。

[3] ［新加坡］卓南生：《自序》，载《中国近代报业发展史：1815—1874》，中国社会科学出版社2002年版，第7页。

还包括相关的文献，如传教士文件等，这些材料也有研究价值。近年来，传媒史的研究范式趋向丰富，材料的范围也相应地需要扩展。

海外中文文献，从这个词语的界定来说，外延是很广阔的，除报纸、杂志、档案外，还包括古籍、文书、简帛、现代书籍等类别。但从传媒史研究的角度来讲，有价值的主要是前面几种。收藏较丰的机构主要是国外一些大学的图书馆，还有公共大型图书馆。一些国外大学关于中国的历史文献收藏丰富，并在此基础上取得了丰硕的成果。

本章介绍海外特色文献的分布，是一个"文献地图"，也提供一些研究线索和思路。西方学者对于中国传媒的历史所做的许多研究，是建立在文献资源之上的。

第一节　古代文献：甲骨、敦煌、木版书、奏折

海外收藏的中国古代文献，主要是 19 世纪以来从国内收购的文物和书籍，有些是国内稀缺的。这类文献主要保存在西方历史悠久的著名大学和图书馆中，因为它们正是汉学研究起步较早的机构。

欧洲收藏中国文献起步最早。大英博物馆（British Museum）亚洲部最出色的收藏包括中国古代的绘画、瓷器、漆器、玉器以及敦煌的佛教艺术品等。[1] 博物馆所擅长的并非印刷品，而是器物，因此对于传媒史的意义主要是从器物的图像和符号角度进行研究。

大英图书馆（British Library）是敦煌经卷在西方的主要收藏地点。我国古代新闻史研究方面的重大发现——沙洲"进奏院状报"的原件就是来自这里。由于历史的原因，敦煌文献流失海外的非常多，而且收藏分散。为了方便学术界的工作，近年在敦煌研究领域提倡国际合作，一是影印敦煌文献出版，二是建立了"国际敦煌项目"。"国际敦煌项目"（IDP）[2] 是一个开创性的国际性协作项目，旨在整合分布在世界各地的敦煌文献，目标是使敦煌及丝绸之路东段其他考古遗址出土的写本、

---

[1]　大英博物馆网址：http://www.britishmuseum.org。

[2]　"国际敦煌项目"（IDP）网址：http://idp.nlc.gov.cn。

绘画、纺织品以及艺术品的信息与图像能在互联网上自由地获取，并通过教育与研究项目鼓励用户利用这些资源。"进奏院状报"写在《季布骂阵词》的背面，笔者在"国际敦煌项目"的主页上查到了好几种"季布歌"，看到了这首古代长篇叙事诗手写卷的生动模样，但看不到写在它背面的进奏院状报。

剑桥大学图书馆的东方收藏（Oriental Collections）[1]包括五个主要部分，依次为：中国，日本和韩国，近东和中东，印度和东南亚以及"泰勒特藏"。由此顺序，可见"中国收藏"在其中的突出地位。剑桥大学图书馆的"中国收藏"始自1632年，那年该馆入藏了第一本中文书。第一笔大批收藏是在1886年，剑桥大学第一位中国研究教授韦德爵士捐献了4 304册书籍，奠定了基础。第二次世界大战以后，关于中国的收藏开始系统化，并且一直持续至今。该馆目前的主要收藏包括甲骨（最早可追溯至公元前13世纪），超过10万册的图书（最早到公元12世纪，包括木版书和拓片），以及古代文献的缩微胶卷。

英国皇家亚洲学会（The Royal Asiatic Society，缩写为RAS）收藏了许多关于中国的古代文献。[2]该馆不是公共图书馆，主要为会员服务，包括个人和图书馆会员。其他读者需提前预约，方能获得阅读准许，阅读时间也有限制。该图书馆收藏的地理范围包括亚洲全境，从最西的土耳其到最东的日本，从最北的西伯利亚到最南的印尼，还包括一部分北非伊斯兰的文献收藏。它的收藏文献年代覆盖几千年，但最近50年的不在内，古代中东也排除在外。中国和印度的文献，关系着文明的起源和古代的历史，因此都包括在内。文献涉及的学科范围广阔，包括人文学科，如历史、政治、宗教、哲学、语言、逻辑、文学、艺术和地理，也包括自然科学，如数学和天文学。其中，中文图书有5 000册，这些书相当有历史，1889年已编辑了详细的目录。

此外，欧洲汉学图书馆协会（European Association of Sinological Librarians，缩写为EASL）[3]的主页上有一个"中国研究国际学术资源索引"（Internet guide for Chinese studies）[4]，从这里可链接到一些古籍资源库，如在线《四库全书》等，可用于中国传媒史研究，比如我们想知道《四库全书》中出现了多少次"传"字，可

---

[1]　英国剑桥大学图书馆网址：http://www.lib.cam.ac.uk/readershandbook/D6.html。

[2]　英国皇家亚洲学会（RAS）网址：http://www.royalasiaticsociety.org。

[3]　欧洲汉学图书馆协会（EASL）网址：http://www.easl.org/easl.html。

[4]　"中国研究国际学术资源索引"网址：http://www.sino.uni-heidelberg.de/igcs。

以在电子数据库中查询。

美国传教士和探险家虽然比欧洲人起步晚，但是从 19 世纪中叶以后，频繁往来中国，100 多年中也建立起了丰富的收藏。美国国会图书馆、哥伦比亚大学图书馆、哈佛大学图书馆等图书馆的中国文献收藏丰富。

哥伦比亚大学东亚图书馆收藏有清朝的奏折，以及雍正、康熙、乾隆等皇帝的手批[1]，并把它们命名为"宫廷记忆系统"（the Palace Memorial System），1967 年一位来自台湾地区的博士生吴秋良以这些材料为基础，完成了博士学位论文。

哈佛大学燕京图书馆有"内阁大库档案"电子数据库，使用者可在线浏览。

文物学家钱存训在芝加哥大学东亚图书馆任馆长多年，他以这里收藏的关于甲骨、纸、笔等的大量文献为基础，完成了他的名著——《书于竹帛》[2]。这可以被我们视为一部古代中国传播媒介史，因为里面讲述的是中国人使用各类媒介传播文字的历史。他详细地分析了竹简、木牍、纸、墨、笔等的由来，以及古人使用的方法，非常完备全面，富有科学精神。《书于竹帛》也是对文献再加工的出色个案，作者使用了文物期刊和考古报告。

第二节　近代文献：早期中文报纸、东印度公司档案、
传教士文件

海外收藏的近代文献，对于研究中国新闻业的起源有重要意义。有些文献稀有而宝贵，如早期中文报纸、东印度公司档案、传教士文件等。这一时期的许多海外文献，是国内没有的。

一、早期中文报纸

近代中文报纸主要收藏于国内图书馆。但是由于战乱等原因，一些近代报纸的原件在国内难觅踪迹，因此有些西方图书馆的收藏是值得重视的，某种程

---

[1]　美国哥伦比亚大学图书馆网址：http://www.columbia.edu/itc/sipa/zelin/pages/kangxi_succession.html#quianlong。

[2]　钱存训：《书于竹帛：中国古代的文字记录》，上海书店出版社 2006 年版。

度上可弥补国内收藏的不足。下面我们看看一些著名的国外图书馆近代中文报纸的收藏情况。

美国芝加哥大学何炳棣教授在他的学术回忆录《读史阅世六十年》中，回顾了在清华大学、哥伦比亚大学的求学经历以及在芝加哥大学的研究经历，他强调原始资料对于历史学研究的重要性。何教授提到，美国东部三大汉学图书馆分别是美国国会图书馆、哥伦比亚大学图书馆以及哈佛大学燕京图书馆。[1] 笔者以为最佳的汉学图书馆未必是最佳的报刊收藏地，因为各图书馆有自己的收藏侧重。报刊年代偏近，可能不被某些图书馆重视。

美国国会图书馆收藏宏富，该馆关于中国的收藏主要放在"亚洲类"的"中国部"，关于中国法律的文献则放在法律图书馆的"远东类"中。该馆的中国收藏开始于1869年，当时偶然从中国获得一批文献，有900多册；1912年收藏进一步增加；1928年建立了中国文学分类；1945年又从重庆获得一大批文献。经过多次多渠道的扩充，到1975年已经扩展到411 963册的规模。1972年以后，由于重建了与中国图书馆的联系，资料又进一步丰富了。

该图书馆的中国收藏，现有65万册书籍、手稿和印刷品，12 000多种期刊，从1870年至今的超过1 200种报纸（包括在世界各地出版的主要中文报纸）。其中有400种期刊[如《东方杂志》（1904—1948）]和150种报纸制作成了缩微胶卷。这里有数量众多的报纸期刊原件，我们如果到那里耐心搜寻，一定会有可喜的收获。

美国国会图书馆的中国收藏已经走过一个半世纪的历程。该图书馆自称有西半球最丰富的中国研究方面的收藏，又号称是中国以外最大最好用的中国收藏。它的确有过人之处，表现为除中文外，还有英、德、法、俄、日和其他语言的有助于中国研究的文献。该馆在"地理和地图类"收藏有旧的中国地图；在"照片和印刷类"收藏有许多罕见的中国照片和精美的印刷品；在"手稿类"收藏有传教士文件、贸易公司文件和私人外交、军事文件等。这些收藏有可能对中国传媒史研究做出贡献。

哈佛大学燕京图书馆是丰富的报刊收藏库，有大量中文报纸、期刊和书籍。[2]

---

[1]　何炳棣·《读史阅世六十年》，广西师范大学出版社2009年版，第268页。

[2]　李欧梵：《我的哈佛岁月》，人民文学出版社2010年版。哈佛大学燕京图书馆网址：http://guides.library.harvard.edu/harvardyenchingarchives。

单就中文报纸来说，哈佛大学的其他分馆，如法律系图书馆和东亚中心也有一些收藏。而就数量、质量来讲，还是燕京分馆最为丰富。燕京分馆的中文报纸按出版年份排列目录，方便使用；报名多数用拼音标注，同时也有文字；年代越近的越排在前列。根据该目录，笔者检索了该馆历史久远的报纸，发现的确是有罕见的报纸。年代较早的报纸有《华字日报》（香港）、《汇报》（上海）、《日知报》（北京）、《神州日报》（上海）、《泰晤士报》（中文版）（天津）、《同文沪报》（上海）、《字林沪报》（上海）、《画图新报》（上海）、《申报》（上海）、《香港中外新报》（香港）、《上海新报》（上海）、《飞龙报篇》（伦敦）[1]、《游戏报》（上海）、《闽报》（福建）、《湘报》（长沙）、《京报》（北京）、《民国日报》（上海）、《亚细亚日报》（北京）、《译报》（上海）等。该图书馆收藏中文报刊文献丰富，有些很有价值，可仔细搜寻目录以及实地访问。这些稀有报刊文献不都是原件，有些是胶卷，在报刊目录上有相关说明。

哈佛燕京图书馆收藏的477种中文报纸中，包括当代的（20世纪50年代至今）报纸，有全国性的报纸，如《大公报》、《中国青年报》、《中国少年报》等，也有各省的地方报纸。

伦敦大学亚非学院有"香港特藏"（Hong Kong Collection），包括香港出版的800多种西文书籍与期刊，以及228 000页报纸（包括早期香港报纸）的胶片，系1997年由香港政府赠送。

要查阅香港早期报纸，还是香港本地最为丰富。香港公共图书馆2004年3月编制了一个馆藏报纸目录，名称叫"香港报刊及文献缩微资料介绍"（Introduction to the Microform Collection of Hong Kong Newspapers, Periodicals & Documents），可供参考。

二、东印度公司档案

"东印度公司记录"是大英图书馆[2]的独到收藏。"东印度公司记录"是1947年以前伦敦行政部门的文献档案，是对东印度公司在早期（1600—1858）以及后来如何控制印度、缅甸和其他英属海外机构的记录，作为英国公共记录

---

[1]　《飞龙报篇》是复旦大学黄瑚教授在大英图书馆发现的，哈佛大学燕京图书馆也有收藏。

[2]　大英图书馆网址：http://www.bl.uk/collections/iorarrgt.html。

的一部分对公众开放。"东印度公司记录"对于了解早期英国传教士和商人在华的活动有重要价值。这个记录不仅包括政治方面的内容，也包括广州的工厂记录（1623—1841）等，对于了解广州的商业性报纸也有意义。广州最早出现的英文报纸是商人办的，现在虽然已知其名称和大致内容，但对其背景还需要更多的认识，"东印度公司记录"在这方面是相当有研究价值的。更重要的是，由于早期来华传教士与东印度公司有关联，这个档案对于研究传教士办报活动有不可低估的作用。

三、传教士文件

传教士是最早在中国办报的主力，最早来中国的一批新教传教士是英国的，因此英国传教士文献对于了解中国新闻业的发端非常有价值。

伦敦大学亚非学院是英国唯一一所关于亚非研究的高等教育机构。该学院的中国收藏覆盖中国内地以及香港、澳门、台湾等地区，包括 12 万册印刷品和许多缩微胶卷，还有大约 5 000 种杂志和报纸，以及 1 100 种 1949 年以前的地方志，600 种丛书。这些收藏主要是用汉语写的，有些是用英语，还有些用欧洲其他国家的语言，另外也有蒙古语、藏语、满语等，不仅语言丰富，年代跨度大，数量也很多。亚非学院的特殊收藏中有个专门的"马礼逊特藏"，最早到中国的新教传教士莫里森博士（也就是我们熟悉的马礼逊）收集了 800 多种中文书，主要是17—18 世纪的木版书。

国内学术界以往对美国传教士文献注意不够，一是因为美国人来中国较晚，二是因为国内缺乏这方面的记录。其实美国人虽然比英国人迟些来到中国，但是采取的是对中国城市和上层社会渗透的政策，所以对中国传媒史的影响不可低估。这里介绍几种海外的美国传教士文献，有助于拓展我们在这方面的研究。

哈佛大学燕京图书馆收藏有早期中文传教士作品汇集《中国和新教徒使命》专题，包括数百份在中国传教的 19 世纪美国新教传教士的作品。这是一套微缩胶卷，来自许多传教士经长期而细致的语言学习后用中文写成的出版物，其范围从宗教课本到世俗知识短文皆有涉猎。传教士们对中文的应用虽欠典雅，却也颇具吸引力。该汇集还包括许多中文期刊，还有《圣经》的早期译本和神学作品，基督教会的历史书籍，旧的字典和罗马方言的书籍，以及有关西方的早期历史、地理和科技中文书等。这是研究美国新教徒在中国传教的历史，中国的现代化及其同西方关系的珍贵资料。

加拿大多伦多大学罗伯兹图书馆收藏的《中国记录》（*The Chinese Recorder*，1868—1932）对研究在中国的传教士活动来说是一份珍贵的资料。《中国记录》是在中国的新教传教士间发行的一种英语月刊。它在中国传教活动活跃、西方努力将远东基督化的全盛时期起着连接东西方的作用。收藏提供了有关传教士个人情况和传教活动的信息，详述了他们在传播福音、教育、医疗和各项社会活动中的情况。[1]

第三节 现代文献：电台纪录、失落的拷贝、西文报纸

海外收藏的现代中文文献虽然距今年代较近，有些也是弥足珍贵的：①有些文献记录的作者是来华外国人，其视角与国人不同；②近代以来中国多战乱，有些珍贵的文献流落到了海外。

加拿大多伦多大学图书馆收藏的"中国报业总汇和相关出版物"（Chinese Press Summaries and Related Publications，1944—1950）专题，包括解放战争时期的杂志《中国新闻评论》，以及延安广播电台的纪录稿、新华社发布新闻的纪录稿。因为当时的广播不能录音，这些文字纪录稿就显得格外珍贵。西方人对中国现代新闻业的原始记录，可以作为国内研究资料的补充。

多伦多大学图书馆收藏的"南京交通史"（1930—1937）专题（缩微胶卷），包括1865—1925年的大量有关现代中国交通和通讯史的政府文件，是由中国通信部在1930—1937年出版的。专题分为六部分：邮政管理、航空、航海、道路管理、通信管理和公共事务。这些资料对于考察中国经济发展和政治现代化的过程都是一个丰富的资源，也可用于对中国传播技术变迁的考察。

加州大学伯克利分校的中国研究中心图书馆收藏有10万册书、6 000册报纸、10 000册《文史资料》、1 800部电影、300种年鉴、300种期刊，并且正在努力增加电子收藏。该校以大量的中文文献作基础，成为世界闻名的"上

---

[1] 加拿大多伦多大学图书馆网址：http://www.library.utoronto.ca/robarts/microtext/collection/pages/chinaprm.html。

海学"研究重镇。

斯坦福大学胡佛研究所从 2001 年开始努力发展中国收藏，包括稀有书籍、报纸、政府档案，以及信件、日记、杂志、私人和公共合约、商业账目，还有照片、地图、海报等。时间范围是从 1911 年至今。他们的原则是尽量收藏原始版本，或者世界上唯一的藏品，蒋介石日记是目前该所的重要藏品。

胡佛研究所有一个"近代中国档案特藏史料中心"。蒋介石和蒋经国父子的日记原件已由蒋家后代交该所存放，时间期限是 50 年。此前宋子文的历史文件档案已经交给该所，2004 年开始对研究者完全开放。蒋介石的日记经开箱整理，部分不公开，未涉及隐私的可供外界查阅（这是蒋家捐献时提出的条件），2006 年开放。蒋氏父子二人的日记数量庞大，蒋介石日记时间是 1915—1972 年，蒋经国日记时间是 1937—1979 年。大陆历史学家杨天石在胡佛研究所对蒋介石日记进行了深入细致的研究，其著作《找寻真实的蒋介石：蒋介石日记解读》[1] 已经出版。我国新闻史学家对国民党报刊方面的研究主要有暨南大学蔡铭泽教授的博士论文《中国国民党党报历史研究》[2]。想在这方面继续开拓的学者可以充分利用胡佛研究所的蒋家日记，借此了解蒋介石父子对报界的看法，以及新闻宣传政策背后的内幕，比如台湾 20 世纪 50 年代实行报禁政策的背景。总之，胡佛研究所的档案不仅对于历史学家有价值，对新闻史学家也是十分重要的资源。

另一位国民党高官，1949 年起任台湾省主席、后曾任"副总统"等职的陈诚，他对档案的处理方式与蒋家、宋家不同。陈诚有收集文献资料的爱好，设立"石叟资料室"（陈诚号石叟）整理治军从政资料。"石叟资料室"的重要藏品，其数量约为 1 500 种，包括苏区时期共产党的各种指示、政府行政工作报告、经济计划、军事战役报告等，从油印单张到正式的出版品，形态各异，是研究中国早期共产主义运动的重要资料。这批资料被移运至台湾收藏。1960 年，美国斯坦福大学胡佛研究所征得陈诚允许，在台湾中央研究院的帮助下，将这批资料拍摄成缩微胶卷。这些胶卷的复制品被美国、西欧及日本的一些研究性图书馆购得，中国国家图书馆也收藏有这套胶卷，习惯上称作"陈诚档案"。中国国家图书馆缩微文献阅览室收藏的"陈诚档案"共有 21 卷缩微胶卷，同时还配有书本目录《江西苏维埃共和国，1931—1934——陈诚资料室部分资料提要》（*The Kiangsi*

---

[1]　杨天石：《找寻真实的蒋介石：蒋介石日记解读》，山西人民出版社 2008 年版。

[2]　蔡铭泽：《中国国民党党报历史研究》，团结出版社 1998 年版。

Soviet Republic, 1931-1934: a selected and annotated bibliography of the Ch'en Ch'eng collection）。该目录分为三部分。第一部分是刊物目录，收藏了江西苏区出版的刊物75种，其中《红色中华》203期基本完整。第二部分按内容分19类共670件文献，分别为苏维埃政府、党务、共产青年团、共产国际路线、苏区内部的冲突与分歧、红军、政治委员制度、教育、司法、苏区经济、劳工、农民、群众运动、对日战争、福建事变与白区工作、肃反、国民党围剿、留俄学生出身的领导集团、杂件。其中"苏维埃政府"、"红军"、"农民"、"国民党围剿"四个专题收藏的文献内容较多。第三部分是全部21卷胶卷的目次，按档案在胶卷中的位置排序。使用者可到中国国家图书馆缩微文献阅览室查阅。[1]

第四节　当代文献："文革"报刊及档案

海外图书馆的当代文献，来源主要是订阅。罕见的当代文献，主要是"文革"报刊等由于政治、社会原因在中国内地较少收藏的个别文献。

英国剑桥大学图书馆的当代收藏，包括中国历史、地理、传记、文学、科学技术、哲学、宗教、语言、法律、艺术等领域的1 000多种当代中文期刊。

美国杜克大学东亚图书馆的当代中国收藏，主要是20世纪80年代以后的期刊和报纸、年鉴。

澳大利亚国立大学图书馆收藏有1966—1976年中国"文革"期间的首长讲话、笔记、政治漫画、明码电报、书信等。这里选取其中几种对中国传媒史研究有价值的文献作简要介绍：南京某国营工厂的《12·10画刊》刊载了当时被批判的30名高官的人物漫画，包括刘少奇、彭德怀、陈荒煤等，虽然是丑化，但人物面貌刻画非常生动传神。《战鼓》创刊号（天津，1967）有评论、漫画，印刷比较考究。《江青同志对广播事业局群众的讲话》（1967年1月17日），是"首长讲话"纪录的油印本。还有武汉某工厂黑板报（1974）的照片等。

斯坦福大学胡佛研究所也收藏有中国"文革"（1966—1977）专题，其中有"文革"时期的508种报纸，35种单页报纸和传单，美术和漫画6种，专论和杂志227种。

---

[1]　中国国家图书馆网址：http://www.nlc.gov.cn/newzxfw/sktj/swwx/dazt。

香港中文大学中国研究中心 2002 年出版了《中国文化大革命文库电子资源》，是研究中国"文革"很好的资源。

"文革"时期的小报、语录、海报，具有独特的文化意义。以往我们对其的研究比较简单，对"文革"文献的重要性认识不够。海外图书馆重视"文革"文献的收藏，海外一些学术机构关于"文革"的研究成果也很丰富，这对于中国国内的相关收藏和研究是一种启发和激励。

第五节 海外华文报刊文献：新加坡、美国

中国有图书馆专擅海外华文报刊收藏，如广东省中山图书馆的海外中文报刊信息中心，入藏海外核心中文报刊逾 200 种，是华南地区较大的国际华文资料库，但是因建设时间短，收藏以 20 世纪 80 年代后的海外华文报刊为主。

东南亚华文报刊文献的最佳收藏地是新加坡，包括报纸及档案都很丰富，大量的原始文献可以弥补国内之不足。北美的海外华文报刊文献在美国多家图书馆都有收藏。以下分别记述和分析。

一、新加坡国立大学图书馆

新加坡国立大学图书馆的"海外华人特藏"，其特色在于年代全，收藏丰富，并且重视在线数据库的建设，方便全球读者使用。

《叻报》是新加坡最早的华文日报，创刊于 1881 年，至 1932 年年底停刊，历时 51 载。创刊号已经失传，现存于该馆的《叻报》是从 1887 年 8 月 19 日至 1932 年 3 月 31 日（中间有少量缺失），史料价值很高。该馆已将所藏《叻报》全文数据化，并计划在 21 世纪将其他馆藏且不再受版权法约束的早期海外华文报刊全部数据化，现在已完成的有《新国民日报》（1914—1940）。《槟城新报》（1895—1941）和《益群报》（1919—1936）这两种曾经行销新加坡、马来西亚的老报纸也正在数据化进程当中。

以往国内学者和学生对《叻报》这个新加坡的著名华文报纸只闻其名，未见其踪，认识只能是抽象模糊的。而现在，我们登录新加坡国立大学图书馆的主页后，无须密码、无须付费，就可以下载全部的《叻报》文本，一窥 19 世纪南洋报纸的

真容。在线《叻报》从报头到新闻报道、广告都非常清晰完整，国内学者大可以将其作为论文题目开展研究。

《新国民日报》同样可供下载。与《叻报》不同，它不是土生华人因为对中华文化心生向往而创办的报纸，而是政治性强的国民党党报，所以它在研究海外政党报纸方面有独到的价值。

新加坡国立大学图书馆的文献来源不只限于新加坡，还包括周边的马来西亚、文莱等东南亚诸国，因此其收藏之全可独步东南亚。现有的海外华文资料可分为以下几种：中文报刊、族谱、人物志、方志、华人社团特刊、华校特刊、海外华人文艺资料、海外华人史专题资料。

就本章的核心议题——报刊文献来说，该馆收藏的中文报的原件及缩微胶卷，种类居东南亚第一，共 168 种。笔者检索了目录，认为其中最有价值的，包括海外第一份中文报《察世俗每月统记传》（1822 年重印本）、新加坡最早的中文报《叻报》（1887—1932），还有创办于 19 世纪末 20 世纪初的《星报》（1890—1898）、《天南新报》（1898—1905）、《日新报》（1899—1901）、《广时务报》（1897）、《爱国报》（1902—1905）、《警东新报》（1905—1914）、《四州日报》（1910）、《星洲晨报》（1909—1910）、《中兴报》（1907—1910）、《总汇新报》（1908—1946）等，以及早期澳洲的《广益华报》（1895—1923）、美国的《中西日报》（1900—1905）、马来西亚的《槟城新报》（1895—1941）、泰国历史最久的中文报《星暹日报》等。这些历史悠久的海外华文报纸对于传媒史研究有重要意义。

该馆收藏的 168 种中文报纸，据估计，只占东南亚华文报纸总出版量的 1/10 左右。虽然不是全部，但也可以反映 19 世纪 80 年代以来东南亚华文报刊丰富而多样的特点：其中有日报（如《南侨日报》）、有小报（如《马来小报》）、有商报（如《南洋商报》）、有画报（如《南洋画报》）、有月刊（如《新报月刊》）、有周刊（如《知光周刊》）等。

除了品类丰富，该馆收藏的中文报纸年代跨度也相当大，最早到 19 世纪 20 年代，直至当代，几乎未有间断，每个年代的华文报纸都有收藏。

中文期刊方面，该馆馆藏逾 100 种，其中包括第二次世界大战前出版的《南洋研究》（1928—1941）、《中国与南洋》（1918—1920）、《崇福园地》（1915—1988）、《养正学生月刊》（1923）等，还有东南亚华人社团刊物约 1 000 种。

该馆除中文文献外,还收藏有英文与马来文文献,见于"新马特藏库"(Singapore Malaysia Collection),现存超过 61 000 种,以新加坡、马来亚、英属婆罗洲地区的文献最为丰富。其中包括大量官方档案、政府文件、罕见期刊、报纸文章,以及手稿的缩微胶卷,例如,海峡殖民部档案系列,蕴藏着非常丰富的新加坡、马来西亚华人社会史的原始文献。此外,"新马特藏库"藏有超过 36 000 种学位论文,其中专门研究海外华人的也不少,可供参考。

新加坡国立大学收藏的海外华人文献,包括 19 世纪以及更早的资料,有用英文撰述的官方档案、文件、未刊手稿、报章、期刊和私人著述;20 世纪以后的资料,更有大量中文旧报纸、期刊、社团与华校刊物,与华人问题有直接关系的会议报告、备忘录、口述历史、学位论文、个人著作和专题论述、论文集等,加上英文和马来文、印尼文等为主的官方资料,可谓相当完备。不过荷文、葡萄牙文、西班牙文、法文、泰文方面的资料比较少。

二、新加坡国家档案馆

新加坡国家档案馆(National Archives of Singapore)也有独特的收藏。它创立于 1968 年,主要任务是保存新加坡具有历史价值的公私档案文献。由于新加坡曾经是英国海峡殖民地的行政中心,在马来亚独立以前,它也是由英国政府统辖的马来联邦的行政中枢,因而国家档案馆也藏有许多与早期马来亚华人活动有关的各种档案。现存的"东印度公司海峡殖民地档案"(1786—1867)、"直辖海峡殖民地时期档案"(1867—1959)、"新加坡自治与建国档案"(1959—)、"马来属邦档案"(1873—1942)、"马来亚联合邦档案"(1945—1959),内容宏富,蕴藏极为丰富的新加坡、马来西亚华人史料。这些档案都已制成缩微胶卷。

新加坡国家档案馆还藏有一系列新加坡先驱人物与华文教育工作者的口述历史访谈,这系列的访谈由新加坡口述历史馆制作,除录音记录外亦以英文誊写成文献记录,方便阅读。

三、新加坡报业控股资料中心

这是一个报业集团的资料中心,2002 年 2 月开始启用,对外有限度地开放。该中心藏有大量中英文旧报、新闻剪报(1959—)和珍贵历史照片,是研究新加坡与马来西亚华人以及其他地区华文报刊的宝贵文献。该资料中心所藏报纸,不限于与新加坡报业控股有关的报纸，也包括其他本地报馆出版的旧报纸，包括一些稀有的中英文报纸，如 *Singapore Free Press*（1845—1962）、*Straits Times Weekly Issue*（1883—1893）、《星洲日报》（1929—1983）、南洋副刊（1945—1971）等25种，都已制成缩微胶卷。其中有至今尚在刊行的 *Straits Times*（1845—　）、*Berita Harian*（1957—　）、*Business Times*（1976—　）、《联合早报》（1983—　）、《联合晚报》（1983—　）等8种。另有约20 000册专题剪报资料，以及数以万计的照片。此外，1995年起，新加坡报业控股旗下的《海峡时报》、《商业时报》和《每日新闻》都先后数据化，如我们想研究当代新加坡报纸，可以通过资讯网站检索。

四、新加坡国立参考图书馆

该馆珍藏逾2 500种东南亚报刊，以及19世纪、20世纪的未刊文件、官方和私人出版物，有重要的研究价值。该馆现存英文报纸有《新加坡纪事报》（1827—1837）、《新自由西报》（1835—1962）、《海峡时报》（1845—　）、《新加坡日报》（1865—1882）、《威尔斯王子岛公报》（1838—1934）、《海峡华人先驱报》（1894—　）、《亦果西报》（1903—1931）等；中文报纸有《南洋商报》（1923—1953）、《星洲日报》（1951—　）、《新报》（1953—1957）、《昭南日报》（1942—1943）等；共130余种新加坡、马来亚与海峡殖民地出版报纸之缩微胶卷。

馆藏19世纪官方未刊文献如《海峡殖民地档案》（1800—1867）、殖民政府文件，以及出版物如《印度支那拾穗者》（1820）、《威尔斯王子岛年鉴》（1822）、《新加坡义学报告书》（1836）、《海峡时报年鉴》（1845—　）、《新加坡年鉴》、《新加坡贸易统计月刊》（1849—　）、《海峡殖民地政府公报》等罕见的英文官方文件。

综观新加坡的报刊研究资源，以19世纪新加坡、马来西亚地区出版的中英文报纸和官方档案文件最为珍贵。为什么新加坡如此重视华文报刊收藏呢？因为当地出版的各语种报纸，包括中文和英文日报，经常报道华人社会的活动，可以用作研究华人历史的资料。1923年宋旺相编著的《新加坡华人百年史》，就大量引用了图书馆珍藏的《海峡时报》（*Straits Times*）和《新自由西报》（*Singapore Free Press*），开创了利用报纸资料研究华人史的先河。在那以后，越来越多的人利用报纸研究东南亚华人的历史。对于传媒史研究者来说，这些报纸本身就是上好的研究对象。国内学者对华文报刊已有一些研究，新加坡的收藏情况启示我们——

（1）中文报可与英文报比较研究。同处一个时间与空间，它们彼此有什么关联？如何对受众发挥影响？这些是值得深入探讨的。

（2）官方档案可以作为研究的对象。可在其中寻找华文报刊生存的背景以及与政治、社会、文化的互动关系。

笔者曾在2005年春造访马来西亚，看到在首都吉隆坡的街头，尤其是在华人聚居区售卖各种华文报纸，从《南洋商报》、《光明报》到《中国报》都有。但是在这个华人众多、华文报纸丰富的国家里，想追寻华文报纸的历史并不容易。在马来西亚国家博物馆，两层楼里居然找不到一个汉字的踪迹，华人在马来西亚的历史被完全忽略了。笔者参观后还有一个发现，在英国人来这个国家之前，马来西亚是由荷兰人统治的，因此博物馆内展出了一些珍贵的荷兰文文献，这说明要研究马来西亚的历史仅用英文文献是不够的。

世界上最早的中文报刊之一《察世俗每月统记传》的发源地马六甲，由于附近海盗猖獗，旅行社一般不安排游客到这个美丽的海滨城市去。所以要想参观那里古老的中国寺庙，独特的唐人街景观，乃至寻访《察世俗每月统记传》的旧址，都是件困难的事。正是由于马来西亚和印度尼西亚这些国家的排华历史和文化传统，使新加坡成为最重视保存海外中文报刊文献的国家，而且新加坡有面向世界的开放心态，因此我们才可以有机会利用东南亚的华人报刊历史文献。

五、香港浸会大学图书馆

香港浸会大学图书馆有一个"海外华侨华人剪报数据库"，主要是20世纪50年代以后的报刊剪报。来源是17个国家和地区出版的230种华文报纸和40种期刊。内容主要是关于中国内地及中国台湾政府的海外华人政策，海外华人的社区、投资、教育等。剪报虽然不是研究传媒史的理想材料（因为剪过的报纸失去了原始的版面感），但对于研究传媒史、社会史和文化史也有一定价值。

六、美国的华文报刊文献

说到美国的华文报刊文献，不能不提到俄亥俄大学的邵友保博士海外中国文献研究中心[1]，这里专擅海外华人文献收藏。该中心的网页有着许多相关学术机构的链接，呈现了海外华人研究的繁荣景象。

如果要研究在美国创办的华文报刊，美国国会图书馆和大学图书馆的目录是需要查询的，美国一些州的图书馆收藏有多语种的报纸，华文报纸也在其中。

在19世纪及20世纪前期，华人是美国的弱势族群。华文报纸是记录华人社会文化的重要资料，但其中一些有可能被主流图书馆忽略。因此在官方收藏之外，民间收藏也是重要的资源途径。美国的一些华人社团，如美国华人历史学会、旧金山中华文化中心、美国亚裔研究中心，这些机构都收藏有一些在美国出版的华文报刊以及关于海外华人生活的藏书，而且至今还在征集民间收藏的早期华文报纸。因为美国的"正史"中没有记载修铁路、留辫子的华人，只有在华文报纸上才能找到早期移民的真实纪录。

美国犹他州族谱学会收藏有许多海外华人家谱的缩微胶卷，是对19世纪华人如何到达美国以及扩散到各地的详实纪录，包括人口统计数据。

对美国的华文报刊，国内学者和美国学者都有过一些研究，但还很有拓展的空间，而文献收藏是使研究继续深入下去的基础。

总之，就传媒史的研究领域来说，国外图书馆所藏的中国文献最有价值的主要是这样几方面：早期传教士或外国人办的报刊以及相关的多语种文献，由于某些原因流失海外的中国现代文献，某些"文革"文献，以及海外华人文献。

掌握国外图书馆研究资源的分布规律及使用方法，可以使我们更接近预想的目标——文献，可以令研究更有效率。需要注意的一些规律是：

1. 特　藏

有中国收藏的大学图书馆基本上是这样的逻辑次序：国际收藏——东亚收藏——中国收藏。而且经常采用专题收藏，即"特藏"的形式，熟悉这些专题对于查询文献非常重要。特藏一般有专名，叫做"某某特藏"，是有主题的某一个方面的图书或档案。有些以捐献者的名字命名，有些依照主题命名，如俄亥俄大学的"邵友保博士海外华人文献特藏"，伦敦大学亚非学院的"马礼逊特藏"等。

2. 分　馆

大学图书馆一般有许多分馆，使用者要找对路径。美国多所大学都有东亚图书馆，中文藏书和报纸一般都在这里。美国加利福尼亚大学伯克利分校的中国研

---

[1] 美国俄亥俄大学图书馆网址：http://www.library.ohiou.edu/subjects/eastasia/main.htm。

究中心有图书馆，此外还有一个东亚图书馆，两个分馆都有中文收藏。有的大学的学院图书馆收藏很丰富，如英国伦敦大学的亚非学院图书馆。还有的研究所图书馆收藏丰富，如美国斯坦福大学胡佛研究所图书馆。

3．电子目录

许多大学图书馆以及大英图书馆、美国国会图书馆等大型公共图书馆的主页上都有电子的报纸目录，输入关键词搜索即可。这当然需要有备而来，带着线索去查，否则只好用"CHINA"试试了。如果事先有明确的目标，开展检索工作就比较容易了。不过，看似盲目的大面积搜索也可能有收获。

4．参考书

用图书馆的在线目录检索工具，可以找出许多书目来，这很有用。因为国内图书馆购买的外文书毕竟有限。我们可将国外图书馆的书目作为线索，通过互联网查询感兴趣的书的内容摘要及书评，了解书的研究方向及创新之处，可在国外访学期间阅读一些重要的参考书。

5．国外图书馆的报纸编目是查询的线索，但也不能完全依赖

图书馆工作人员毕竟不是报史专家，出错误几乎是难以避免的。一般来说，图书馆卡片上的信息来自报刊自身的信息，如果报刊的情况比较复杂，不明确，卡片就有可能出错。所以最理想的办法当然是亲往图书馆看文献原件，所获得的发现会比自己预期的要多。新加坡学者卓南生先生曾在国外图书馆发现目录上没有的报纸。这并不是说编目没有用，恰恰相反，编目是通向文献资源的线索，从目录中可以看出哪些图书馆可能有想要的文献，所以在亲赴图书馆之前先在网上查询电子目录是有必要的。访问学者如先在国内查询电子目录，再确定出国查资料的具体目标，能起事半功倍之效。

第六节　电子报纸数据库

传统纸质文献有不易保管、不易使用的缺陷，因此，当代的图书馆创造性地开发了电子报纸数据库，使研究者可以跨越地域的界限，使用更广范围的文献。

电子报纸数据库有几种情况：

一、报纸的全文格式

把报纸制作成全文影像供读者在线浏览，长处是清晰、完整、使用方便，缺点是成本较高。新加坡国立大学图书馆制作的《叻报》、《新国民日报》电子数据库，读者直接就可以在上面看报纸全文。美国国会图书馆和大英图书馆的网站有许多国家的报纸全文。文物、档案也可制作成影像。如"内阁大库档案"、"国际敦煌项目"、陈诚"石叟档案"，都提供影像的在线浏览。

二、只能浏览文章标题

上海某公司制作的《中央日报》数据库，德国海德堡大学制作的《申报》数据库[1]，读者可以根据主题词在线查到相关标题，有助于更有的放矢地进行研究，但看全文还是要到图书馆。

三、只能浏览报纸名称

报纸联合目录建立在电子报纸数据库的基础上。读者使用它的好处是，只查这一个目录就可以知道某个报纸在哪里，不需要逐个图书馆搜索。下面介绍两个联合目录。

（一）英国图书馆"瞭望亚洲"联合目录

英国的图书馆做了这样一件有意义的工作，把分布在英国各地的中文报纸目录整合起来，形成一个总目录的数据库。研究者可以免于逐个搜索英国图书馆的报纸目录，而轻松掌握英国全国的中文报纸收藏情况。

这个目录叫"瞭望亚洲"（Mapping Asia）[2]，是一个旨在帮助亚洲（以及中东、北非）研究的项目，它的范围不只包括中文报纸，也包括其他语言在亚洲出版的报纸，意义在于提高英国大学、公共机构以及专门图书馆中亚洲研究资源的可用性。作为一个非常有用的工具，"瞭望亚洲"的报纸数据库（Newspapers database）包括大多数英国图书馆的亚洲语言报纸收藏，但不包括在欧洲和美国出版的亚洲语言报纸，也不包括在亚洲和北非出版的西方语言报纸（西语报纸在另一个"英国图书馆报纸目录"里可以查到）。

---

[1] 该系近年组成了一个《申报》研究团队，为此将早期《申报》编制了电子目录，可供检索。

[2] "瞭望亚洲"网址：http://www.asiamap.ac.uk/background/index.php。

"瞭望亚洲"作为可供搜索的数据库，包含两种类型的信息：

（1）各图书馆的"收藏描述"，提供各个图书馆有关亚洲收藏的历史和发展沿革、主题、语言以及文献相关国家的信息，收藏材料和范围，目录以及管理情况等。通过这种"收藏描述"，我们可以了解哪个图书馆有特别的中国收藏。比如伦敦大学亚非学院的"中国特藏"介绍，简述了该校中国收藏的起源及发展，对该学院的"马礼逊特藏"也介绍得很详细。

（2）储存大量英国的图书馆收藏的亚洲出版的报纸的信息。报纸数据库中存录了报纸目录以及国家、城市和语言等信息，供使用者检索用。比如我们输入"中国"、"上海"、"飞影阁画报"这几个关键词，就可以查到在哪个英国图书馆有这个画报。

"瞭望亚洲"项目从 2000 年开始启动，2002 年初步完成，此后它的网页一直由伦敦大学亚非学院管理着。既然该项目旨在开启禁锢的资源，它的"收藏描述"和"报纸数据库"项目都需要各图书馆的合作。它的合作图书馆有：大英图书馆、伯明翰大学图书馆、英国发展研究图书馆、英国政治经济科学图书馆、剑桥大学图书馆、达拉莫大学图书馆、爱丁堡大学图书馆、埃克塞特大学图书馆、格拉斯哥大学图书馆、赫尔大学布来莫琼斯图书馆、坎特布里肯特大学泰普曼图书馆、利兹大学图书馆、曼彻斯特大学约翰雷兰兹图书馆、牛津大学伯德莱恩图书馆、谢菲尔德大学图书馆、伦敦大学亚非研究学院图书馆等 17 家图书馆。也就是说，想了解这些合作图书馆的中文报纸收藏，不必单独检索，只需查这个联合目录就行了。

检索"瞭望亚洲"会发现，收藏中国报纸最丰富的英国图书馆是：大英图书馆，伦敦大学、剑桥大学、牛津大学的图书馆。笔者在"瞭望亚洲"报纸数据库里，尝试查一种中文报纸《华字日报》（香港），检索结果是在牛津大学图书馆有收藏；又查了两种上海的英文报，《北华捷报》（*The North-China Herald*，1864—1867）与《字林西报》（*The North-China daily news*，1864—1851），在剑桥大学和牛津大学的图书馆都有。该数据库不仅有中文报纸，也有西语报纸，与其自称的范围不符。这表明，该项目突破了预计的范围，包含多语种的亚洲报纸。

这个数据库告诉我们，有许多中国出版的报纸收藏在英国，也许若干国内已绝迹的报纸就藏在某个英国的图书馆里，等待我们去发现。

（二）美国研究图书馆中心"外国报纸数据库"

美国研究图书馆中心（Center for Research Libraries，缩写为 CRL）是一个北

美学术和独立研究图书馆的联盟。它也建设了一个联合目录，共享全美图书馆的收藏，包括报纸、国外博士论文，以及其他传统文献。[1] 读者检索后，可以通过馆际互借使用。

CRL 的特殊收藏数据库，可用来查以下类别——

（1）"外国报纸数据库"，有超过 6 000 种在美国以外出版的报纸，来自不同地区，包括中国；

（2）"美国种族报纸"，超过 2 000 种由北美不同种族群体出版的报纸杂志，包括华人报刊；

（3）"美国国民护卫队营报" [CCC Camp Newspapers（Civilian Conservation Corps，缩写为 CCC），1934—1942]，是由国民护卫队成员出版的报纸和时事通讯；

（4）"外国博士论文"，种类超过 17 000 种。

在 CRL 的"外国报纸数据库"（Foreign Newspapers database），可以查全美图书馆的中国报纸，只要填上国家和地区以及出版时间等关键词即可。笔者用"中国"和"上海"的英文词搜索，检索结果包括一些英文报纸，以及《解放日报》、《青年报》、《新民晚报》等上海的中文报纸。其中，英文周报 Celestial empire 保存有 1874—1927 年的报纸（中间有缺），英文日报 Shanghai evening courier（后来改名为 Evening gazette 和 Shanghai courier and China gazette）保存有 1873—1874 年的报纸，英文日报 North-China daily news 保存有 1866—1951 年的报纸（中间有缺）。

用"PEKING"和"CHINA"查到的报纸，包括英文报纸以及《北京晚报》等中文报。其中，英文日报 Peking gazette 保存有 1874—1881 年的报纸，Chinese public opinion（每周出版三次，后来改名叫 Peking daily news）现存有 1908 年 5 月 5 日到 1909 年 4 月 29 日的报纸，德文日报 Pekinger deutsche Zeitung 现存仅有 1901 年的 1 月 13 日和 3 月 17 日两期。对于这些西文报纸，国内尚缺少研究，不妨多利用美国图书馆的文献资源。

英国和美国的全国图书馆报纸收藏联合目录，对于中国的图书馆和报纸研究者都提供了有益的启示。中国幅员辽阔，很多地方图书馆都有丰富或稀有的收藏，但是利用不够。如果能建设一个全国性的中国报纸联合目录，将文献资源充分发掘利用起来，那该有多好。

---

[1] 美国研究图书馆中心（CRL）网址：http://www.crl.edu/collections。

第七节　中国新闻史研究参考书资源

做中国的报刊研究，需要了解学术界的已有成果。中国内地 20 世纪 80 年代以来的许多新闻史研究著作被海外一些图书馆收藏，可以说，中国内地的新闻史研究不乏被海外同行了解的途径。我们现在需要更多地了解海外学者对中国新闻史的研究。

德国最古老的大学之一海德堡大学的汉学系所编制的中国报刊史研究参考书目录非常全面。[1] 因并不限于该校图书馆收藏，所以视野非常广阔，表现为：

1. 收录较全

尤其对现当代中国学者的研究著作大量收入，表明我们大陆学者的新闻史成果已经成为西方学者研究中国报纸的重要参考资料。

2. 语种广泛

包括中、英、德、法、日文的参考书，使我们可以了解到世界各地关于中国新闻史的研究成果。另外，台湾的文献我们在国内接触有限，这里也提供了不少，如方世铎的《上海报纸产业资料汇辑》（台北，1976）。

3. 体裁全

不仅有专著、论文，还有传记、工具书、资料汇集等。

如《循环日报六十周年特刊》（1932），《华字日报七十一周年纪念刊》（1934），《申报二万号纪念册》（1928），《新闻报三十年纪念》（1923）等重要资料，悉录其中。

4. 学科视野开阔

不仅包括报史，还有印刷史、工业史。

如张静庐的《中国近代出版史料》（北京中华书局，1954）和《中国出版史料补编》（北京中华书局，1957），孙毓棠的《中国近代工业史资料》（第一辑）（北京中华书局，1979），《中国印刷史资料汇编》（1990）等，尽收录之。

---

[1]　德国海德堡大学汉学系编制的中国报刊史研究参考书目网址：http://www.sino.uni-heidelberg.de/staff/janku/press/bib.htm。

5. 年代跨度大，从 19 世纪的文章一直到 2000 年以后的近作都有

目录中收入了西方人研究中国报纸的年代非常早的英文文章和著作，计有 1870 年《中国记录者和传教士杂志》（福州）上登载的《通信：中国报业》，1874 年《北华捷报》（上海）上登载的《北京公报》，1875 年《中国记录者和传教士杂志》（上海）上登载的《中文印刷活字》，1895 年发表的《中国传教士报业：美国长老会传教士报业》，1933 年出版的《中国期刊业，1800—1912》，1922 年发表的《中国新闻业的先锋和代表：新闻报》等。我国学者新近出版的《中国新闻学术史》（李秀云，2004）[1] 列举了许多早期的中文新闻学研究论文，但以上几篇并未提及。我们如按图索骥，可更丰富对中国新闻学术史的认识。

该目录中还收入许多海外学者的论文和著作，有博士论文，如陈婉莹的《中国的邮政传播及其现代化，1860—1896》（哈佛大学东亚研究中心，1970）等，以及瓦格纳团队、季家珍、冼玉仪等当代汉学家和东亚学家的近作。

6. 把日本作为研究中国的参照体

这个参考书目分成几个部分，最后一部分是"日本报业"。包括《新闻史：西方风格报纸在明治早期的改编》（1975）、《日本新闻事业发展》（1924）、《创造公众：明治时期日本人和报业》（1997）、《日本的报业与政治》（1921）、《明治时期报业的政治》（1980）、《日本新闻业》（1918）等著作，作者都是西方人。编目者如此安排，表明是把日本新闻史作为研究中国新闻史的参照，这种思路是耐人寻味的。

我们从事某个题目的中国新闻史研究之前，先来看看参考书目录，大有必要，既可以避免简单的重复工作，也可找到研究的线索。像近年欧洲学者重视对画报进行研究，这个书目里就有《清代报刊图画集成》、《清代报刊图画集成续编》、《清末民初报刊图画集成》、《清末民初报刊图画集成续编》等重要资料。这个书目包含的语种和年代范围十分广阔，对于研究中国新闻学术史是很有价值的。

香港中文大学中国研究中心有相当丰富的关于中国的新闻学书籍收藏，新闻史方面的书籍收藏也不少。值得注意的是各地新闻志的收藏非常全。这个中心是冷战时代西方学者研究中国的中转站，得到了许多国际资助。随着中国内地的开放，这个中心获得的资助减少，它的作用已经没有改革开放前那么显著了，但是它在中国与外界隔离时代建立起来的广泛收藏，每年都吸引一些中国内地学者到

---

[1] 李秀云：《中国新闻学术史（1834—1949）》，新华出版社 2004 年版。

此访问、交流。

美国芝加哥大学东亚图书馆是由华人学者钱存训建立起来的。在中国报刊研究方面，收藏的中文书不少。这个图书馆的页面上设置有中文关键词检索[1]，可以方便地查到中文书。用"中国"和"新闻"两个关键词联合检索，能查到很多书，包括《中国新闻事业通史》（方汉奇）、《中国新闻事业编年史》（方汉奇）、《美国华文报刊简志》（王士谷）等国内新闻史学者的著作。用"北京"和"报"检索，可查到《北平解放报始末》、《清末民初政情内幕——〈泰晤士报〉驻北京记者，袁世凯政治顾问乔·厄·莫理循书信集》、《旧京醒世画报：晚清市井百态》（影印北京《醒世画报》）、《报刊词汇》（北京语言学院编，1981）等。这些资料和参考书是美国学者研究中国报刊的工具。

用"上海"和"报"做关键词，查到的有《上海新报中的太平天国史料》（1964）、《点石斋画报·大可堂版》、《上海图书馆馆藏中文报纸副刊目录（1898—1949）》（上海图书馆编，1985）、《太平军在上海：〈北华捷报〉选译》（上海社会科学院历史研究所编译，1983）等。

此外，在芝加哥大学书籍目录中又找到一些东亚学界研究中国报刊的近作，包括《出售快乐：二十世纪早期上海的日历广告和视觉文化》[2]（夏威夷大学出版社，2004），《为中国的报纸？上海新闻媒介的权力、认同和变化（1887—1912）》（梅嘉乐，2004），《早期中国革命中的一位美国编辑：约翰·威廉·鲍威尔和中国周刊》（O'Brien, Neil L，2003），《上海古登堡：中国印刷资本主义（1876—1937）》（芮哲菲，2004）等。还发现有两本法文书，《抗日战争时期的中国舆论》（1938）和《上海商业报纸（1897—1949）》（1978）。

为什么关于中国新闻史有这么多的海外著述呢？一方面是国外有许多文献资料支持，另一方面是西方的中国研究历史悠久，有丰厚的学术积累。19世纪就有汉学，传教士和探险家开始收集海外文献，成为研究的支持。20世纪中期以来，东亚学兴起，改变了传统汉学家与当代政治文化隔膜的状况。此外，西方的中国研究有语言的教学作后盾。"在美国3 000多所大学，开设汉语课程的有近800

---

[1]　美国芝加哥大学东亚图书馆网址：http://www.lib.uchicago.edu/e/easia。

[2]　Laing,Ellen Johnston. *Selling happiness:calendar posters and visual culture in early twentieth-century Shanghai*,Honolulu:University of Hawai ' i Press, 2004.

所。"[1]另外，欧洲和美国的大学图书馆里都有不少关于如何读中国报纸的工具书，对于研究起到了辅助功能。

以上是对海外图书馆和文献资源进行的综合记述分析，虽不能说已呈现了所有的文献资源，但可以帮助我们了解到海外有非常丰富的文献，海外有很多很有价值的研究资源。

当代的图书馆是非常开放的。如果一个区域的学者利用中文报纸不够，那不会全是资料分布的问题，一定还有学术氛围和视野的原因。由于在国外华文报纸不是主流报纸，所以西方学者对其研究还很不够，还有拓展的广大空间，国内的学者可充分利用这些资源。

国内的学者如何充分利用海外文献呢？如果身在国内，可以使用国外图书馆的在线数据库，如新加坡国立大学图书馆已将两种报纸全文上网，俄亥俄大学邵友保海外文献研究中心也表示将把独家资料陆续上网，对这些信息内地学人可及时了解、充分利用。更好的途径是通过出国访问和留学进修，亲自前往这些图书馆一觅罕见文献的踪迹。

就时间段来说，国外的文献，尤其是近代的文献可以大大填补国内的缺失，包括传教士、殖民地经济社会纪录、报纸原件等。至于现代部分和古代部分，只有少量流失到国外的是国内没有的。而当代部分，仅"文革"期间的文献可能会填补国内的某些缺失。另外，就是海外华人的文献国内缺乏。所以说，大量的宝贵文献还是在国内，在我们身边。

对西方研究者来说，做中国研究不能只使用所在国家的中文文献，那毕竟是很有限的。加州大学伯克利分校的东亚学家经常到上海档案馆、上海图书馆查文献，德国海德堡大学的汉学家们也多次造访北京、上海、香港，因为最丰富的中国文献还是在中国内地。

瞭望国外的文献资源之后，可以让我们更清楚地认识到，中国内地的报刊收藏是非常全面的，与新闻史相关的档案、书籍等更是丰富。中国国家图书馆、中国人民大学图书馆、北京大学图书馆、上海档案馆、上海新闻图书馆、南京第二档案馆等都各有千秋。

对国内的研究者来说，遗憾的是常常身在宝山，懵然无觉。譬如，中国广大的地方报纸收藏丰富，许多地区的新闻史都值得深入研究。然而除了《上海新闻

[1] 要英：《汉语热不等于"软实力"》，载《文汇报》2005 年 7 月 28 日版。

史》等少数佳作外，不少地方新闻史是由新闻志工作者编纂，学术价值较弱。这一方面表明地方报纸资源没有被充分开掘，也表明地方报纸的研究还很有潜力。专门的报刊，尽管收藏丰富，比如近代以来的戏剧报、电影报、医学报、体育报、金融报等，数量都不少，但几乎还都没有好好被研究过。

宝山在眼前，为何不知不觉？往往是因为没有把地方的或专门的报刊，放在一个"框架"里，赋予它大意境，自然就看不到其价值所在。那么，对于身边方便利用的报刊文献，如何能发现它的大意义所在？这需要扎实的理论基础，以及深入的研究探讨。一些西方研究著作长于小中见大、内涵深刻，在这方面能给我们长足的启发。

总之，绝大部分的文献资源还是在国内，需要我们充分认识和利用。随着我国学术环境的进一步开放，到国外图书馆查找一些珍稀的文献也会变得越来越方便。

第二章 比较视野中的数字化文献

第一节 数字化报刊文献：资源、发展与利用

新闻史是新闻学一级学科的基础，基础中的基础是文献。从国际学术前沿对研究方法的要求看，强调文本是研究的基础，没有文本的新闻史研究是空中楼阁。没有文献，就没有文本，文献是文本的前提。印刷报刊文献与数字化报刊文献是新闻史文献的两种类型。数字化报刊文献在新闻史教学研究中可以发挥怎样的作用呢？

1. 数字化报刊文献可以弥补地域的距离，使研究者在异地也可以使用地方性的报刊

比如新加坡《叻报》，该报创刊于 1881 年，是新加坡最早的华文报纸，非常有研究价值。新加坡国立大学中文图书馆将其数字化并上网之后[1]，世界各地的研究者都可以便利地使用该报的史料，而无须万里迢迢地奔赴新加坡。这无疑降低了研究的成本、提高了研究的效率，对于促进学术的发展有积极的意义。

《叻报》的研究价值在于三个方面：① 20 世纪初，梁启超在《新史学》中首次提出"国民史"的概念，认为对中国历史的解释应是激发国民意识的工具。[2]

---

[1] 新加坡国立大学中文图书馆《叻报》网址：http://www.lib.nus.edu.sg/lebao/index.htm。

[2] 黄宗智：《中国研究的范式问题讨论》，社会科学文献出版社 2003 年版，第 293 页。

《叻报》刊载的"谕旨恭录"[1]表明了东南亚华侨的国民认同。这个时期华侨仍保留中国国籍，视自己为中国人的一部分。②《叻报》刊载的"本坡"（新闻）表明土生华人和华商阶层的成长。③《叻报》刊载的"去风虎骨膏"、洋酒等广告，是东南亚经济社会史的镜子。关于数字化报刊文献的研究价值与研究方法，新加坡《叻报》是一个很好的个案。使用数字化报刊文献，需要注意问题设置，并将数字化文献与印刷文献相结合。

2. 数字化报刊文献可以弥补印刷报刊文献的不足

独到的文献决定了研究的价值，对于研究报刊的学者来说，一手资料非常重要。但一手资料不容易获得，改变匮乏状况的有效途径是数字化报刊文献。"舍我先生报业数位典藏"就是一个有重要应用价值的数字化报刊文献资源。[2]《立报》曾是民国时期中国发行量最高的大众化报纸，然而这样一个地位显著的报纸，其文本研究却是匮乏的，目前对《立报》的研究主要是从体制、办报人、社会影响等角度进行分析。究其原因，与该报资料使用不便有关。20 世纪 80 年代，人民出版社和上海书店出版了《大公报》和《申报》的影印本，受到广泛欢迎，全国各大学图书馆及公共图书馆多有购置。但是，《立报》没有发行影印本，影响了研究的深入。"舍我先生报业数位典藏"的建设改变了这一状况，《立报》目前已由台湾世新大学数字化并上传至互联网，并有一些很实用的附加功能：①分类检索，把两报的报纸广告分为休闲娱乐、生活用品、医药医疗等几类，方便使用者进行专题研究；②标题检索，可以使用关键词对两报的新闻进行检索。使用者通过这个资源，可以看到《立报》《世界日报》的新闻和广告的原始版面，可以放大局部，还可以下载，对于新闻史和历史学专业的研究与教学都有不可低估的应用价值。

3. 对于新闻史专业的大学教师来说，指导学生使用数字化报刊文献写论文也是一个行之有效的应用路径

比如学生可以研究国家图书馆的《东方杂志》等在线民国期刊[3]，这样他们在任何时间任何地点都能查史料，于忙碌的毕业季节兼顾实习和写论文。

---

[1]　参见《叻报》1910 年 1 月 3 日版。

[2]　台湾世新大学"舍我先生报业数位典藏"网址：http://newsmeta.shu.edu.tw/shewo。

[3]　数字国家图书馆民国期刊特色资源网址：http://mylib.nlc.gov.cn/web/guest/search/minguoqikan/medaDataDisplay。

4. 外国新闻史的教学研究目前依赖二手文献，文本的缺乏是其痼疾，数字化报刊文献可以帮助外国新闻史研究突破缺乏文本的困境

以"泰坦尼克号"沉船事件报道研究为例，1912年4月"泰坦尼克号"邮轮沉没，对于该事件当时的媒体是如何报道的？以往的国内研究都局限于对《纽约时报》一家报纸的分析，视野受束缚主要是文献匮乏的缘故。最新的研究通过使用美国国会图书馆的官方网站，检索相关主题的数字化报纸，发现在"泰坦尼克号"沉没后，美国许多报纸都进行了报道，而且各有特色，这样就丰富了对历史的认识；同时，《纽约时报》官方网站在2012年制作了一个百年纪念专辑，把当年的报纸原始版面数字化并上网。[1]我们对此进行文本细读，得到了新的发现。[2]这个研究如果没有数字化报纸的文本资源，是不可能完成的。

我国一些图书馆已购进了"Press Display"报纸数据库。该报纸数据库与纸版报纸同时，可以看到世界各国报纸当天的信息，包括1 700余种报纸，92个国家、40余种语言；可以看到原始版面，阅读效果与纸本报纸一致；具有8种语言的语言播放功能、11种语言的翻译功能。该数据库包括《泰晤士报》、《华尔街日报》、《华盛顿邮报》等世界各国的重要报纸，既解决了纸本报纸延迟和过期的烦恼，还可以对同一天世界各地不同报纸的报道进行比较。

我国在报刊数字化方面也已经做了一些努力，国家图书馆开发了民国期刊数字化资源，可在线免费使用。大成老旧刊全文数据库也收录了大量期刊，可购买使用。[3]在报纸方面，目前最成熟的是《人民日报》数据库。此外还有许多重要的报纸正在数字化工程进行中。[4]重要的民国时期大报，如《申报》、《大公报》等，在发布政府公告、报道时事、反映社会变迁方面扮演关键的角色。如果将这些大报数字化，可以促进社会科学研究的发展。重要的中国共产党党报，如《解放日报》、《中国青年报》等，对研究中共党史、当代中国社会变迁有重要的意义，也宜尽快数字化。

数字化报刊是印刷报刊的延伸，但是不等于印刷报刊。印刷报刊的保存与利用依然是有意义的。笔者认为，阅读新闻史文献应该有四个原则：经典文献与前

---

[1] 《纽约时报》官方网站"'泰坦尼克号'百年纪念专辑"，网址：http://topics.nytimes.com/top/reference/timestopics/subjects/t/titanic/index.html。

[2] 陈彤旭：《美媒"泰坦尼克号"沉船事件报道得与失》，载《中国记者》2012年第5期。

[3] 大成老旧刊全文数据库网址：http://www.dachengdata.com/search/search.action。

[4] 《华文报刊文献数字化意义重大》，载《长沙晚报》2010年10月26日版。

沿文献相结合；中文文献与外文文献相结合；著作与期刊文章相结合；印刷文献与数字化文献相结合。

印刷报刊文献和数字化报刊文献的阅读体验有无差异？如何弥补这种差异？笔者在新闻史的教学研究实践中发现，差异的确存在，可通过多种途径弥补。

1. 浏览报刊的局部版面与浏览报刊的整体版面相结合

"窥一斑可见全豹"这句古语不适用于报刊研究。新闻报道及广告的意义不但通过内容表达出来，还通过版面位置和版面面积表达出来。因此，仅浏览报刊版面的局部是不够的，研究者还必须了解整体的版面情况，对于印刷报刊文献和数字化报刊文献来说都是如此。

近现代的报纸都是对开或四开的，报纸的版面一般在数版至数十版不等。折叠的报纸版面构成了一个完整的系统。如果阅览的是印刷报纸，只要前后翻动，就可以很容易地感受到当天的报纸哪篇报道的位置最显著，哪则广告的面积最大，各版之间有什么关联。而数字化报纸每次只能显示一版，使用者虽然可以清晰地把握这一版的状况，但容易忽略报纸的整体结构。因此，数字化报刊的使用者须有意识地观照报刊的整体。

阅读数字化报刊文献是一项很艰苦的工作，长时间看电脑的液晶屏幕会使眼睛很疲倦。目前已经用于电子书阅读器、可使阅读舒适的纸墨水技术，尚未应用于普通电脑的液晶屏幕。那么是否可以下载报纸版面到电子书阅读器呢？技术上是可行的。

2. 研究者不宜局限于单一的报刊文本，可注意比较不同的报刊

数字化报刊的容量是巨大的，与印刷报刊相比，使用者可以更快捷地阅读报刊。如果到传统的图书馆过刊阅览室借阅报刊，需要填写索书单，说明想借阅的刊名、刊期等信息，然后等待馆员取刊，或许一个下午只能看一两本。数字化报刊则方便得多，读者可以在一个个版面之间冲浪。但数字化报刊的一个弊端也接踵而至：浏览者容易陷入海量的信息，而忽略了与外部系统的关联。因此，对于研究者来说，使用数字化报刊之前，最好是制订一个研究计划，明确问题的设置，并且在使用中注意比较不同的报刊，使用适当的理论工具。总之，使用数字化报刊，须注意比较，努力呈现报刊文本的意义。

以《立报》广告研究为例。《立报》的数字化文献将广告分类，方便了使用者的检索。但是当我们研究该报的广告时，会发现研究的意义很难凸显出来，除非进行比较。如果将同时期的《立报》与《申报》的广告进行对比，就会发现一

个有意思的差异：《立报》的广告版面比《申报》小得多，文案也比较简单。欲探究原因，须追溯两报的源头：《立报》所属的世界报系 1924 年创始于文教城市北京，在经营上以报纸销售为主要收入来源，广告收入所占比例很小。《立报》1935 年在上海创刊后，也延续了这一经营上的传统。《申报》1872 年创刊于工商业城市上海，对广告业务极其重视，专设广告科，由留日归国的经理主持业务，广告的版面占全报的一半以上，文案也很考究。如是比较，使我们在城市与报纸之间建立了关联，深化了对报纸文本的认知。

3. 有了数字化的报刊文献，依然需要接触印刷报刊文献

因为要想感受报刊的纸张和印刷的状况，只能靠眼睛的观察和手的触摸，去近距离体味质感。

4. 使用数字化报刊文献需注意鉴别

17 世纪的荷兰新闻书是近代报纸出现以前出版周期较长的新闻媒介。一个美国的旧报纸收藏网站上有荷兰新闻书出售，然而价格只有几十美元，这不能不令人生疑：如此珍贵的文物，距今已 400 多年，售价却这么低廉，是真品还是赝品？所以对于网站上的信息一定要注意鉴别。"作为工具和对象，互联网提供了许多研究的空间，但是在使用的过程当中，我们应当慎之又慎。"[1]

《国家中长期教育改革和发展规划纲要（2010—2020 年）》提出要加快教育信息化进程，指出信息技术改变了教学模式、教学内容和学习方式，对教育发展具有革命性意义，并且提出要引进国际优质数字化教学资源。[2]在当代高等教育中，数字化教学资源能够越来越多地发挥作用，数字化报刊文献也必将更好地为新闻教育界所利用。

搞清楚文献的分布、文献的使用，不仅有益于新闻史学科的进步，也有益于我国图书馆的报刊收藏与使用。对于图书馆来说，核心业务有三个部分：收藏、保存、利用。即在收藏的基础上，要保存好，还要利用好，这样才能充分发挥图书馆的作用。

新闻史文献同时也是历史学的文献，同是报刊，新闻学专业的师生可用，历史学专业的师生同样需要，报刊是研究历史的重要材料。在国际史学界，文化史

[1] 陈韬文等：《与国际传播学大师对话》，中国人民大学出版社 2011 年版，第 179 页。

[2] 《教育规划纲要》工作小组办公室：《教育规划纲要辅导读本》，教育科学出版社 2010 年版，第 185—187 页。

研究成为近年的新兴领域，报刊的历史也因此成为被关注的重点之一。数字化报刊文献为历史研究提供了更丰富便利的资源。

目前，书籍和期刊的数字化在中国已经有了长足的发展。《文渊阁四库全书》电子版、《四部丛刊》全文电子版、《古今图书集成》图文数据光盘都已经出版，并有检索功能，方便研究。[1]中国知网、超星数字图书馆已经被广泛使用。除此之外，还有其他许多类型的文献也有待数字化，如图像文献的数字化，海报、日记等图像对于历史研究的意义不可低估。

音频视频资料的数字化。美国在这方面很发达。历史上著名的广播节目、电视节目，如《世界之战》、《炉边谈话》、《东京玫瑰》、《肯尼迪和尼克松的总统竞选辩论》，从录音到文稿都已数字化，我们可以在互联网上找到。中国的广播电台创始于20世纪20年代，电视台创始于20世纪50年代，早期节目的音频、视频还未数字化并面向大众。如果能够将其数字化，使研究者和大众可以便捷利用，对于促进研究的进步、提高国民的文化素养和媒介素养都是有益的。

数字化文献建设是一项需要巨大投入的事业，其社会影响也必然是巨大的，此项事业任重而道远。国外的数字化文献资源很多是免费共享的，国内的很多是要付费的，这可能会影响我国数字化文献资源的利用，还需要努力去解决。数字化文献数据库的检索功能如何更好地发挥促进研究的作用，也是一个迫切需要解决的问题。

数字资源孤岛和数字资源超载被认为是阻碍数字资源有效获取的两大困境。[2]对于数字化报刊资源来说，也存在这样的困境，这就需要我们理清资源的分布，改善使用的方法，以提高利用效率和研究水平。

在当代高等教育中，数字化学术资源能够越来越多地发挥作用。对新闻传播学中的新闻史学科来说，学生可以通过互联网获得学习资源以及研究材料等，非常有助于改善教学效果，对于学者来说，可以拓展学科的发展空间。目前，西方国家尤其是美国，新闻史方面的网络资源很多。17—21世纪，各种类型报纸的版面以及杂志的封面，有些还可以看到全文并下载；还能够从这些网址听到20世纪30年代的美国广播节目原声，看到20世纪50年代的英国电视节目录像等。这些网址不但能够成为中外新闻传播史课程的宝贵教学资源，也可以作为宝贵的研究

---

[1] 黄爱平：《中国历史文献学》，中国人民大学出版社2010年版。

[2] 马文峰、杜小勇：《数字资源整合：理论、方法与应用》，北京图书馆出版社2007年版。

资源。通过这些国内外的数字化学术资源，能够直观地把握新闻史沿革，还可以激励研究兴趣。

第二节　数字化广播文献在研究与教学中的应用

广播史是新闻史的重要组成部分。近年来广播史料的数字化为深入学习研究广播史提供了很好的素材。历史上著名的广播节目，如科幻广播剧《世界之战》、广播记者爱德华·默罗的报道《这里是伦敦》、日本NHK电台的国际广播节目《零点时刻》、罗斯福总统的《炉边谈话》等，从节目录音到文字稿、背景资料都已数字化，可以通过互联网查询并使用。收听这些广播史上经典节目的录音，并结合文字稿和背景资料对节目进行细致的剖析，可以加深我们对节目的理解、丰富对广播史的认识。

一、收听经典节目录音，有助于理解广播的影响力

在电视业兴起之前，广播是非常有影响力的媒体。在广播的黄金时代，经典节目之一就是《世界之战》（后人称为《火星人入侵地球》）。1938年10月30日，在万圣节的前夜，美国哥伦比亚广播公司（CBS）的"水星剧场"（The Mercury Theatre on the Air）栏目播出了由科幻小说《世界之战》（*The War of the Worlds*）改编的同名广播剧。

《世界之战》1898年由赫伯特·乔治·威尔斯（Herbert George Wells）创作，是科幻小说史上最重要的作品之一。[1] 在小说中，火星人的星球由于过度进化而走向衰亡，火星人也进化得狰狞可怖。火星人企图征服地球，地球上的城市因为他们的威胁而人去城空、几近荒芜。小说本身很有感染力，改编成广播剧后更具震撼力。信以为真的听众们纷纷出逃，火车站里，人山人海。这件事被当时的报纸广泛报道，比如美国新泽西州的《特伦顿晚时报》马上就进行了报道，我们现在可以通过报纸档案网站看到当时的版面。[2] 这些报道主要有两个内容，10月31日的报道是反映广

---

[1]　［英］亚当·罗伯茨：《科幻小说史》，北京大学出版社2010年版，第159—160页。

[2]　美国新泽西报纸档案网站：http://www.genealogybank.com/gbnk/newspapers/explore/USA/New_Jersey。

播剧《世界之战》给民众造成的恐慌；11 月 1 日的报道是关于美国联邦通讯委员会（Federal Communications Commission，简称 FCC）将研究如何对广播剧《世界之战》加强管理。报道中说，哥伦比亚广播公司（CBS）星期天晚上播出的威尔斯的广播剧造成了极大的恐慌，因为听众对广播中的情节信以为真了。这两则报道表明，广播剧《世界之战》给美国民众造成恐慌是真实存在的历史事件，社会影响很大，并且美国联邦通讯委员会对此事件的反应很及时，也抓住了事件的关键，即广播剧不应使听众混淆虚构与真实。美国联邦通讯委员会后来出台的规制措施也是针对这一点，要求电台制作的广播剧中不得穿插拟真的新闻播音。

广播剧《世界之战》之所以社会影响如此之大，还有其他原因：①广播在那个时代是主要媒体，听广播的人多，并且人们很信任广播，广播有权威性；②社会心态脆弱，当时全世界正在纳粹的威胁之下，国际局势紧张，战争一触即发，美国国内的经济萧条更加剧了民众的消极心态；③节目本身制作精湛，达到了很高的水平。

哥伦比亚广播公司"水星剧场"栏目播出的许多广播剧至今保存完好，还可以收听，包括《世界之战》。[1] 当我们收听这个节目并感受当时的气氛，会发现：开场是庄重的音乐，然后是严肃的男声新闻播音。随着广播剧的节奏越来越紧张，播音员的语速变得越来越快，中间还穿插着许多采访和音响效果，包括逼真的惨叫声，绘声绘色地表现了外星人入侵地球的场景。到节目的最后，播音转为缓慢低沉，不断重复"寂静，寂静"（silence，silence），恍若地球被外星人毁灭后的荒芜景象。

听完节目，我们就能理解当时的听众为什么恐慌了，剧中确实有不少容易使人混淆虚构与非虚构节目的元素。《世界之战》作为一部广播剧，技巧娴熟、情节生动，很吸引人。但是由于在广播剧虚拟情节中穿插拟真新闻播报和音效，使得该部广播剧产生了事先未曾预计到的负面影响，引起听众的误解和极大恐慌。这一事件启迪后来的新闻人，制作节目时，除了追求惊人的传播效果，还要注意避免负面影响。

外国传媒史领域，需要更多的个案研究，需要使用更多的一手文献。数字化广播节目是一种重要的研究文献，不仅可用于教学，还可用于传媒史研究。我国

---

[1] 美国哥伦比亚广播公司"水星剧场"网址：http://www.mercurytheatre.info。这里有广播剧《世界之战》的录音，可以下载 MP3 格式收听。

常将广播剧《世界之战》称作《火星人入侵地球》[1]，而我们在收听该节目的录音以及查询相关报纸文献后，会发现在节目当中提到广播剧的名称是《世界之战》，报道由此剧引起的恐慌事件的美国报纸也称该剧是《世界之战》，为什么在我国称其为《火星人入侵地球》？可能是以讹传讹。现在我们收听了该剧的录音，应该将这个错误纠正过来。

福柯在《知识考古学》中指出，考古学分析应该在话语形成出现的同时性中对它们进行比较、对照。[2]并且，话语的考古学力图发现机构的，经济过程的以及话语形成可在此基础上相互连接的社会关系的整个范围。[3]从"世界之战"到"火星人入侵地球"，概念的转换是如何发生的？这是一个值得探究的知识考古学的话题。

二、收听经典节目录音，有助于感受广播记者的伟大

美国哥伦比亚广播公司的著名记者、播音员爱德华·默罗（Edward R.Murrow）（以下简称默罗）在"二战"的危机时刻，在人们渴望了解真相的时候，不畏艰险，站到前线，从欧洲上空传来真实的声音，给美国听众带来信心。默罗不仅本身播报新闻出色，还善于招募、领导广播人才。他组建了一个战地广播记者队伍，在1937年秋天第二次世界大战爆发之际，及时地进行报道，他们通过电话直播将报道从欧洲各国发回美国CBS总部。

如今，默罗的战地报道《这里是伦敦》可以从网上免费下载收听。[4]当我们听到炮弹轰炸声中默罗标志性的庄重而有节奏的播音"这里……是伦敦"（this...is London）时，能真切地感到这位伟大的广播记者的精神风貌，沉稳、坚定而勇敢。

时代造就英勇的战地广播记者，同时，默罗这位了不起的记者也是经过艰苦的磨砺才养成的。收听他的采访录音，能够帮助我们更深入地认识这个人物：①默罗的口音悦耳。默罗在大学期间曾加入剧团，学习戏剧表演，因此他在朗读方面是受过训练的。②默罗的播音亲切。做节目应该像在酒吧里与朋友聊天一样，这是他的追求。③报道录音中夹杂着现场的背景炮弹声，烘托出了战争的气氛，

---

[1] 崔鹏：《对〈火星人入侵地球〉的回顾与思考》，载《新西部（理论版）》2012年第4期；《火星人已入侵地球？美国人曾信以为真》，载《南国早报》2012年8月13日版。

[2] [法]米歇尔·福柯：《知识考古学》，生活·读书·新知三联书店2003年版，第173页。

[3] [法]米歇尔·福柯：《知识考古学》，生活·读书·新知三联书店2003年版，第183页。

[4] http://www.earthstation1.com/pgs/wwii/dos-Morrow400824.m3u.html。

也反映了默罗这位战地记者的出生入死、英勇无畏。对于后辈记者来说，默罗是一个很好的榜样。

三、收听经典节目录音，有助于澄清广播史的争议

国际广播是面对另一个国家、为使其他国家听众收听而进行的广播。"二战"是国际广播发展迅速的时期。第二次世界大战期间，位于东京的日本 NHK 电台对亚洲战场上的美军和英军士兵进行了旨在动摇军心、瓦解士气的播音。在热带丛林中，征战的大兵们常常收听 NHK 的广播节目，还将声音甜美的女播音员命名为"东京玫瑰"（Tokyo Rose）。

女播音员中最有名的一位，名字叫户栗爱娃（Iva Toguri，又名户栗郁子）。她是在美国出生的第二代日裔移民，生于 1916 年，1940 年毕业于加利福尼亚大学动物学专业，1941 年因探亲踏上日本的土地。太平洋战争爆发后，她被迫滞留在日本，先是在 NHK 电台找了份打字员的工作谋生，从 1943 年起，在《零点时刻》（Zero Hour）节目担任播音员工作，这是一个英语节目，面向亚洲战场上的英美士兵广播。

对于户栗爱娃的历史功过如何评价？目前是有争议的。有一种说法是，NHK 播出的节目并不能真正起到瓦解军心的作用，户栗爱娃的声音略带男性化，可以防止盟军士兵产生日军所希望的那种思乡之情。[1]

事实真相究竟如何呢？拨开历史迷雾，需要确凿的证据，最直接的证据就是当时的节目录音。听一听原始的节目录音，我们就能明白为什么国际广播可以作为战争的武器。我们现在可以通过互联网下载、收听日本 NHK 电台的《零点时刻》节目[2]，至少能确认三点：①户栗爱娃在每期节目的开头自称"孤儿安"（Orphan Ann）；②户栗爱娃的嗓音确实有些沙哑，比实际年龄成熟，但也时常带几分娇嗲；③节目中播出轻松的美国流行音乐。

女播音员自称"孤儿安"，这是一种修辞手法。户栗爱娃从小在美国长大，熟悉美国年轻人的生活方式，她以"孤儿安"之名博取听众的怜爱与同情，说着美国士兵熟悉的英语，播放美国年轻人熟悉的音乐，唤起美国士兵的思乡情绪。

---

[1]　[美]J·K·皮尔斯：《"东京玫瑰"的真相》，载《环球军事》2003 年第 13 期。

[2]　《零点时刻》节目录音及"东京玫瑰"背景资料网址：http://www.earthstation1.com/Tokyo_Rose.html。

收听《零点时刻》的播音，是一种愉悦的享受，但在特定环境中，可能会导致听众的心志涣散。

四、收听经典节目录音，有助于学习传播技巧

美国总统富兰克林·罗斯福（Franklin D. Roosevelt）（以下简称"罗斯福"）政绩显赫、彪炳史册：①他推行新政，使美国度过了经济大萧条的危机；②他领导全国同法西斯作战，赢得第二次世界大战的胜利。罗斯福是美国历史上唯一一位连续四次入主白宫的总统。尽管他不利于行，如果其政治生涯开始于电视时代，大概就当不成总统了。但是他有效地利用了广播这个新兴的媒介，赢得了民众的支持。

罗斯福当上总统后与新闻界的关系密切、良好，在四届总统任期内，共举行了998次记者招待会。《炉边谈话》（Fireside Chats）这个节目也帮助罗斯福获得了声望。如今，我们可以通过倾听《炉边谈话》节目的录音，读解节目的文字稿，感受其魅力。[1]《炉边谈话》的修辞手法和传播技巧值得今人学习。

1. 亲切的称呼是一种有效的修辞手法

在谈话的开头，罗斯福总统对听众的称呼经常是"我的朋友们"（my friends），或"我的美国朋友们"（my fellow Americans），亲切的称呼一下子拉近了与听众的距离。而且他的发音清晰标准，语速不快，容易听懂。可见他是以广大国民为听众对象的，包括不同文化程度、不同地域的人民。

2. 及时通报消息

例如1933年3月12日是《炉边谈话》第一次播音，内容是关于当时的金融危机。1941年9月11日的谈话内容是关于美国海军刚刚遭遇的一次严重失利，罗斯福总统表示美国不会沉默，不会让纳粹得逞，尽管这次谈话非常沉痛，但是他给公众以信心。虽然《炉边谈话》节目里常常播报的是坏消息，但是坦诚布公地及时通报最新消息使罗斯福总统赢得民心。

3. 谈话的长度适中

节目不冗长也不过分简短，介绍国家形势以及政府的对策，把事件的情况充分传播出来。比如第一期关于金融危机的谈话文字稿不到2 000个词，其他各期节目的文字稿基本都在2 000—4 000词。

---

[1] 《炉边谈话》节目录音网址：http://www.presidency.ucsb.edu/medialist.php?presid=32。《炉边谈话》节目文字稿网址：http://www.presidency.ucsb.edu/fireside.php。

从 1933 年 3 月 12 日至 1944 年 6 月 12 日，一共播出 27 期《炉边谈话》。广播，把罗斯福洪亮、充满自信的声音传遍全国，使他与美国民众的心拉近了。千家万户都听到来自华盛顿的声音，人们觉得不再孤独，心仿佛团结在一起。广播增加了国家的凝聚力，使人们对政府恢复了信心，使新政得以顺利实行。罗斯福因此被称为新闻史上的"广播总统"，即善于利用广播的总统。

《世界之战》、《这里是伦敦》、《炉边谈话》，这三个经典广播节目都是在第二次世界大战前后出现的。这不是偶然，而是广播史发展的结果。在广播最为繁荣的时代出现的节目经典，既是新闻业的荣耀，也是新闻业的财富。《零点时刻》作为"二战"期间著名的国际广播节目，也是广播史记忆的一部分。

新闻史能给予学生广阔的知识、专业主义精神的陶冶以及实用的方法论启迪。学习和研究新闻史，应该多接触第一手资料，对新闻史上的伟大记者们多一些直观的感受。对于文字记者，多看其作品文本；对于广播记者，多听其作品录音。当我们聆听、感悟，并读解、分析这些节目时，可以受益良多。展望未来，数字化广播节目在新闻学教育和研究中一定能发挥越来越大的作用。

第三节　数字化电视文献在研究与教学中的应用

重思电视史有助于理清传媒变迁的线索。电视史应以当代传媒的变迁和问题为研究的起点，一切历史都是当代史。目前电视业存在一些弊端和痼疾，因此需要重返电视史，寻找历史的线索，进而寻求解决问题的途径。

怎样看待电视业的影响？怎样看待新媒介的变迁？如今，新媒介是指互联网及手机电视等，但是当电视最初出现在人们面前时，也是以新媒介的面目出现的。

一、最早的电视机

回顾早期电视史，电视技术先驱们的贡献令人尊敬。电视机刚发明的时候，有两种技术路径：机械电视机和电子电视机。而且在最初的时候，这两种技术电视台都曾试用过。后来经过实践的检验，选择了电子电视机，淘汰了机械电视机。虽然两种电视机的命运迥然不同，但是机械电视机播出的影像还是留下来了。最早的电视影像是机械电视机播出的。

1884 年，德国人尼普科用活动圆盘传送活动图像成功，确立了机械电视机的原理。而成功制造机械电视机的是英国人贝尔德（John Baird）。1925 年人们在商店里见到了这台机器的展示。次年，他又示范了电视画面的无线传输。机械电视机收看效果比较差（扫描的行数少，每个画面只有 200 多条线，后来通用的电视一般是600 条线），而且很笨重，噪音也很大，不好操作。所以他的技术在英国使用一段时间后，被淘汰了。尽管如此，他仍旧是一位值得尊敬的电视技术先驱。[1]

电子电视机相对地避免了机械电视机的毛病。这种电视机的原理不是扫描盘，而是电子显像管。1878 年，英国科学家发明了一种射线管。1897 年，德国科学家布劳恩发明了简单的电子显像管，确立了电子电视机的基础。而制作成功电子电视机的人是美国工程师兹沃利金（Vladimir Zworykin）。兹沃利金来自俄罗斯，20 世纪20 年代在西屋公司工作。1929 年，美国无线电公司邀请兹沃利金加入，继续从事电视技术研究。随后，他发明了光电显像管。[2]

技术转化为社会生产力，需要好奇心、执著和经济的支持。因为好奇，曾有许多人投入了对电视的研究。但是，仅仅有好奇心是不够的，有人没有坚持下去，有人没有得到大公司和大学的资助和支持。兹沃利金从事电视技术的发明长达几十年，后面没有强大的支持是不可能做到的。雇佣这位科学家的西屋公司正是美国第一个电台"KDKA 电台"的创办者，而美国无线电公司也是广播事业的推动者。同为俄国移民的美国无线电公司（RCA）领导者萨尔诺夫支持电视的研究（其人也是广播的先驱），为此美国无线电公司投入 5 000 万美元。

兹沃利金对电视的贡献卓著，受人尊敬。20 世纪 60 年代，肯尼迪当选总统后，兹沃利金的一个朋友是总统的科学顾问，问他："你见过总统没？"兹沃利金说没见过。于是两人来到白宫去见总统。科学顾问向总统介绍来宾时说："这就是使你得以当选总统的那个人。"肯尼迪十分惊讶："为什么这么说呢？"科学顾问解释说："他就是发明电视的人。"

---

[1] 贝尔德发明的机械电视机放映的人脸影像可以在这个网址上看到：http://inventors.about.com/library/inventors/bltelevision.htm。

[2] 兹沃利金发明的显像管（Cathode Ray Tube）可以在这个网址上看到：http://inventors.about.com/od/cstartinventions/a/CathodeRayTube.htm。

二、早期的电视节目

通过网络，可以了解英国广播公司（BBC）20 世纪 50 年代的电视节目，包括对儿童节目、竞猜节目等早期节目的介绍。[1]

三、总统竞选电视节目

美国华裔学者、著名作家董鼎山在接受访问时曾讲述："（肯尼迪总统）是我们很喜欢的总统，当时年轻人非常喜欢他。他那时候跟尼克松竞选，尼克松当时显得很不像样，几乎根本不像是个合格的对手。今天回想起来，那时候美国刚刚开始普及电视新闻节目，很多人说尼克松败给肯尼迪跟电视有关。那时候肯尼迪和尼克松在电视上有公开的竞选讲话。这是头一次有两个总统候选人在电视上进行辩论讲话。肯尼迪年轻、面相好，显得意气风发，很有气势，而尼克松的形象不够好，而且态度显得很拘束，给人的印象非常不好。当时听无线电广播的人就说，尼克松当选的胜算大，因为他会讲；而看电视的民众则认为肯尼迪的气派好，有把握赢。结果肯尼迪当选。"[2]

我们可以应用电视史文献研究电视与政治和竞选的关系。《美国总统竞选电视辩论：1960—2000》网页有历次美国总统竞选电视辩论的录像和照片。[3]我们研究电视史时，如果能直接感受几十年前的电视节目影像会十分有帮助。

肯尼迪与尼克松总统竞选的电视影像可以在互联网上看到，美国 1960 年的节目《总统竞选辩论：肯尼迪 VS 尼克松》辩论直播中，两位总统候选人在演播室里的表现不同。进入直播后，每人说三分钟。肯尼迪更镇定、精力充沛，而尼克松病容明显，表情也不自然。

人们评价，美国第 35 届总统肯尼迪是第一个会真正利用电视的总统。1960 年的总统竞选，他借电视击败了远比自己有名的尼克松。民意测验表明尼克松曾领先肯尼迪，但二人进行了有史以来的首次总统候选人电视辩论后，尼克松的形象大为受挫，败下阵来。这是美国有史以来总统竞选中的第一次电视辩论，观众多达 7 000 万人，对选举结果起了决定性作用。

---

[1]　http://www.whirligig-tv.co.uk/tv/history/history.htm。

[2]　海龙、董鼎山：《诊断美国——与董鼎山谈话录》，上海人民出版社 2012 年版，第 77 页。

[3]　http://www.museum.tv/debateweb/html/history/index.htm。

四、经典美国电视新闻

从"电视博物馆"网页[1]进入"展览"（Exhibition）栏目，然后点击"125个最重要的政治时刻"（top 125 political moments），这里有：①肯尼迪总统1963年被暗杀的CBS电视新闻视频；②肯尼迪与尼克松1960年的总统竞选辩论电视直播视频；③阿姆斯特朗1969年登月的电视新闻视频；④马丁·路德·金的演讲《我有一个梦》视频；⑤2001年的"9·11"事件视频；等等。这些都是改变了历史的时刻，留下的影像是珍贵的历史纪录。

五、范德比尔特电视新闻档案

范德比尔特大学的电视档案[2]，搜集了大量晚间电视新闻和专题新闻报道，并做了摘要。范德比尔特电视新闻资料库是世界上最广泛、最完整的归档的电视新闻。起自1968年8月5日，收集从总统林登·贝恩斯·约翰逊、理查德·尼克松、杰拉尔德·福特、吉米·卡特、罗纳德·威尔逊·里根、乔治·赫伯特·沃克·布什（老布什）、比尔·克林顿，直到乔治·沃克·布什（小布什）和奥巴马时期的电视节目。节目包括自1968年以来的ABC、CBS和NBC，以及1995年以来的CNN和2004年以来的FOX的新闻节目。还包括总统演讲和新闻发布会、水门事件听证会、波斯湾战争、"9·11"事件、阿富汗战争和伊拉克战争的相关电视报道等。

其他可用于电视史研究的网址还有：

www.aade.com/tubepedia/1collection/tubepedia.htm；

www.televisionheaven.co.uk/history3.htm；

www.televisionheaven.co.uk/history.htm；

www.whirligig-tv.co.uk/tv/history/history.htm。

发表于《电影、广播和电视历史杂志》（*Historical Journal of Film, Radio and Television*）1997年第3期的《互联网：事实文献的历史媒介研究》（The Internet: historical media research on the virtual archives），作者是戴维·唐纳利（David F. Donnelly）和克里斯蒂娜·罗斯（Kristina Ross）。论文指出，自20世纪90年代以来，互联网被普遍应用，历史学家进入网络时代。通过互联网，传媒史学家获得许多有

---

[1] http://www.museum.tv/museumsection.php。

[2] http://tvnews.vanderbilt.edu。

价值的材料，包括新闻影片、广播节目、稀有影像历史文件和档案。文献信息被传输到网上，分至许多网址，网上的历史文献数量庞大，为了容易应用，文中提供了传媒史网络资源资源的索引：

（1）互联网电影数据库（The Internet Movie Database）：http://us.imdb.com。

（2）死亡媒介项目（The Dead Media Project）：纪录著名的已消失的媒介，一些已废弃的技术，打字机，信鸽等。http://griffin.multimedia.edu/~deadmedia。

（3）范德比尔特电视档案（Vanderbilt Television Archives）：范德比尔特大学的电视档案，搜集晚间电视新闻和专题新闻报道，并做摘要（节目摘要可以根据年代和主题词搜索）。http://tvnews.vanderbilt.edu。

（4）信息时代展览（Smithsonian Information Age Exhibit）：包括照片和许多媒介的描述，早期电报、电话和计算机设备等。http://photo2.si.edu/infoage.html。

（5）广播先驱图书馆（Broadcast Pioneers Library）：提供图书馆收藏的描述，包括电台广告收藏（Radio Advertising Bureau Collection）以及国家公共广播档案（National Public Broadcasting Archives）。这些网址给历史学家提供了照片、音响、图像以及剪报，可以帮助我们一瞥历史的时刻，建立直观的感受。http://www.itd.umd.edu/UMS/UMCP/BPL/bplintro.html。

第四节　"泰坦尼克号"沉船事件报道
——数字化文献研究的案例

2012 年是"泰坦尼克号"沉船事件 100 周年。1912 年 4 月 15 日凌晨，这艘世界上最大最豪华的邮轮在其首航途中，触撞冰山而沉没，死亡 1 500 多人，生还仅 700 多人。对于这次重大的灾难，当时的媒体是如何报道的？其经验教训对当代新闻人有何启示？本节以美国国会图书馆[1]以及《纽约时报》官方网站[2]的数字化文献为资料来源，回顾此次报道的得失及其背后的原因。

---

[1]　美国国会图书馆官方网站：http://www.loc.gov/rr/news/topics/titanicsinking.html。

[2]　《纽约时报》官方网站：http://topics.nytimes.com/top/reference/timestopics/subjects/t/titanic/index.html。

一．一些报道专业而严谨

在"泰坦尼克号"沉船事件报道中，自始至终表现出色的当属《纽约时报》。"泰坦尼克号"于 1912 年 4 月 10 日从英国出发，目的地是美国纽约。此次首航引起了全世界许多媒体的关注，《纽约时报》10 日的报道标题为《"泰坦尼克号"今日启航》。然而几天后，传来了噩耗，该报在第一时间进行了报道。

《来自沉船的最新新闻》，是《纽约时报》15 日的大字标题。正文为："瑞斯角消息。星期日晚上，4 月 14 日 10 点 25 分，白星轮船公司的'泰坦尼克号'向马可尼无线电站发出'CQD'求救信号，并报道遭遇冰山，需要立即救援。半小时后，另一条信息发来，报告船头正在沉没，妇女们开始上救生艇。"该报道还说，位于瑞斯角的马可尼无线电站通知了其他船，艾伦公司的"弗吉尼亚号"距离"泰坦尼克号"有170 英里远，正加速开来，说 15 日上午 10 点能到。"弗吉尼亚号"曾和"泰坦尼克号"取得直接联系，最后收到信号是在 15 日 0 点 27 分，该船的无线电报员说："这些信号是模糊的，并骤然停止。"此外，"奥林匹克号"也曾和"泰坦尼克号"取得直接联系。在这则新闻的下方，刊登着"泰坦尼克号"的全景照片，图片说明是："白星轮船公司'泰坦尼克号'——世界上最大的邮轮在其首航撞上了冰山"。

15 日的另一则消息是《纽约时报》专稿，报道了"泰坦尼克号"附近的许多船只都听到了求救信号，有几艘船速往救援的详情。其中特别提到，艾伦公司的"弗吉尼亚号"只有 200 名乘客，有足够的空间可以转运"泰坦尼克号"的大量幸存者，但这艘船是邮船，不大可能拖运"泰坦尼克号"；艾伦公司的官员希望听到进一步的消息。

《纽约时报》收到第一条关于"泰坦尼克号"的电讯是在凌晨 1 点 30 分左右，截稿时间是凌晨 3 点 30 分。在短短两个小时里，就组织了如此详细而准确的报道内容，反映了该报的严肃品质和专业能力。

《纽约时报》经过精心的筹备，在 4 月 16 日发布了更为详尽的报道。该日的报道主要有：

（1）《最新报道 幸存 866 人》："波士顿 4 月 15 日消息。今晚晚些时候收到来自'奥林匹克号'的电报，'卡帕西亚号'正载着 866 名来自'泰坦尼克号'救生艇的乘客前往纽约，大多是妇女和儿童。"

（2）来自"奥林匹克号"的专稿。专稿是通过无线电报发来的："最大的轮船 2 点 20 分沉入海底。营救太迟。救生艇只搭载了几百人。妇女儿童先登救生艇。

'卡帕西亚号'搭载幸存者驶往纽约。"

（3）该日头版还刊登了"泰坦尼克号"和船长史密斯的照片，以及部分乘客名单。[1]

除《纽约时报》之外，还有一些美国报纸的报道也充实可读，值得赞许：

（1）芝加哥《日记报》4月16日刊登了"泰坦尼克号"的内部结构透视图。

（2）《旧金山号召报》4月18日的版面围绕"泰坦尼克号"沉船事件，报道了四个方面的内容：①国会要求查明灾难责任；②纽约妇女界发起旨在扶助孤寡的慈善基金；③海上安全新规则；④一位船长接受采访说，"泰坦尼克号"撞向冰山的力量相当于30门大炮的火力。

（3）《纽约美国人报》着重报道了遇难名人。4月16日头版报道的副标题为《约翰·雅各布·阿斯特在随船沉没的乘客中 根据布拉兹特里特昨晚从"奥林匹克号"收到的无线电报 阿斯特夫人得救并由"卡帕西亚号"送往陆地》[2]。约翰·雅各布·阿斯特四世是船上最富有的乘客，美国大商人，他在此次事故中未能幸免于难，其妻生还。新闻详细地注明了收到电报的时间、消息来源、收报地点，以强调信息的可靠性。

以往的研究只强调《纽约时报》在"泰坦尼克号"沉船事件报道中的出色表现，对于该事件中其他报纸的报道认识不足。由于缺少参照的视角，因而影响了对于此事件报道的理解。

《纽约先驱报》1912年4月16日的头版头条标题是《"泰坦尼克号"船上1 800人沉没 只有675人生还 多数是妇女和儿童》。同日《纽约论坛报》的头版头条标题是《"泰坦尼克号"沉没 1 340人丧生 只有886人获救 多数是妇女和儿童》。这两份纽约的著名报纸报道了"泰坦尼克号"沉船事件的基本事实，但细节不够准确。《纽约时报》4月17日的头版头条标题是《"卡帕西亚号"只提供了400名"泰坦尼克号"幸存者的姓名 无线电在海上搜索进一步的消息》。与其他报纸相比，《纽约时报》确实是更进一步，有更新、更翔实的报道内容。

二、为何出现大量"假新闻"

"泰坦尼克号"出事后，其他许多美国报纸也收到了电讯，却做出了错误的

---

[1]　http://www.achievement.org/autodoc/photocredit/achievers/bal0-006。

[2]　http://www.titanicuniverse.com/titanic-newspaper-articles。

报道。例如，距离纽约不远的《锡拉丘兹先驱报》4月15日的头版标题是《"泰坦尼克号"乘客全部得救》[1]，显然这是严重的失实。

世界知名的《每日镜报》也报道错了。该报由英国报业大王北岩爵士创办于1903年，为了争取新兴的妇女和大众读者，加强图片报道，重视新闻的可读性、易读性，所以在1909年就达到了100万份的发行量。4月16日该报的版面内容与事实南辕北辙："'泰坦尼克号'无线电报 46 000吨轮船 2 300名乘客遇险 所有人平安 随着早晨宽慰消息传来 挂虑终结 乘客逃生 无助的巨轮由艾伦公司的轮船拖向港口"。明明船沉了，却说是被拖向港口；明明多数人丧生，却说是全部逃生。

随后，截稿时间迟一些的美国晚报也报道了灾难的消息。纽约《世界晚报》4月15日的头版大标题为《轮船放下乘客 "泰坦尼克号"据报沉没》。该报的消息还有：许多名人在头等舱；乘客转往"卡帕西亚号"和"珀里吉恩号"；"泰坦尼克号"由艾伦公司的"弗吉尼亚号"拖往哈利法克斯。这些消息仅部分准确。

为什么许多报纸在"泰坦尼克号"沉船事件报道中出现了失误呢？

（1）新闻界对"泰坦尼克号"抱有幻想。当新闻界人士收到"泰坦尼克号"遇险的电讯时，普遍的心理是不敢相信、不愿相信，抱有幻想，冀望"泰坦尼克号"能摆脱困境，乘客幸存，船只也幸存。这是导致报道盲目乐观、偏离事实的重要原因。

（2）"泰坦尼克号"撞上冰山之后，仓促之间向外界发出的求救电报简短而模糊。赶来营救的轮船从遥远的海上发回陆地的电报也是只言片语。这就给报社留下了很多想象的空间。比如电报中说"轮船放下乘客"，但是放下了多少乘客，没有说。于是很多报纸根据不完整的信息，做出了乐观的推断：乘客全部得救了。事实是，船上只有20只救生艇，根本无法搭载所有乘客。"泰坦尼克号"最终只放下了几百名乘客，登上救生艇，其他1 500多名乘客和工作人员都随船沉入大海了。幸存者的数字后来发回，各报才连忙更正。

（3）使用无线电报进行新闻报道需要对信息筛选鉴别。因为海上的轮船都有无线电发报设备，都在向陆地发出电报，前后信息不一、各船信息不一。如果报纸有闻必录，必然导致自相矛盾、谬以千里。

在"泰坦尼克号"沉船事件的报道中，之所以一些报纸出现错误，与无线电报技术刚刚出现，人们对其不熟悉有关。每个时代，当新的媒介出现时，人们都有过惊惶、迷惑与批判。在对这一事件的分析中，我们能看到媒介现象背后存在

---

[1] http://newspaperarchive.com/DesktopModules/ViewHtml.aspx?htfile=FreeArchives.htm。

的偏见与谬误。有关"弗吉尼亚号"的报道，许多报纸出现了失误，就与这个原因有关。该船收到求助信号后，曾积极准备营救，还考虑过能否将"泰坦尼克号"拖往港口。但是由于它距离出事地点很远，事态又太严重，最终"弗吉尼亚号"并未起到营救船的作用。那些报道它将"泰坦尼克号"拖向港口的报纸，包括《每日镜报》在内，应是依据较早的电讯，误报了相关消息。

《纽约时报》对"泰坦尼克号"首航及其沉没事件进行了大量报道。而相关报道之所以及时准确，与其主编卡尔·范安达（以下简称范安达）非常熟悉海上无线电报技术有关，他有使用无线电报报道新闻的丰富经验。1904年日俄战争时，《纽约时报》花费重金租用世界上第一艘新闻电讯发送船，在旅顺附近的海面上采访战争消息，然后发往美国，成为独家新闻。[1]这一次，又是范安达根据收到的电讯，在日报中第一个做出了"泰坦尼克号"已然沉没的判断。

后续报道过程中，各报都想采访到乘坐"卡帕西亚号"到达纽约港的幸存者，尤其想见到船上的工作人员，以了解事故的详情。但是，面对这场巨大的灾难，白星轮船公司封闭了采访的渠道，一概拒绝报社记者。范安达于是派一个行动敏捷的记者来到纽约港，扮作无线电发明者马可尼的随从来到船上，采访到了事故的幸存者，尤其是那个发出求救讯息的发报员。这个非凡的成功采访，不仅反映了《纽约时报》出色的新闻报道组织能力，也源于范安达对电讯技术的深刻理解：当时白星轮船公司已经断绝了和外界的联系，只接待无线电技术人员。其他报社也做了很多努力，有的报社还派去了名记者，想方设法突破轮船公司的防线，但无一成功。

在"泰坦尼克号"沉船事件的报道中，由于对大工业迷信、收到的信息不完整、报道时间仓促等原因，许多英美报纸都出现了失误。"泰坦尼克号"沉船事件已经过去100年了，留给我们很多层面的丰富思考。对于新闻人来说，需鉴往知今，既努力掌握新的传媒技术，也注意筛选鉴别信息，以避免失误的报道。不仅此事件的报道可作为案例，新闻史上发生过的其他失误，也应收集起来进行研究，使教训转化为教材，推动新闻事业不断进步。

---

[1] ［美］迈克尔·埃默里等：《美国新闻史：大众传播媒介解释史》，新华出版社2001年版，第276页。

第三章　比较视野中的传媒史研究方法

第一节　中国新闻史研究的学术传统

中国新闻史作为学科出现，是近代学术分工的结果。这样一门交叉学科，除了在新闻学的体系内生长，还受历史学发展的影响。19世纪德国历史学家兰克开始强调史学的科学属性，"在历史研究和撰写上都师法科学"[1]，这种观念对后来的历史学家影响深远。梁启超以来的中国新史学，就是在西方史学科学化的影响下形成的。方汉奇先生提出"新闻史是历史的科学"[2]，可谓是对兰克和新史学思想的继承与发展。

西方和中国的历史学在20世纪一直朝科学的方向努力，以布罗代尔、勒鲁瓦·拉迪里为代表的法国年鉴学派极其注重档案和数据。以王国维、陈寅恪等为代表的中国新史家们则长于"二重证据法"（文物、经籍，或曰地上地下打成一片），以及从古文字学、语言流变入手的历史考察方法。[3] 中国新闻史研究由于其专门史的性质，新闻学及后来的传播学理论的作用较一般的历史研究更为显著。但从方法上来说，与历史学研究是一致的。新史家们注重史料、注重对照辨析文献，以及从语言的发展考察历史，重视运用统计数据，从历史的因果关系中寻找规律等科学研究方法，也是严谨的中国新闻史学者的研究方法。中国新闻史理应是现

---

[1]　［美］乔伊斯·阿普尔比等：《历史的真相》，中央编译出版社1999年版，第58页。

[2]　方汉奇：《方汉奇文集》，汕头大学出版社2003年版，第2页。

[3]　许冠三：《新史学九十年》，岳麓书社2003年版，第235页。

代的、科学的。

当代新闻史研究者面临的威胁主要来自于两个方面：①自身能否遵循严谨的学术研究规范；②来自"解构历史"的时代潮流。

新闻史学者既属于一个独立的学术共同体，也笼罩在知识界的整体氛围之下。20世纪90年代后，中国知识界告别了激情的启蒙时代，进入职业化时期。中国新闻史研究的职业化方向因而凸显。职业化意味着明确学术研究规范，以史料为基础，以发现历史变迁的因果关系为目标，即许冠三先生所谓的"重建往事，解释过去"[1]。职业化还意味着廓清业余新闻史爱好者与专业研究者的界限。报社志、回忆录等，在学术工作中的位置只能是提供史料，专业的研究者在面对这些史料时必须辨析。不加辨析地堆砌史料和史料匮乏同样危险，不严谨的做法只会削弱新闻史研究的力量。

另一个威胁来自20世纪60年代兴起的后现代主义潮流，以德里达和福柯为先锋，以解构历史、颠覆历史为时尚，他们否定历史研究方法，否定追寻历史真相的可能性，将历史的方法看作一种落后的方法。西方学术界的这股风潮试图将历史学从社会科学领域中驱逐出去。"历史的终结"、"反历史"成为流行的学术话语。中国的新闻与传播学界也在这股风潮的影响之下。兼之中国历史的书写一度缺乏独立和自由，"反历史"的批判色彩对学人颇有吸引力。不过，时至今日，西方历史学界已经能够平和地看待后现代主义的冲击。一部分注重史料的历史学家继续去查他们热爱的档案，爬三百级台阶也在所不惜[2]；而另外一些，如海登·怀特，将历史相对主义作为一种研究方法[3]，人们把他称作后现代历史学家或者历史哲学家。

身兼教学与研究二职的中国新闻史学家们，面前还有第三重威胁——来自学生的期待。他们不停追问：新闻史有什么用？新闻史课程有意思吗？

新闻史当然有用，它提供了分析问题的历史维度。就像计量历史学家"掠夺人口学的资源，但给予了它历史的维度"[4]。新闻史从新闻学和传播学中"掠夺"资源，同时也给予它们历史的维度。可惜许多研究当下传媒问题的学者未必能够充分领略这种回馈。社会学家黄平曾经这样谈社会学与历史的关系："这些年受

---

[1]　许冠三：《新史学九十年》，岳麓书社2003年版，第515页。

[2]　［美］乔伊斯·阿普尔比等：《历史的真相》，中央编译出版社1999年版，第234页。

[3]　陆彦：《专访美国著名学者海登·怀特》，载《东方早报》2004年4月12日版。

[4]　［法］勒鲁瓦·拉迪里：《历史学家的思想和方法》，上海人民出版社2002年版，第9页。

北美结构功能学派的影响，我们也有点忽略了另一个传统，那就是历史的传统。其实社会科学最大的一个学科就是历史学。研究社会学不应该不关注历史，至少不应该没有历史的视野，如果社会学都是只去谈平面，那就很浅薄了。如果不从历史的视野层面，就很难看到为什么是这样的。"[1]

中国自《史记》的时代，便开始了历史学的伟大传统。中国的历史学研究和历史学教育都很发达。美国也一直比较注重历史教育，认为治理国家需要有"历史视野、伦理内涵、哲学思辨"，即通常所说的人文学科的通才教育，这种教育理念深受 18 世纪欧洲人文主义的影响。2013 年 6 月，美利坚大学历史学教授、美国历史学者协会（OAH）现任主席阿兰·克劳特（Alan M. Kraut）来华做学术访问。他谈到，美国历史学者协会的使命是：提高对美国历史研究与教学的质量；鼓励对美国历史问题展开跨学科、多视角的探讨；注重历史经验对现行决策的社会价值，以及广泛吸纳对历史学科感兴趣的不同群体参加协会。[2]

新闻传播学虽然是一个应用性的学科，但同样需要历史视野。作为这个学科的一部分，广告学也离不开广告史。广告史研究需要对现实的关怀。一切历史都是当代史，根据现实中广告业的痼疾提出问题是一种很好的研究和教学思路。广告史和其他社会科学领域的研究一样，都需要有问题意识。广告史的研究领域需要细分和专业化。比如医药广告史研究，需要对疾病史、医药史的背景知识有所了解，并且能用当代的健康素养理论解析历史上的医药广告现象。化妆品广告史研究，需要对女性史、工业史的背景知识有所了解，并且能用女性主义理论来解析历史上的化妆品广告现象。总之，广告史是跨学科的综合研究，社会史、文化史是必要的研究背景。同时，广告史是一种专门史，广告史研究需要具备广告学的理论知识。

第二节　英语语境里的中国传播史研究

尽管海外学者难脱与中国新闻界历史与现实隔膜的嫌疑，但"他山之石，可

[1] 黄平：《生活方式与消费文化》，参见中国社会学网：http://www.sociology.cass.net.cn。
[2] 王黎：《历史学家与社会责任——阿兰·克劳特谈美国历史学者协会》，载《中国社会科学报》2013 年 8 月 28 日版。

以攻玉"也是不争的道理。由于研究视角的独到，研究对象的新颖，海外的中国传播史研究有可资借鉴的价值。以下通过对北美以中国传播史为题的博士论文选题的分析，对北美的中国传播史研究进行综述与分析。

根据中华传播学会公布的数据[1]，从20世纪60年代到2000年11月，美国、加拿大的大学共有约200篇传播学博士学位论文是与中国相关的研究。笔者的统计发现，其中有1/4左右是历史跨度的中国传播研究，计51篇。

所谓历史跨度的中国传播研究，就是以历史上的中国传播现象和传播媒介为研究对象，即作为研究对象的传播现象和传播媒介有一定的历史跨度。可以说这样的研究类似于社会史研究，即用社会学的理论分析历史现象和历史事件，是跨社会学和历史学两个学科的研究，比如《蒙塔尤》[2]。北美的中国传播史研究从研究对象的选择到理论工具的采用，与国内的传播史（传播史是一个比新闻史更为宽泛的概念）研究都有所不同。

下面就以这51篇北美传播学博士论文的选题为研究对象，分析其研究领域的年代分布和理论视角，希望读者可借此一窥北美的中国传播史研究面貌。

一、北美以中国传播史为题的博士论文概况

1967年，哥伦比亚大学的吴秋良完成了博士论文《中国的宫廷记忆系统：清初帝国政府的传播渠道与决策（1693—1735）》。20世纪70年代，先后又有几篇中国传播史领域的博士论文问世。加利福尼亚大学1970年的《19世纪中国的传教士新闻：林乐知和早期〈万国公报〉（1868—1883）》，南伊利诺伊大学1971年的《传播与道教：中国道、佛教思想中蕴含的传播理论》，俄亥俄州立大学1973年的《审视中美传播互动（1969年1月—1972年2月）》。总的来说，20世纪六七十年代这方面的传播学博士论文还是很少的，逐渐增加是在20世纪80年代以后。20世纪90年代数量增长更加明显，共计有35篇，1992年全美传播学博士论文里有5篇是中国传播史方面的，1995年有7篇。与论文增长同步，另一个明显的特征是华裔作者增多。共51篇论文中，有35篇的作者是华裔，尤

---

[1]　中华传播学会（Chinese Communication Association，简称CCA）的网页：http://ccs.nccu.edu.tw。

[2]　［法］埃马纽埃尔·勒华拉杜里（Emmanuel Le Roy Ladurie）：《蒙塔尤：1294—1324年奥克西坦尼的一个山村》，商务印书馆1997年版。这本书是社会心态史名著，翻译出版后曾引起中国史学界的热烈讨论，也是社会学专业学生的必读经典书。

其是在 20 世纪 90 年代的论文中，有 25 篇的作者是华裔，占同期作者总数的 2/3。

从研究范围和研究方法看，也有明显的发展，古代、近代、现代、当代，从鬼谷子到蒋介石，从内地流行音乐到广告文化，都有人涉足。并且视野延伸到与传播相关的政治、文化等方面，使用的理论工具有修辞学、政治传播、女性主义等。这些北美的博士论文，或者关注中国传播史上的重要现象，或者用传播学理论解释历史上一个并不十分引人注目的问题，选题常常给人新颖的感觉。

与我国同一领域的博士论文相比，它们有以下特点：①选题范围小，多数限定在数年或者几十年间，时间跨度大的不多；②研究对象以当代的事件为主，占全部论文的 3/5；③研究工具多样，不仅有历史学，还有传播学、修辞学、社会学等；④或许由于海外学者远离国内的环境，他们思想上比较没有束缚，所以敢涉足一些国内学者不愿涉足的领域，如"文革"时期传播的研究。

表 3.1　博士论文数量与完成年代统计表

年　代	20 世纪 60 年代 （1960—1969）	20 世纪 70 年代 （1970—1979）	20 世纪 80 年代 （1980—1989）	20 世纪 90 年代 （1990—1999）	合　计
论文数量	1 篇	3 篇	12 篇	35 篇	51 篇
华裔作者	1 人	0 人	9 人	25 人	35 人
非华裔作者	0 人	3 人	3 人	10 人	16 人

表 3.2　博士论文研究领域的年代分布统计表

年代	古　代 （　　—1839）	近　代 （1840—1918）	现　代 （1919—1949）	当　代 （1950—　　）	大跨度 研究	合　计
论文 数量	5 篇	5 篇	6 篇	32 篇	3 篇	51 篇

表 3.3　北美以中国传播史为题的博士论文总览 [1]

（以论文完成时间为序）

序号	作　者	毕业学校	完成时间	题　目
1	吴秋良	美国哥伦比亚大学	1967	《中国的宫廷记忆系统：清初帝国政府的传播渠道与决策（1693—1735）》
2	Bennett, Adrian Arthur, Ⅲ.	美国加州大学戴维斯分校	1970	《19世纪中国的传教士新闻：林乐知和早期〈万国公报〉（1868—1883）》
3	Bingham, Irwin Drake, Jr.	美国南伊利诺大学卡本代尔分校	1971	《传播与道教：中国道、佛教思想中蕴含的传播理论》
4	Allen, Thomas Harrell	美国俄亥俄州立大学	1973	《审视中美传播互动（1969年1月—1972年2月）》
5	Anderson, Helen Esther Fleischer	美国弗吉尼亚大学	1980	《透过中国人的眼睛：美国的对华政策（1945—1947）》
6	Go, Mae Jean	美国伊利诺大学厄巴纳分校	1982	《周恩来重要讲话的修辞分析（1950—1958）》
7	Chow, Peter Kung-Wo	美国天普大学	1984	《〈人民日报〉社论和理论文章的内容分析：库恩范式在中国科学家社会化领域的运用（1949—1981）》
8	Hwang, Hsing-Sheng	美国西北大学	1984	《中国有关台湾的电视广播（1962—1983）》
9	赵雅丽	美国俄亥俄州立大学	1985	《中国的传播与文化变迁（1949—1985）》

---

[1]　因为华人姓名的写法容易歧误，所以不一一翻译。

续表 3.3

序号	作 者	毕业学校	完成时间	题 目
10	曹定人	美国明尼苏达大学	1985	《鬼谷子的说服术》
11	Wu, Chi-Wei David	美国俄亥俄大学	1986	《抗日战争时期最高统帅蒋介石重要讲话的修辞分析（1937—1945）》
12	齐慕实 Cheek, Timothy Charles	美国哈佛大学	1986	《人民中国的正统与异议：邓拓的生和死（1912—1966）》
13	张赞国	美国得克萨斯大学奥斯汀分校	1986	《新闻与美中政策：政府和舆论的关系（1950—1984）》
14	Polumbaum, Judy	美国斯坦福大学	1989	《属于党、服从党、为了党：改革时期的中国记者》
15	Wang, Zhen-Ping	美国普林斯顿大学	1989	《11 世纪之前的中日关系：在互惠视角下外交传播模式的再审视》
16	俞璟璐	美国华盛顿大学	1989	《中国电视的转型："毛泽东后"改革时期的快速发展》
17	丘静美	美国加州大学洛杉矶分校	1990	《中国电影里有关女性的电影话语：艺术、意识形态和社会关系（1949—1965）》
18	Shen, Huei-Sheng Fred	美国犹他大学	1990	《出售台湾经验：台湾面向中国大陆的宣传运动之变迁的审视——对 1978—1979 年台湾中央日报的分析》
19	Chen, Jiande	美国华盛顿大学	1991	《国家主义者、实用主义者、改革者和激进者：中国记者政治角色的历史分析》

序号	作　者	毕业学校	完成时间	题　目
20	刘端裕	美国密歇根州立大学	1991	《中国共产党领导人、新闻记者和新闻教育者眼中的传媒角色(1983—1989)》
21	Yang, Xiao-Ming	美国鲍林格林州立大学	1991	《宣传的修辞：中国文化大革命期间重要文献的分析》
22	Lauderdale, Walter Elliott	美国康奈尔大学	1992	《中国江苏苏北农业发展，经验交流会与地方新闻：1927年乡村建设以来地方教育模式的延续（1979—1985）》
23	李琨	美国俄勒冈大学	1992	《新闻与文化：〈纽约时报〉和〈人民日报〉对当代中国改革的报道的比较分析》
24	Wu, Xianggui	美国俄勒冈大学	1992	《1977年之后的中国电影业》
25	肖小穗	美国俄亥俄州立大学	1992	《西学东渐：严复、谭嗣同和梁启超的修辞分析（1885—1905）》
26	Chen, Nelson Ning-Sheng	美国美国人大学	1992	《台湾大众传媒政策的变迁及其政治经济学分析（1949—1990）》
27	季家珍 Judge, Joan	美国哥伦比亚大学	1993	《印刷品与政治：〈时报〉和晚清公共空间的形成（1904—1911）》
28	Kluver, Alan Randolph	美国南加州大学	1993	《将中国的经济改革合理化：迷思与正统的修辞分析（1978—1992）》
29	Li, Dong	美国哥伦比亚大学	1994	《中国的舆论调查与政治取向（1979—1989）》

续表3.3

序号	作　者	毕业学校	完成时间	题　目
30	Hsu, Tsung-Chi	美国得克萨斯大学奥斯汀分校	1993	《民族语境里的守望：洛杉矶华文报纸的个案研究》
31	Schlachter, Sandra Anne	美国南加州大学	1994	《在亚洲的德文新闻出版物：上海（1939—1941）》
32	Elliott, Charles William	美国天普大学	1994	《人民的新闻：新华社发布新闻的内容和价值观（1950—1989）》
33	黄少荣	美国鲍林格林州立大学	1994	《造反有理：中国"文革"运动的修辞研究（1966—1969）》
34	Chen, Chun-Chi	美国俄亥俄州立大学	1995	《政治与小说：梁启超〈未来中国〉及其虚构作品观》
35	Chang, Julian Po-Keng	美国哈佛大学	1995	《宣传与接受：苏联模式在中华人民共和国的推广（1950—1965）》
36	Chute, Katherine Benge	美国南密西西比大学	1995	《中国〈人民日报〉报纸广告的内容分析（1979—1993）》
37	魏然	美国印第安纳大学	1995	《台湾媒体里的中国：有关大陆新闻报道的分析（1983—1993）》
38	Shi, Chyun-Fung	美国天普大学	1995	《大众传媒里性别呈现的研究：政治选举中有关女候选人的报道——台湾媒体有关立委选举报道的个案分析（1969—1992）》
39	Ze, David Wei	加拿大西蒙弗雷泽大学	1995	《印刷作为社会稳定的动力：宋朝图书出版的社会组织》
40	赵月枝	加拿大西蒙弗雷泽大学	1995	《在党的路线和盈亏的底线之间：中国新闻媒体的改革，商业化和民主前景》

序号	作　者	毕业学校	完成时间	题　　目
41	Benson, Carlton	美国加州大学伯克利分校	1996	《从茶馆到收音机：说书与 30 年代上海文化的商业性》
42	Zhang, Liqing	美国佐治亚大学	1996	《美国之音的新闻报道对 80 年代中国青年知识分子的意识形态影响》
43	Bernoviz (Baranovitch), Nimrod	美国匹兹堡大学	1997	《中国的新声音：内地流行音乐文化中的政治、民族和性别（1978—1997）》
44	Chen, Jiang	美国印第安纳大学	1997	《文化进程与广告：1978 年以来中国文化转型期的广告角色》
45	周慧玲	美国纽约大学	1997	《舞台革命：中国话剧、电影中的女演员，现实主义和新女性运动（1919—1949）》
46	McDaniel, Laura Andres	美国耶鲁大学	1997	《跳龙门：上海说书人社会地位的变迁（1849—1949）》
47	Zhang, Zhen	美国芝加哥大学	1998	《银幕上的情爱史：中国的电影文化、都市现代性和乡土经验（1896—1937）》
48	Wright, Suzanne Elaine	美国斯坦福大学	1999	《中国明末木版邸报的视觉传播和社会认同》
49	Zhang, Mei	美国匹兹堡大学	1999	《经济改革和政府官员的榜样："毛泽东后"时期中国党报的修辞和传播》
50	Sun, Yumei	美国马里兰大学	1999	《从隔离到参与：〈中西日报〉与旧金山的中国城（1900—1920）》
51	Huang, Martha Elizabeth	美国哥伦比亚大学	1999	《现代性的起点："五四"时期杂志的发刊词与中国现代文学之准则》

二、中国选题的背后

为什么 20 世纪 90 年代出现了那么多中国传播史方面的博士论文呢？又为什么研究时段以当代为主呢？可以从以下几个方面来认识：

（1）改革开放后，我国赴美留学生增多，文科留学生和传播学方向的留学生也增多。与西方国家的社会及语言相比，他们更熟悉中国的国情和语言，一些学生因而选择以中国的传播史为研究对象。

（2）中国在世界上的影响力，20 年来明显增强。因此，一些其他国家的学生也对中国的现象有兴趣，20 世纪 90 年代有 10 名非华裔的学生以中国传播史为题，可以证明这一点。传播不只是传播，还联系着政治、外交、经济、文化、社会，是一个内涵非常丰富的领域，从传播现象可以看到文化和社会的变迁，从传媒上的报道，可以分析出两国的外交关系和民众舆论。这也正是传播学的魅力所在。

（3）以美国学术界的规则来讲，用美国人认同的方法、关心的话题来写论文是容易发表的，否则只能遭遇冷眼，学者们不能不受西方学术界的"观念市场"影响。[1] 不难发现这些论文选题背后的美国视角。好几篇论文关注的是中美外交与传播的关系，这个问题显然是和美国人有关的。之所以当代史方面的论文多，恐怕也是这个原因，美国社会关心更多的是中国的现在，而不是遥远的古代。有两篇论文研究的是美国的华文报纸，视角是中国移民在美国社会的历史，这种视角是有地域特征的。

了解海外的中国传播史研究状况是有意义的。他们的研究方法和研究话题对国内学术界有多层面的参考价值。这些论文有些已在国外出版，遗憾的是国内尚没有翻译的版本。

这些博士论文的作者，如今许多已成为海内外高校的知名教授。按出生地，这些学者可分为三种类型：

1. 大陆出生，在大陆接受本科或硕士教育，后赴美留学攻读传播学博士学位

俞璟璐，曾毕业于复旦大学新闻学院，1989 年获得美国华盛顿大学传播学博士学位。复旦大学上海视觉艺术学院教授。

刘端裕，1991 年获得美国密歇根州立大学传播学博士学位。美国华盛顿大学教授。著名新媒体学者。

---

[1] 丁学良：《"你敢写中文？"——英语学术界的研究产品发表制度》，载《清华社会学评论特辑》，鹭江出版社 2000 年版，第 243 页。

肖小穗，曾毕业于暨南大学，1992 年获得美国俄亥俄州立大学传播学博士学位。香港浸会大学传理学院教授。著名修辞学者。

李琨，曾毕业于山西大学、中国社会科学院，1992 年获得美国俄勒冈大学传播学博士学位。北京大学新闻与传播学院教授。

黄少荣，曾毕业于西安外国语学院，1994 年获得美国鲍林格林大学传播学博士学位。美国俄亥俄州辛辛那提大学英语及传播交际教授。

魏然，曾毕业于上海外国语大学，1995 年获得美国印第安那大学传播学博士学位。美国南卡罗莱纳大学新闻与大众传播学院教授。

赵月枝，曾毕业于北京广播学院，1996 年获得加拿大西蒙弗雷泽大学传播学博士学位。加拿大西蒙弗雷泽大学传播学院教授。著名传播政治经济学学者。

2. 出生于台湾或香港，后赴美攻读传播学或相关学科的博士学位

吴秋良，台湾人，1967 年获得美国哥伦比亚大学博士学位。

赵雅丽，1985 年获得美国俄亥俄州立大学传播学博士学位。台湾淡江大学教授。

张赞国，曾毕业于台湾政治大学，1986 年获得美国得克萨斯大学奥斯汀分校新闻系博士学位。香港城市大学媒体与传播系教授。

曹定人，1985 年获得美国明尼苏达大学博士学位。台北大学应用外语学系教授。

丘静美，1990 年获得美国加州大学洛杉矶分校博士学位。香港大学比较文学系教授。著名电影学者。

周慧玲，1997 年获得纽约大学博士学位。台湾中央大学英美语文学系教授。著名戏剧学者。

3. 出生于欧美，博士论文以中国为选题。现已成为著名中国研究学者

齐慕实（Cheek, Timothy Charles），1986 年获得美国哈佛大学博士学位。加拿大英属哥伦比亚大学教授。

季家珍（Judge, Joan Evangeline），1993 年获得美国哥伦比亚大学博士学位。美国加州大学圣塔芭芭拉分校历史系教授、加拿大约克大学历史系教授。

以上学者并不都是毕业于美国大学的传播学院，有些学者毕业于美国著名大学的历史系，从事关于中国传播的历史研究，如吴秋良、齐慕实、季家珍等。许多学者虽然在博士生期间研究中国传播的历史问题，就职于大学传播院系后则主

要从事传播学的理论或实务研究，如张赞国、刘端裕、肖小穗、赵月枝、魏然等。这些华人学者近年经常回国，为国内大学开设讲座，积极进行学术交流，有些担任了国内大学传播院系的客座教授。西方学者，如齐慕实，也和中国学术界有很多交流，季家珍的妇女史著作已被翻译成中文[1]。

对于美国的中国研究，以往有两种批评的声音：①"悬线诊脉"，对中国的实际情况隔膜；②研究的功利性。通过上面的分析，我们发现，海外学者在中国传播史领域的博士论文不乏理论意义，对于促进国内学术建设的价值不可低估。

第三节　英美传媒史研究前沿：文献、选题及路径

传媒史作为新闻传播学科的重要组成部分，如同这个学科的其他部分一样，需要开拓视野，打开通向世界的窗户。尽管近年来我国传媒史学界对国外的了解在逐渐增加，但是从文献到个案研究，再到整体传媒史的过程尚未清晰完整地呈现于我们面前。

传媒史的大框架，建立在一个个小的个案研究的基础之上。而个案研究的基础是文献。本节目的就是通过文献收藏和个案专论，呈现英美传媒史研究的前沿状况，以期对我国学者有所启示。

本节所呈现的文献收藏，部分研究线索来自海外图书馆的官方主页；个案专论部分，来自美国《新闻史》和英国《传媒史》等专业学术期刊20世纪90年代以来发表的论文。

一、文献收藏

美国的传媒史文献收藏，同时服务于研究和教学。除了公共图书馆中的报纸收藏，还有专门的新闻图书馆和博物馆等，广播电视方面也有非常多的档案和节目库。

1997年4月，美国第24届中西部新闻史年会在印第安那大学召开，会议发

---

[1]　[美]季家珍等:《历史宝筏：过去、西方与中国妇女问题》，江苏人民出版社2011年版。

出的征集论文通知中，特别说明开会地点是莉莉图书馆，并介绍"这里有该校收藏的稀有书籍和档案，包括新发现的一份由古登堡印制的遗嘱，以及纽约《太阳报》的最早版本"。这表明当代新闻史学家在重视历史哲学的同时，也依然看重原始文献。

英国国家图书馆专门有一个报纸图书馆分馆，该馆的报纸目录（Newspaper catalogues）[1] 包括超过 52 000 种报纸和杂志的标题，收藏所有 1801 年以来的英国全国性日报和周报，多数英国和爱尔兰的省（地区）报，其中一些是 18 世纪早期创办的；还有有选择的一些世界各地的欧洲语言的报纸，其中一些是 17 世纪创办的；以及更广范围的英国和爱尔兰通俗期刊。

"美国报纸项目"（The United States Newspaper Program）是美国各州间以及和联邦政府合作的结果。该项目提供了保存在缩微胶卷上的从 18 世纪到现在在美国出版的报纸的信息，包括目录和现存地点。项目的技术支持是由国会图书馆完成的。"美国报纸项目"的主页很特别，它不是采用常见的文字搜索，而是用一张美国地图作为导航，只要点开某个州的链接，就能看到该州详细的收藏情况。这个报纸收藏地图，方便地通向各地收藏的老报纸。

美国国会图书馆作为该国最大的公共图书馆，有专门的印刷品和照片阅读室。比如其中收藏有《纽约客》的大量漫画和封面等。

美国的大学图书馆重视文献收藏。除前面说到印第安那大学图书馆的稀有印刷品，美国布朗大学也收藏有早期的单页印刷品、明信片、照片等。

电子文献的收藏与开放十分重要，广播电视节目已经成为印刷媒介之后的又一大文献类型。互联网上的数字化电视文献，包括视频资料，以及对电视节目文献资源的介绍，这些数字化文献有助于我们研究电视史。

电视史文献常常和广播史文献收藏在同样的机构。美国的电视和广播博物馆（The Museum of Television & Radio's）[2] 有超过 10 万种节目的收藏，兼顾节目的艺术价值、社会影响和历史重要性，可以满足公众多方面的兴趣。节目类型包括历史上的新闻广播、纪录片、戏剧表演、多种演出、经典体育比赛，以及值得纪念的商业活动等。

斯坦福大学的胡佛研究所也有丰富的广播电视档案，广播方面包括从 20 世纪

---

[1]　http://www.bl.uk/catalogues/newspapers.html。

[2]　http://www.mtr.org。

40 年代至今的 2 700 个重要讲话，这是活的档案，总统罗斯福、杜鲁门、艾森豪威尔、布什的讲话悉收其中。如果说，总统讲话可以用来研究美国新闻界与政治的历史，那么自由欧洲电台（Radio Free Europe and Radio Liberty，RFE/RL）档案就是学术界研究媒介在冷战时期表现的绝佳资料。自从冷战初期开始，在 50 年里，自由欧洲电台扮演了铁幕后国家的代理角色，它用独特的方式收集、分析和传播了大量信息。自由欧洲电台的档案和公司纪录就收藏在胡佛研究所，一共有 1 500 万页文件和 8 万盒录音带。

电视节目方面，《火线》（Firing line）栏目收藏引人注目。1966—1999 年，这个节目延续了 33 年，它对重要人物的访谈现在已经成为历史的宝贵纪录。胡佛研究所收藏的《火线》电视档案包括一共 1 504 期节目。比如 1971 年加州州长罗纳德·里根接受《火线》的采访，1977 年诺贝尔奖获得者哈耶克接受访问，这些节目的录像都收藏在胡佛研究所图书馆中。

美国有多个广播电视博物馆，宗旨都是收藏电台节目、电视台节目以及相关档案。这些早期电视节目的珍贵纪录，既是研究的保证，也是教学的资源。另外，一些大学的新闻图书馆里也保留着许多广播电视档案，比如哥伦比亚大学和印第安那大学的图书馆都有丰富的节目文献。美国和英国的大学不少都开设了电视史、广播史课程。奠定了教学基础的，正是广播电视节目的丰富收藏、便利使用，以及扎实的研究。

我国的广播电视史研究还只有少数学者涉足，教学更是局限在个别大学中，原因也许正是我国缺乏公共的广播电视博物馆，节目资料仅仅收藏在电台、电视台里，使用不够便利，研究因此也匮乏。如果节目文献的收藏和使用可以改进，那么广播电视史的研究和教学一定可以有显著的提高。

除了报纸、书籍、广播电视节目等，海报收藏（Poster Collection）也是美国一种重要的文献类型。斯坦福大学胡佛研究所是美国最大的海报收藏地之一。这里拥有包括来自全世界的 33 000 个编目的政治海报，还有大量尚未编目。几千个海报是第一次世界大战和第二次世界大战时期的，海报的时间覆盖了几乎整个 20 世纪。海报（布告）可以用来研究的用途广泛，包括印刷史、广告史、摄影史、视觉传播的历史等。海报的收藏与研究在中国也大有可为。

我们看到，传媒史研究所需的各种文献，其实都依赖图书馆的收藏，也靠图书馆工作人员的辛勤工作和创新智慧，才能更便利研究者的使用。世界各地的图书馆在文献收藏方面都有哪些经验？对于如何满足当代读者的需求有哪些心得？这些问题是值得探讨和了解的。

报纸是图书馆的基本收藏品之一。图书馆在报纸收藏方面，主要是这三种工作：保存、编目及帮助研究者使用。国际图书馆联盟年会把历年提交论文中所有关于报纸的编成一本论文集[1]，让我们看到世界各国的图书馆在保存报纸及帮助研究者使用方面的好的经验。

这些论文探讨的话题包括两个方面：

1. 研究图书馆如何收藏报纸

这方面的论文有《俄语和斯拉夫语报纸的收藏发展及管理问题：胡佛研究所图书馆的经验》、《列宁国家图书馆的报纸收藏和开放、使用》、《满足研究者使用报纸的需要：一个老问题有新办法吗？》、《法国保存期刊的地区性经验》、《德国的报纸编目》、《变革时代的报纸收藏和目录的使用》、《中国国家图书馆的报纸收藏、使用和前景》、《通向世界的窗口：澳大利亚国家图书馆的报纸收藏》、《美国的东南亚报纸收藏》、《英国不列颠图书馆早期报纸收藏的数字化》等。

2. 研究报纸发展本身，即关于报业史的研究论文

这方面的论文有《加泰罗尼亚的报业》、《三十年战争至今的瑞典报业和新闻界发展》、《德国对中国报业的影响》、《美国的华裔美国人报纸和期刊》、《中欧报纸的先驱》、《新闻信和报纸：17、18 世纪英国新闻的流通》、《新闻和现代性：报纸结构和斯堪的纳维亚报业的早期发展》、《过去十年的匈牙利报纸：1987—1997 年的观察》、《透过新闻业的巴西历史》、《19 世纪和 20 世纪苏格兰报纸和苏格兰国家认同》、《印刷、语言和认同：1804 年以来的威尔士报纸》等。

该论文集的编者是德国学者哈特穆特·瓦尔拉芬斯（Hartmut Walravens）。书中有他的两篇论文：《德国对中国报业的影响》、《德国的报纸编目》。可见他涉足了报纸收藏研究和报纸研究两个方面。前者记述了德国人 19—20 世纪在中国创办的多种报纸和杂志的历史。后者写道，许多国家有强大的全国性图书馆和集中的图书馆体制，因此允许全国性的图书馆政策以及集中的发展计划，但是德国由于历史的原因，形成了多中心的图书馆景观。并且"二战"中德国许多报纸在战火中被损毁了，还有许多收藏被掠夺到波兰和苏联的图书馆中。尽管有这么多的困难，德国

[1] Hartmut Walravens & Edmund King（ed.）. *Newspapers in international librarianship*, Papers presented by the newspapers section at IFLA General Conferences, 2003.

正在致力于打破地域界限，编制方便全国读者使用的报纸目录在线数据库。

这些研究启示我们，将图书馆工作者和新闻史研究者的论文汇于一炉，意义在于哪里？恰恰说明，报纸的收藏与利用是分不开的。收藏就是为了利用，而利用不能没有收藏。报纸的保管者——图书馆心里要想着研究者的需求，传媒史研究者则要关注图书馆收藏以及编目、使用方面的改革。一叠叠老报纸、一盒盒缩微胶卷是图书馆和学术界共同的事业。两个不同的行业，应该有同一个目标——让尘封的老报纸更好地发挥在人类文明进步中的作用。

以上我们考察了英国、美国的早期印刷品、报纸、广播电视节目以及海报收藏，尽管只是不完全的略览，但是也足以让我们看到西方发达国家近年的进展，进而反思我国的差距。

（1）文献的跨图书馆使用十分重要，地方报纸如何充分利用起来是个迫切的话题；

（2）电子文献的收藏与开放十分重要，广播电视节目已经成为印刷媒介之后的又一大文献类型；

（3）海报的收藏与使用很有价值，如果我们把视野从新闻史扩展到传媒的广义历史，就必然不能忽视这种视觉传播的重要形式；

（4）图书馆学意义上的报纸研究与传媒史意义上的报纸研究有学术界限，但学者交流可以无界限。彼此多多沟通，了解对方的需求与进展，会促进双方的共同进步。

二、论文选题

接下来我们将通过分析美国和英国几种专业杂志的征稿要求、论文选题范围以及研究方法等，来考察西方在传媒史方面的前沿进展。

首先我们来看美国最负盛名的新闻史领域的学术杂志——《新闻史》（*Journalism History*）[1]，每年出版四期，现由俄亥俄大学传播学院主办，由美国新闻和大众传播教育协会历史分会提供支持。

《新闻史》上发表的文章话题不只限于新闻业的历史，它的征稿启事说："（稿件）要求与大众传播史的全部范围有关。可以是讨论个人，机构或事件。稿件提供有新意的研究路径和对其特别寻求的内容的新的有意义的解释。杂志也接受评

---

[1]　http://www.scripps.ohiou.edu/jh/articles.htm。

论文章，如果是特别明确的讨论，并且有文献充分支持。"

把研究范围从单纯的新闻史扩展到传媒的广义历史，看来已经是一个普遍的趋势了。美国第 24 届中西部新闻史年会（1997）在通知中也说，与会者提交论文可以是美国或外国大众传媒历史的任何方面，包括印刷媒介、广播电视媒介、记者、广告、公共关系研究等。

英国学术杂志——《传媒史》（*Media History*）电子杂志[1]体现出来的传媒史研究的学术热点和动态，我们也将采用分类的方式进行记述和评析。

这两个杂志上刊登的论文，涉及领域都十分广泛，包括历史上的报纸个案、传媒史与性别、黑人报纸史、印第安报纸史、广播电视史、报业经济史、新闻摄影史、新闻电影史、传媒史与政治等许多类别。（有些论文是双主题的，两个部分都会提到。还要说明的是，这里并非完整的统计，主要是通过选题指出近年的研究脉络。）

（一）传媒史与性别

从"社会性别"（Gender）这个概念出发的研究是 20 世纪西方很繁荣的一个学科领域，与新闻传播学结合，衍生了许多学术产品。这个领域在我国也已经开展研究，但是从数量和质量上看，都与西方的繁荣景象有差距。

美国《新闻史》杂志上刊登的这类选题的论文题目有——《女记者自传》（1997）、《妇女版的转变：实施策略》（1998）、《为合法性出价：妇女报业俱乐部运动（1881—1900）》（1997）、《工作中的性别：女记者的早期记事》（1997）、《战前波士顿及周围地区的政治新闻和女性读者》（1996）、《编辑部的慈善事业：报纸的妇女版（1894—1896）》（1996）、《所有新娘都不美：纽约时报夏洛特·柯蒂斯的上升》（1996）、《传媒领导者和个人意识形态：玛格丽特·库辛和女性生活杂志》（1995）、《19 世纪的网络：纽约城妇女报业俱乐部的建立》（1995）、《19 世纪非裔美国女记者的经济处境：两个个案研究》（1992）。

英国《传媒史》电子杂志上刊登的此类论文也很多，包括《制造新闻：妇女投票和主流报纸》（2004 年 11 月）、《爱德华七世时期苏格兰日报的妇女来信》（2004 年 11 月）、《女性传媒和历史：对詹姆斯·库伦的回应》（2004 年第 10 卷第 1 号）、《谁说这是男人的战争？宣传、广告、演讲和对战争的描述——第

---

[1]　英国《传媒史》杂志的网址：http://www.tandf.co.uk/journals/titles/13688804.asp。

二次世界大战中的工人阶级妇女》（2004 年 8 月）、《20 世纪 30 年代妇女杂志研究》（1998 年 12 月）等。

2001 年 6 月是"性别与传播历史"方面的论文专辑。发表的论文有《新世界，新女性，新的新闻业：伊丽莎白·班克斯，伦敦大西洋彼岸的替身演员》、《报纸中的新女性小说》、《玛丽·乔蒙德利作为新型女性作家在杂志中扮演的角色》、《女记者上街"狩猎"：瑞典日报中的女记者文章（1900—1910）》、《想想你的奶奶：现代主义，性别和纽约报纸》、《女权运动，雌雄同体和女缪斯之间的爱（1916—1940）》。

2000 年 12 月是女性杂志研究专辑。发表的论文有《阅读妇女杂志》、《妇女投票和公共领域》、《女性家庭杂志：美国如何生活和文化多样性的局限》、《好读比写得好更重要：20 世纪 50—60 年代妇女杂志小说发生的变化及其原因》、《台湾妇女杂志中女性角色的转变（1970—1994）》。

这一期的论文还有《智慧和购物并存：美国时尚杂志当代幽默专栏中的张力》、《你的命在他们手中：医学传媒论战的内容研究》、《信任：〈纽约时报〉背后的所有者及其强大的家族》等。

我们看到，性别与传媒史的研究对象包括女记者、女性杂志、报纸妇女版、女读者、妇女报业俱乐部等，范围非常广泛，可以说包括与性别有关的传媒史的任何方面。

（二）传媒史与新闻多样性

当代美国是一个重视多元化社会的国家，制定了许多法律法规保护多种族移民的权利。由于这样的风气，人们非常关心"新闻多样性"问题，加之学术界的构成也是多种族的，所以非主流人群与报业（多样性的传媒史）成了被关注的热门领域。与中国的少数民族报纸历史研究不同的是，"多样性"包含的范围更广阔，主流媒体以外的许多类型报刊都可归入"多样性"的范畴，包括黑人、印第安人、多种族移民等非主流人群报纸的历史研究。

美国《新闻史》杂志发表的相关论文有：

1. 黑人报纸史

这是美国新闻史近年的一个研究热点。发表的论文有《非裔美国人底层的黑人报纸》（1994）、《种族、金钱、政治和战前黑人报纸》（1994）、《领地内的民主：黑人报纸报道白人棒球》（1998）、《构造我们自己的机会：奥克拉荷马黑人报纸拥护者（1891—1915）》（2000）。

2. 印第安人报纸史

这方面的论文有《粗野的记者和文明的印第安人：不同的观点》（1995）、《创造理想的印第安：彭加人个案》（1995）、《土著、报纸和"好战的鲍伯"：萧条时期的威斯康星齐佩瓦人》（1997）。

3. 残疾人报纸史

研究对象作为非主流人群、边缘人传媒的一种，这方面的论文有《小报：19世纪聋人学校的报纸》（1993）。

4. 劳工报纸史

这方面的论文不少，包括《神圣的干涉，上帝，工人，劳工新闻业》（1999）、《美国劳工报纸的起源》（1999）、《为受苦人的报纸：转型中的芝加哥劳工报纸》（1997）、《最具复仇性的报复力量：劳工对抗芝加哥报纸的信任》（1992）。

5. 农民报纸史

论文有《进步时期农场报纸：新闻史被忽视资源的初步研究》（1999）、《为农民而战：和平的西北无党派联盟报纸》（1997）。

以上各种非主流人群的报纸研究，虽然每一类型的论文数量都不多，但是加起来就不是一个小数目了。说明在新闻史研究领域中，这些以往被忽略的边缘报纸有相当大的价值。

英国《传媒史》电子杂志中关于非主流报纸的重新发现（如一些边缘群体的报纸，劳工、工厂报纸等）和报纸中的边缘人物也有一些，但较美国为少。主要有《考察维多利亚殖民时期采金区报业的物质文化》（2004 年 8 月）、《罪犯和牧师在悉尼报业发展初期扮演的角色（1803—1840）》（1998 年 12 月）、《棉花工厂时报的显著上升和长期衰退》（1998 年 12 月）。

《传媒史》2001 年 12 月是另类传媒（Alternative Media）专辑，论文有《传媒史中的另类传媒》、《建立英裔美国人另类传媒的理论：朝向连贯历史以及对英美学者的分析》、《想象的抵抗：越南战争中的美国士兵地下报纸》、《黑豹报：现代黑人民族主义的一流送信人》和《观察批评：蒙太奇作为另类传媒的实践》。

也许因为英国不像美国那样是典型的多元的移民国家，所以传媒史中的多样性问题不像美国那样凸显。但英国的文化是多元的、包容的，在传媒史研究中也有体现。

（三）传媒史研究方法

传媒史研究方法，包括历史哲学和文献资源，是一个经典的研究领域。

美国《新闻史》杂志在这个领域的论文有《理解弗雷德里克·道格拉斯：朝向现代美国新闻业诞生的新的综合路径》（2000）、《新闻史的讲话：21世纪的挑战》（1999）、《记者档案：时代的自大狂或礼物》（1999）、《经济和美国报纸：研究建议》（1992）。

英国《传媒史》电子杂志的相关论文有《航行于迷宫：报业史资源》（2003年4月）、《报纸史，新闻史：一个学科还是两个？》（1999年12月）、《研究传媒史：国家和全球的视角》（1999年6月）、《澳大利亚和新西兰的报纸档案》（1999年6月）。该杂志定期有"报纸和杂志历史研究著作的年度评论"栏目，是学术综述。

2002年12月是英国《传媒史》电子杂志的"传媒与社会"专辑。发表的论文有《传媒史和传媒研究：英国传媒史研究发展（1945—2000）》、《传媒和英国社会的形成（1700—2000）》等。

（四）电子传媒史（包括广播、电视、电台流行音乐等）

美国《新闻史》这方面的论文有《对1927年联邦政府广播许可诞生的意识形态斗争》（2000）、《歌唱及出售种子：中西部田园广播电台的直播音乐时间》（2000）、《创造广播新闻的传统：与戴维·布林克利的对话》（1995）、《电视先驱者》（1994）、《重新思考羞愧的收获：广播里程碑的局限性》（1993）、《倾听听众：教育广播和受众研究》（1993）。

英国《传媒史》电子杂志上发表的相关论文有《电台和杂志：评估荷兰流行音乐（1955—1965）》（2004年第10卷第1号）、《威尔士的电视还是财神的电视？20世纪60年代威尔士的独立电视台》（2004年8月）、《创造电视遗产》（2003年8月）、《丢掉黑纸条：二战中的BBC和敌方音乐》（2000年6月）、《回到未来：1840—1910年的电信传播与信息服务》（1999年12月）、《英国远征军流行曲和留声机中的牧童与士兵（1914—1918）》（1998年7月）。

美国对广播电台新闻的研究多一些，英国对电台音乐的研究多一些，这两个领域都是广播史研究的重点。

电视史研究集中于较早时期的电视台。作为一种历史还比较短暂的传播媒介，电视史的研究在这两个杂志中没有充分体现出来。

（五）视觉传播的历史

视觉传播的历史包括新闻摄影、新闻电影、政治时事漫画的历史。

美国《新闻史》杂志这方面的论文有《贝丝弗曼：20世纪20年代的头版女郎》（2000）、《查尔斯·摩尔的〈生活〉杂志人权摄影》（1999）、《安德烈·吉尔及其与法国漫画审查官的斗争（1867—1879）》（1995）、《一场地震的结构主义考察：1906年圣佛兰西斯科的伊迪斯警官照片》（1994）。

英国《传媒史》电子杂志的相关论文有《19世纪欧洲对政治漫画家的迫害和拘禁（1815—1914）》（2003年4月）、《误传、遗漏和臆测：泰坦尼克和德意志第三帝国电影的历史书写》（2000年6月）、《19世纪图画新闻中的事实与艺术：殖民地澳大利亚人个案》（1999年12月）、《心跳加速和尖刻对白：20世纪50年代英国对美国电影的接受》（1998年12月）。

（六）国际传播史

美国《新闻史》杂志的相关研究论文有《第一个要求新闻版权的国际新闻组织（1894—1898）》（1996）、《第二次世界大战中英国的报业自由》（1996）、《秩序中的争吵：墨西哥城的对立报纸（1876—1911）》（1996）、《佛朗哥和西班牙政府报纸》（1996）、《那些痛苦的小猎犬：第一次世界大战爱尔兰的审查机构》（1994）、《报业和达尔文的尾巴：维多利亚时代进化的讽刺文学》（1994）、《加拿大报纸产业的集中与共谋（1895—1920）》（1992）。

英国《传媒史》电子杂志2005年4—8月（第11卷）第1—2号合刊是《早期现代英国和欧洲的新闻网络》特刊，采用了欧洲的整体视角。论文有《导论：网络，传播和实践》、《招贴、新闻信和报纸：欧洲传播体系中的英格兰》、《保罗·萨尔皮和17世纪威尼斯的信息应用》、《本杰森和新闻连续出版物》、《早期英国报纸中的口头演说》、《新闻，智力和科隆流放法庭的密探：亨利·曼宁个案》、《约翰·斯塔基和17世纪晚期英国意识形态网络》、《罗伯特·赫本和爱丁堡·塔特勒：早期英国杂志研究》。

2002年6月是国际传播的专辑，有这样一些论文——《填平裂缝：走向澳大利亚本土的传媒历史》、《把新闻带到新西兰：19世纪对海外新闻的提供、控制》、《我们已经敌视对抗：传播，阶级和澳大利亚联邦》、《帝国报纸协会和相反的传播：澳大利亚　新西兰的关联（1909—1950）》、《国家叙事：亚洲的澳大利亚》、《泰国和澳大利亚记忆的政治：国家认同，媒体和军事》、《黄金时代，蓝色铅笔：

好莱坞摄影棚时代三个审查个案的研究》等。

《传媒史》刊登的国际传播史论文还有《路透社在澳大利亚：新闻的供应与交换（1859—1877）》（2004年8月）、《走向战争的美国新闻业：传媒与帝国的宣言（1898—2001）》（2003年12月）、《PANCO小屋和万宝路男人：观念市场中美国风格的魔力》（2001年12月）、《女记者上街"狩猎"：瑞典日报中的女记者文章（1900—1910）》（2001年6月）、《想想你的奶奶：现代主义，性别和纽约报纸》（2001年6月）、《台湾妇女杂志中女性角色的转变（1970—1994）》（2000年12月）、《报纸小说：趋向国际化的历史》（2000年6月）、《从出版人桌上传来的惊叫：芝加哥送报人的约定》（2000年6月）、《19世纪图画新闻中的事实与艺术：殖民地澳大利亚人个案》（1999年12月）。

我们看到，美国的国际传播史论文，其研究对象主要是英国——这个与美国有血缘关系的国度，或者是墨西哥——美国的邻居。而英国最多关注的是欧洲整体视角，在欧洲之外涉及最多的就是美国、澳大利亚、加拿大、新西兰——曾经是日不落帝国殖民地的西方国家。

无论英美新闻史学界，他们关注的本国之外的研究对象，都是与自己有亲密血缘关系的西方国家，对东方国家很少关注，对落后国家也极少涉及。

（七）报业经济史

美国《新闻史》杂志发表的相关论文有《斯克里普斯报业链（1878—1908）》（1999）、《作为顾客的读者：柯蒂斯印刷公司及其受众（1910—1930）》（1996）、《镀金时代大众新闻业的经济：1873年和1888年的底特律晚报》（1995）、《报纸作为天然的垄断：一些历史的思考》（1992）、《西雅图报童：掮客民主如何迷失于贫穷的力量》（1992）、《经济和美国报纸：研究建议》（1992）。

英国《传媒史》杂志发表的相关论文有《从出版人桌上传来的惊叫：芝加哥送报人的约定》（2000年6月）。1998年7月有一个"报业经济史"专集，包括《1750年前报纸上的体育运动：板球的表现，伦敦报业中的阶级和商业》、《制作商业新闻：20世纪90年代的图书贸易和新闻贸易期刊》、《19世纪末伦敦的城市编辑和现代投资公众：构建完整的新型财经新闻》。

（八）传媒史与政治

美国《新闻史》这方面的论文有《当报纸被控告谋杀总统：五个纽约城报纸

如何反抗》（2000）、《肯尼迪、古巴和报业》（1998）、《塞缪尔·莫里森和政府控制分类信息泄露》（1998）、《战前波士顿及周围地区的政治新闻和女性读者》（1996）、《号外！记者使1955年的审查官生存》（1995）、《美国革命的汤姆佩恩计划：民主、政治和报纸谣言的演变》（1994）、《美国人的阴谋：邮报水门事件和CIA》（1993）、《不公开和使总统消失：1909—1910年的辩论》（1993）、《FBI，罗斯福政府和颠覆性的报纸》（1993）。

英国《传媒史》关于新闻与政治的历史研究少于美国，有《英国新闻书和1641年爱尔兰反抗的爆发》（2003年12月）、《18世纪的报业和政治》（2002年12月）、《竞选者、监督者，还是地方的仆人？反思内战时期的省报，地方认同和公民福利》（2002年12月）、《1964年选举中的报纸组织兴趣和政党竞争》（1999年6月）。

（九）传媒史上的人物个案（记者、编辑）、报纸个案、通讯社个案研究

美国《新闻史》杂志这方面的论文有《新闻中〈生活〉的性感一面：玛丽·韦尔·丹尼特的色情个案》（1999）、《被遗忘的领导人：罗伯特·S·雅培和芝加哥防卫者（1910—1920）》（1997）、《约翰·斯坦贝克，战争记者：虚构、新闻和事实的类型》（1997）、《无唱的爵士：堪萨斯城报纸怎样错过故事》（1996）、《美国研究性新闻业的再次兴起（1960—1975）》（1995）、《E·W·斯克里普斯和科学通讯社》（1995）、《揭丑记者和他们的读者：专业主义的理解》（1995）、《基督教报刊的警察时间？对〈全国送信者和灵感〉失败的分析》（1994）、《革命前夕的新闻公正：〈波士顿晚报〉（1770—1775）》（1994）、《关于〈纽约客〉的报业批评的参考书》（1993）等。

英国《传媒史》电子杂志的人物个案（记者、编辑）、报纸个案研究有《约翰·克拉茨：一位英格兰的保皇党记者》（2004年11月）、《传媒王国？维多利亚女王和激进报纸（1837—1901）》（2003年4月）、《特洛普和报纸》（2003年4月）、《"微笑的画面使人们微笑"：诺斯克里夫的新闻业》（2000年6月）、《乔治·W·M·雷诺兹和维多利亚式连载小说的激进》（1998年12月）等。

2003年8月是《每日镜报》研究专辑，发表的论文有《〈每日镜报〉100年》、《破碎镜子的倒影：重新考察激进新闻业的兴起与衰退》、《客观性和另一个奥维尔：〈每日镜报〉的小报作风和新闻真实性》、《〈每日镜报〉，读者和他们的钱袋（1960—2000）》。该杂志很少有报纸个案的专题集，这是唯一的一次。

（十）广告史、公共关系史

美国《新闻史》杂志这方面的论文有《隐匿其名：公共关系先驱多丽丝·弗莱施曼》（1997）。

英国《传媒史》电子杂志的相关论文有《PANCO 小屋和万宝路男人：观念市场中美国风格的魔力》（2001 年 12 月）、《20 世纪初英国分类广告中的危险与快乐》（2004 年第 10 卷第 1 号）。

（十一）传媒史与体育

美国《新闻史》杂志的相关论文有《神话成为神话制造者：拜特·马斯特森作为纽约体育作家》（2000）。

英国《传媒史》电子杂志的相关论文有 2004 年 11 月的《早期职业冰球新闻报道：阶级和控制的话题》，1998 年 7 月的《1750 年前报纸上的体育运动：板球的表现，伦敦报业中的阶级和商业》。

以上是对美国《新闻史》杂志和英国《传媒史》电子杂志论文选题的分析。我们看到，数量最多的论文分布于传媒史与性别、报业经济史、非主流报纸史等领域；从变化的趋势看，国际性的整体考察在增加，广播、电视、电影等电子传媒史的研究也在增加。

这些选题方向也提醒中国学者要注意一些研究盲区或者说相对薄弱的领域。比如对传媒史文本的修辞学研究；比如图画新闻研究，我国的《申报》有图画新闻，还有许多种画报，国内学者对此的研究还不够；再比如新闻摄影史，中国的相关研究还很少。时事政治漫画是报纸富有活力的重要部分，我国历史上的综合性时事报纸多数也都有这种栏目，但是相应的研究不足。

对美国《新闻史》与英国《传媒史》这两个杂志的论文选题加以比较，可发现其有许多相似之处，传媒史与性别、国际传播史、报业经济史都是研究很多的热点。不同的是，英国在传媒史与政治、广播史、传媒史与战争、新闻法的历史、公共关系史等几个领域的研究论文少一些。美国的《新闻史》杂志总体来说，发表论文数量更多、研究面更宽，不过在编辑上没有像英国《传媒史》那样经常策划主题明确的专辑，国际传播史方面的论文也不如英国《传媒史》多。可以说，两个杂志各有千秋。

此外，根据美国《新闻史》杂志的书评栏目，我们可以发现一些类别的选题虽然论文少，但是书多，比如人物个案、报纸个案、广播电视史方面的书籍都非常多。这或许是因为某些选题更适合出书，而不一定适合作为论文的选题。

三、研究路径

前面我们主要分析了杂志的选题。这些论文具体的研究方法如何？哪些方面值得我们借鉴？下面将进行详细的个案解析，主要通过分析美国《传媒史专论》电子杂志的论文，呈现个案的研究对象与研究方法。

《传媒史专论》（*Media History Monographs*，缩写为 MHM）[1] 是一个在线杂志，发表新闻业和大众传播历史方面的学术研究论文，由美国新闻史学家学会（American Journalism Historians Association）出版。这个电子杂志能够反映美国最新的研究趋势。在该杂志的主页上，可以在线浏览全文，使我们能方便了解到近年美国的研究领域和研究方法。

我们可以发现，这些论文在研究领域或研究方法上有独到之处，很多是二者兼备的。

（一）在已经被多次涉足的领域，通过考察稀有的档案文献，获得新的研究发现

第七卷（2004—2005）发表的《她们自己的生活：汉瑟·密斯的摄影小品》，作者德洛丽斯·佛拉明诺是詹姆士·麦迪逊大学研究视觉传播的学者，她关注社会纪录摄影和商业摄影之间的关系。作为研究对象的汉瑟·密斯（1909—1998）是一位著名女摄影家、美国摄影记者的先驱，曾就职于《生活》杂志。她用照片纪录了美国的文化和历史。

在论文的开篇，作者就指出艺术史研究者、大众文化研究者、摄影史学家都认为《生活》是理解 20 世纪美国文化和社会的丰富资源，许多研究者已经探讨了汉瑟·密斯在《生活》杂志的职业生涯和她的作品，但是他们还没有充分解释照片的内涵以及摄影家与《生活》杂志的复杂关系。尽管关于汉瑟·密斯的研究已经不少，但是很多问题还没有被充分挖掘。

那么作者如何在前人的基础上进行突破呢？原来她使用了由摄影研究中心收藏的摄影家档案，包括汉瑟·密斯的采访记录和未发表的手稿。借助档案，可以了解汉瑟·密斯在《生活》杂志的工作条件以及她与编辑的关系。正是因为使用了前人未曾用过的文献，作者才从研究对象的照片中获得独特的视角，有了新的发现。

---

[1]　http://www.elon.edu/dcopeland/mhm/mhm.htm。

第四卷（2000—2001）发表的《19世纪中期美国专业新闻教育的摇篮》，提出了新的见解，也是因为使用了稀有档案——19世纪中期的报业协会备忘录。作者是得克萨斯农工大学的学者斯蒂芬·A·班宁。作者通过考察19世纪中期的报业协会备忘录，指出专业新闻教育的概念并非如一些传统研究所说，是起源于19世纪末的报人普利策。新闻教育作为一种职业理想，最早在19世纪中期已经出现，普利策的新闻教育理想或许正源于几十年前的这些声音。文献表明，一些19世纪中期的记者不仅对建立新闻业的职业学校有兴趣，也对建立专业的大学新闻教育有兴趣，那个时代的记者比以前我们所认识的更富有理想。

还有一篇是第一卷（1997—1998）发表的《被扼杀的〈人民之声〉：编辑弗兰克·哈里斯·布莱顿及其导师E·W·斯克里普斯》，作者是犹他州立大学的学者迈克尔·斯温尼。他的研究方法是使用罕见的报纸和编辑通信手稿，并加以传播理论的考察。《人民之声》是1910—1911年在亚利桑那州图森市发行的报纸，此前人们认为该报没有保存下来。作者使用了俄亥俄大学收藏的"斯克里普斯手稿特藏"，其中有《人民之声》的编辑布莱顿和他的导师斯克里普斯（著名报业集团的缔造者）的通信。从通信手稿中作者发现，斯克里普斯对《人民之声》的编辑给予了专业指导，还给了布莱顿1 500美元以及免费使用斯克里普斯家族电报服务的许可。作者分析了这些通信以及一些现存的《人民之声》报纸，结论是《人民之声》之所以最后失败，是因为意识形态压力以及编辑们不顾后果的激进做法的结果。作者以休梅克和乔姆斯基提出的媒介内容影响理论为基础，并使用了前人未曾用过的文献，在文献和理论两方面都有可取之处。

发表在第二卷（1998—1999）的《作为进步主义产物的1927年广播法令》，作者是密西西比州立大学的学者马克·古德曼。这个广播史的研究使用了美国政府档案《国会纪录》。1927年，美国国会议员们担忧广播的潜在力量，认为广播可以促进激进的政治或社会改革，扩散下流的语言以及垄断舆论。为了使混乱的广播业有秩序，国会通过了广播法案。

（二）文献是常见的，但是采用了独到的方法，以问题贯穿，从而获得新的发现

第一卷（1997—1998）发表的《新闻导语的出现》就是这样一篇论文，作者是南加州大学的学者马库斯·埃里克。他指出，倒金字塔结构和导语的普遍应用不是以往认为的美国内战期间（1861—1865），而是美国历史上的"发展时期"

（1880—1910）。并且导语出现不是技术上约束的结果，而是由于科学和教育水平提高，尤其高等教育改变了美国社会的结果。

导语和倒金字塔结构是内战时期出现的——美国的新闻教科书上一般都这么说，最近的传播学教材也都这样说，几乎被当成了公理。新闻史学家相信，电报机的技术限制使得故事缩短了，写故事的形式也发生了变化。昂贵而不可靠的电报使记者不得不把最重要的信息放在消息开头。马库斯·埃里克却认为，关于导语诞生的浪漫故事虽是诱人的，听起来几乎是合乎逻辑的。但事实上，导语也许内战时就发明了，而真正被接受应用则是几十年以后的事情。该研究表明，导语的广泛应用是19—20世纪之交才发生的。有些电报技术以外的因素，促进了导语和倒金字塔形式的发展。

作者的研究方法是以1860—1910年的美国报纸为样本，每隔5年抽取一份报纸，如1860年、1865年、1870年等，然后用随机抽样的方法在每个被选择的年份选7份报纸——第4个星期天、第20个星期一、第11个星期二、第35个星期三、第40个星期四、第9个星期五、第1个星期六。作者统计的标准是，判断一个报道是否有导语，要求是首段一定要包含故事的核心，包含新闻五要素。

作者抽取的报纸都是在洛杉矶的图书馆查阅的，但样本的选择力图跨越地域的局限，既有东部，也有中西部的报纸。这是因为，发达程度不同的报纸在应用新技术方面的速度是不一样的，如果样本选择的都是落后报纸，则不具有代表性。从作者选择的报纸看，无论地域还是种类都相当广泛。一共有21种报纸，包括《波士顿全球报》（1880—1905）、《亚利桑那每日星报》（1880—1910）、《芝加哥论坛报》（1860—1910）、《洛杉矶纪录报》（1890—1910）、《洛杉矶每日先驱报》（1875—1890）、《梅肯每日电讯报》（1860—1865）、《纽约时报》（1860—1910）、《纽约世界报》（1880—1905）、《萨克拉门托蜜蜂报》（1860—1910）、《萨克拉门托联合报》（1870—1890）、《圣地亚哥联合报》（1875—1910）、《华盛顿晚星报》（1860—1865）等。

他的统计结果表明，1860—1910年，有导语的报道在缓慢增长。一开始是极少的，1860年分析了2 043个报道，有导语的只有2个；1865年分析了2 002个报道，有导语的一个都没有；1870年只有1个；1875年分析了3 467个报道，只有5个有导语；1885年的5 031个报道中也只有19个有导语。总之，直到1900—1910年才有明显的增加，1900年的4 782篇报道中有202个有导语；1910年的4 689

个报道中，有 517 个。1865—1910 年的 45 年，一共 46 841 篇报道中，有导语的 1 163 篇，占总量的不到 3%。这足以表明，导语成为报纸上成熟的形式比我们想象的要晚得多。

作者在论文中还比较了不同时期文盲占人口的百分比。他认为，在一般以为是导语兴起的 19 世纪 60 年代，实际上导语很少应用。后来导语才开始变得普遍，原因是多方面的：①科学渐趋发达；②人口识字率提高。作者分析了当时记者的教育背景和从事新闻职业的经历，他认为，内战以后，美国受过良好教育的人口增加，记者受教育程度提高，科学素养提高，这些社会因素反映在报业写作的改变上，促进了导语的应用。事实上，该因素超过了电报技术的影响。

（三）研究领域是以往人们没有注意到的非主流传媒，这有赖于罕见的文献以及作者具有解释力的框架

第三卷（1999—2000）发表的《牛仔和达科他牛仔镇报纸》，作者是北达科他州立大学的学者罗斯·科林斯。他研究了一种地方报纸的历史，达科他一带的西部边疆报纸。这种报纸的编辑更像是牛仔和农场主，而不是大多数 19 世纪 80 年代美国其他地方的记者。他们靠放牧的收入谋生，他们的畜牧产品对读者的影响远远超过他们在镇上的编辑部。在这个研究中，作者提问道："在那个年代，达科他牛仔镇报纸、牛仔和放牧业之间的关系本质是什么？"考察了可以找到的这个时期的所有达科他牛仔镇报纸，作者发现这些固执的报纸编辑们有时强烈地批评放牧业，就像镇上那些牛仔一样。然而，牛仔主题文章的叙事语气，清晰地反射了后来美国历史中描绘的牛仔神话的形成。

第二卷（1998—1999）发表的《美国新政时期的先驱：国民警卫队营报》，作者是北科罗拉多大学的学者阿尔佛雷德·埃米尔·考尼白斯。富兰克林·罗斯福 1933 年春天创建国民警卫队，随后超过 5 000 个营报出版，通常是油印的。这些报纸提供了关于罗斯福时代最有影响力的创造——国民警卫队这个团体的许多信息。

第四卷（2000—2001）发表的《创造国家的娱乐：棒球大联盟公共关系的先行者》，作者是路易斯安那州立大学的学者威廉·安德森。公共关系在 19 世纪末 20 世纪初发端并发展到今天，其轨迹并非预先设定好的。深入钻研公共关系的先行者，有助于推进对公共关系及其与商业关系的理解。这篇论文分析了 19 世纪末棒球大联盟的领导者如何看待宣传和新闻界。棒球大联盟的官员采用了多种手法——诸如贿赂和威胁记者，以及创办他们自己的出版物，此外还在 1890 年劳资之争中雇佣报业代理以战胜报业的攻击。

第五卷（2001—2002）发表的《全运动广播：一个产业空间的发展》，作者是坎特伯雷肯特大学的学者约尔·内森·罗森。这篇论文考察了传媒和体育关系的一个方面——全运动广播节目在 20 世纪 50 年代的出现。作者指出，体育专题的节目组合就是为了吸引明确的受众类型，它的影响比许多产业研究者已经预言的可能更为有力。全运动广播在体育和广播两个领域中都已经发展为一种有高度影响力的力量。

（四）把传媒研究与社会、经济、文化、政治等联结起来

第三卷（1999—2000）发表的《"有特权的记者"：约翰·巴莱特和菲律宾的建构》，作者是拉特哥斯大学的学者克里斯·沃恩。19 世纪末，美国的媒体虽然对亚洲有商业和战略的兴趣，但是准备不足、缺少专家，所以对远东的报道不足。该文研究了一个野心勃勃的年轻记者及外交家约翰·巴雷特如何成为首屈一指的亚洲专家，以及如何通过他的领土扩张论的修辞进行议程设置。在美国对亚洲的商业和战略企图中，他在菲律宾扮演重要的角色。

第七卷（2004—2005）发表的《一个罪行唤起另一个：政治漫画家如何使用"丑闻互文"对抗总统候选人詹姆士·G·布莱恩》，作者是埃伦大学的学者哈伦·麦克姆森。第六卷第一号发表的《政治的"艺术"：维多利亚时代的加拿大政治漫画家看加美关系》，作者是西安大略大学的学者戴维·R·斯宾塞。这两篇论文都着力考察政治漫画家与政治的关系。

上述分析，指出了美国传媒史研究的四种路径。下面再以传媒史与战争议题为例，分析英美的传媒史研究方法对我国学术界的启示。

新闻业如何报道战争，如何动员民众？有许多问题值得深入研究。以往我国的研究主要集中于战地记者的故事、战时报纸的报道等。关于传媒与战争关系的历史话题是十分丰富的，美国和英国近年的有关研究动态启发我国学者从多元的角度来思考。

美国新闻史学家学会年会曾就一些关于战争的议题展开讨论。美国新闻史学家学会（American Journalism Historians Association）创建于 1981 年，目的是培植新闻史研究和新闻史教育，提供论坛，以及成为一种资源。学会在广泛的意义上界定新闻学，包括大众传播研究的很宽广的范围。美国新闻史学家学会第 24 届年会于

2005 年 10 月 5—8 日在得克萨斯召开。

这次年会的小组讨论议题之一是"著名战争和美国新闻业"。小组的七名成员，每人选择一个著名的战争个案，包括美国独立战争、美国内战、法国和印第安人战争、北非战争、1812 年战争、得克萨斯战争、墨西哥战争等。

他们关注的问题有："为什么战争会引起当时传媒的关注？""新闻业对战争的报道最富于煽动性的是什么？""新闻业建构这些战争以引导公共舆论的方式是什么？""今天这些战争有什么被记忆，什么是新闻业造成的'集体记忆'？"这些提出的问题反映了美国学术界的前沿思路。

美国和英国的新闻史杂志也有相关的论文选题。美国《新闻史》杂志是一个权威的学术期刊，近年来关于传媒史与战争方面的研究论文有《约翰·斯坦贝克，战争记者：虚构、新闻和事实的类型》（1997）等。英国《传媒史》电子杂志的相关论文有《想象的抵抗：越南战争中的美国士兵地下报纸》（2001 年 12 月）、《走向战争的美国新闻业：传媒与帝国的宣言（1898—2001）》（2003 年 12 月）、《谁说这是男人的战争？宣传、广告、演讲和对战争的描述——第二次世界大战中的工人阶级妇女》（2004 年 8 月）等。

美国 20 世纪 90 年代以来出版的相关书籍有《布置战争：国内战争发展与法国的广告》、《战争中的传媒：电台对报纸的挑战（1924—1939）》、《等级和专栏：美国战争中的军队报纸》、《战争和电视》、《被审查的战争：二战中的美国视觉体验》、《军事和传媒：报道战争为什么不被信任》、《美国报业和越南战争》、《公共事件：军事和传媒（1968—1973）》、《战争和新闻自由：特权的问题》、《报道越南：战争中的传媒和军事》、《画上线条：内战时的政治漫画》、《在前线：跟随美国的外国通讯员穿越二十世纪》、《战争故事：外国通讯员文化》、《战斗的回声：美国记忆中的越南战争》等。

近年国外召开的一些传媒史学术会议，也涉及传媒史与战争的议题，反映了这个领域的新动态。2005 年 3 月 31 日—4 月 1 日在英国威尔士大学召开的"传媒史与传媒中的历史"会议，从国际传播史角度出发的有《图解战争的政治：佛朗哥—普鲁士战争中的报道》，从"描述国家的历史"角度出发的有《从信息到宣传：在荷裔南非人战争中表达南非历史》，从"战争与记忆"角度出发的论文有《德国电视台对战争历史的再现》。2005 年 6 月 29 日—7 月 1 日在伦敦大学召开的以"二十世纪英国传媒史"为主题的会议有《电视和历史：战争中的世界》等论文。

国外研究传媒史与战争的多元视角对于中国学者能够有所启发，国内的相关研究还很有拓展的空间：

1. 文献资源还未被充分利用

按传媒的报道体裁分类，我国关于传媒史与战争的已有研究中，新闻报道的研究相对较多，而与战争有关的新闻摄影、广告、时事漫画等，还极少被纳入视野。从传媒的类别来讲，军事知识报刊以及殖民地军事报刊等，还未被充分注意到。

2. 研究的理论架构

以传媒史与战争的议题为核心，可以开拓出多种研究路径。战争与集体记忆、国家民族主义、政治经济学、视觉传播、性别理论等研究工具，都可运用在这个领域，国内的相关研究还很有潜力。

下面再通过 2012—2013 年的传媒史专业期刊，对传媒史研究的最前沿学术动态展开进一步的分析。

英国《传媒史》（*Media History*）电子杂志[1]2013 年第 3 期发表了 Peter Putnis 和 Kerry McCallum 撰写的《第一次世界大战期间的路透社，宣传鼓动新闻和澳大利亚报业》。这篇论文考察了以伦敦为基地的国际通讯社路透社的角色，在第一次世界大战期间，路透社向澳大利亚输送了宣传鼓动的新闻，并且澳大利亚报业采用了这样的新闻。论文揭示了宣传功能是如何被路透社理解的，以及这种功能在战争过程中是如何被改变的。

这一期还发表了 Rebecca Scales 的《电波上的混合：走向广播文化史的法属殖民地阿尔及利亚（1930—1936）》，此文探讨了法国殖民地阿尔及利亚在两次世界大战之间的动荡十年，书写广播文化史的可能性和方法论的挑战。在一个多元化、多民族的殖民社会，历史学家和传媒学者如何评价受众的接受？在殖民语境下，广播电台获得了怎样的含义？为了回答这些问题，该研究仔细考察了现存的广播史记录，从报纸的记述到档案资源，发现 20 世纪 30 年代的阿尔及利亚广播电台混合了两种文化，广播电台播放的音乐和口头语言都表现了典型的殖民地的日常生活和文化的流动性。广播，作为一种纯粹的声波媒介，挑战法属殖民地的阶级机制和支撑殖民地社会的种族、民族界限。

《传媒史》2012 年第 3—4 期是"英国传媒史编纂"专辑。Joad Raymond 的

---

[1] http://www.tandfonline.com/toc/cmeh20/current#.Uk9nYyyS1oL。

《报纸：全国性还是国际性的现象？》指出，传统上，报纸的历史是从一个国家的角度写的。然而悖论的是，17世纪以来，报纸收集和发布新闻是跨国的。此文通过一个个案研究，表明17世纪英国国际新闻的性质和意义。从欧洲传播网络的视角看，早期报纸的历史需要重写。

上述几篇论文都表明在国际传播史领域，学术界做出了新的探索，令人鼓舞。

美国《传媒史专论》（*Media History Monographs*）电子杂志[1]第15卷（2012—2013）发表了Ronald Seyb的《当客观性发挥作用：大卫·哈伯斯塔姆的越南报道》。第16卷（2013—2014）发表了Deeptanil Ray的《思索"国家的"：英国统治崩溃中印度英语报业的所有权和转型》。第13卷（2010—2011）发表了Randall Patnode的《前途无量：〈纽约客〉杂志漫画中的流动性，家庭生活和电视的塑造（1945—1959）》。这几篇论文使用了"客观性"（Objectivity）、"国家的"（National）、"象征性的流动性"（Symbolic Mobility）等理论工具，表明将历史文献与理论烛照结合的前沿学术趋势。

综上所述，考察英美传媒史的研究前沿，可以得到如下发现：

（1）研究视野从单纯的新闻史扩展到广义的传媒史已经是一个普遍的趋势，英国、美国都是如此，研究对象包括报纸、广播、电视、电影、广告、公共关系（但书籍和出版史不在内）。

（2）研究热点与当代的理论热点有一定关联，但并非完全对应。研究的选题是多样的，可以说有多个热点，包括国际传播史、非主流传媒史、传媒史与性别等。传统的研究领域，像传媒史与政治、人物及报社个案研究等则始终不衰。

（3）在研究方法方面，融合了历史学与新闻学、传播学，定性和定量路径都被普遍采用。诸多论文最可取之处，是在充分了解前人成果的基础上，在文献开掘和研究路径两个方面都力求突破，以体现学术价值。传媒史文献与理论烛照结合，是学科的前沿趋势。

通过对英美两国传媒史文献收藏以及20世纪90年代中期以后英美传媒史学术杂志论文选题的探讨，可以看到传媒史领域的前沿发展态势。我国学术界可以在比较中发现研究的盲点以及方法的差别。同时，英美两国在传媒史研究领域的多元、活跃局面，也可给予中国的研究者以信心与启迪。21世纪传媒史研究的发展趋势，是既保持学术传统，又融汇多元视角。

[1] http://facstaff.elon.edu/dcopeland/mhm/mhm.htm。

第四节　海外中国学与传媒史研究

海外的中国研究学者，曾被称为"汉学家"，称谓的改变源于这个学术群体研究视域的拓宽。许多学者近年的研究话题都涉及中国的传媒史，相关学术成果的增长是印刷文化史近年成为历史学热点的体现，也是中国改革开放、海内外学术交流频繁的结果。我国熊月之、朱政惠等学者近年来致力于介绍海外中国学。北京大学哲学系汤一介教授也认为，中国的学术要走向世界，应对海外中国学有所了解。[1]

欧洲学者专门以中国近代报刊为研究领域，代表性的人物有法国里昂第二大学东亚学院安克强（Christian，Henriot）教授，他著有《中国新的新闻政治（1895—1911）》（1980）；德国海德堡大学汉学系瓦格纳（Rudolf.G.Wagner）教授，是该系《申报》研究团队的带头人。

西方学者在研究方法和治学态度上有许多优点，可以对内地学者有所启发。他们进行研究时，采取历史学家应有的严谨态度，竭尽努力搜集有关文献，经常为了找资料到中国内地来访问。同时，他们重视社会科学的理论工具应用，每每能使一个小题目得出大结论。

他们使用中国历史上的报刊进行研究，对中国近现代报刊的看法有许多地方并没有超出中国新闻史学界的水平，并且不乏知识上的隔膜。但是他们的研究确有深刻、复杂之处。想我们所未想、做我们所未做，工作细致，颇值得我们多多了解，对之保持持续的关注。他们的研究也表明，传播媒介的历史研究与当前国际社会科学的前沿颇多契合之处，这个领域是值得投入力量、下功夫深入开掘的。

本节也涉及香港、台湾学者对中国近代报刊史的研究。尽管朱传誉、李瞻、赖光临等台湾新闻史学者的著作已被介绍到中国内地，但是还有一些大学新闻系以外的台湾、香港学者，属于另外的学术共同体，过去不为我们所了解。他们的论文往往发表在历史学杂志上，或者国际学术刊物上。由于"文革"中内地的学术研究基本停顿，而港台却并未止步不前，并且港台学者与欧美学者不同，虽采用西方研究范式，但对中国的理解较少隔膜，所以他们的著述不乏借鉴价值。

下文将用学术关键词贯穿近年西方学者在中国传媒史方面的研究热点。如何

---

[1]　汤一介：《"海外中国学"研究的新视角》，载《学术月刊》2010 年第 5 期。

理解这些关键词在学术史中的角色？它们作为理论、方法或研究对象，不是单一的，而是重复或综合出现的。如美国学者季家珍的《时报》研究，既涉及政治，但同时也是新文化史研究；柯文关于王韬的著作，既是重要的报人个案研究，同时以中国沿海的现代性问题贯穿全书；黄少荣的研究集中于"文革"中的传播，采用了修辞方法。上述三位学者的著述都涉及两个学术关键词。

为了使读者更好地了解近来的学术走向，有些关键词分解得比较详细，如"现代性"、"民族主义与国家、城市认同"、"公共空间"等都可以归入"传播与社会变迁"的范畴，而"传播与文化"则是一个大的范畴。我们看到，许多研究把传播的历史考察与社会、文化、政治都熔铸到一起了，体现了当代社会科学的学科融合趋势。

一、林 乐 知

林乐知是一个 20 世纪 70 年代的热点人物。

梁元生，香港中文大学历史系学士、硕士，美国加州大学圣巴巴拉分校历史学博士，香港中文大学历史系讲座教授。《林乐知在华事业与〈万国公报〉》是他 1974 年的硕士论文，由于十分出色，后来作为单行本出版。这是中文世界中第一部研究近代著名传教士林乐知在华事业的著作。虽然它不是专门讲办报的，但其中有一章专门叙述林乐知的新闻事业。

这本书的长处之一是参考资料相当丰富，有林乐知的航海日记，有广学会的会议记录，还有李提摩太、卫三畏等人的英文传记和回忆录，以及《教会新报》、《万国公报》、《中东战纪本末》等报刊，还有众多的中外文档案。

长处之二是有新的观点，不人云亦云。梁元生认为，林乐知的新闻事业并不如人们以往所想的由教会指挥，恰恰相反，"林乐知所办的事业常常得不到教会人士的支持，但却引起了市俗社会的反响，这尤其在他所从事的新闻事业中体现出来"。笔者以为，这个观点符合教会的社会事业在中国的发展轨迹。内地学者近来的研究表明，19 世纪中国的教会学校一开始以收穷人子女为主，后来引起教会内部的争议，认为对传教事业帮助甚微，所以 19 世纪 70 年代以后转为高学费政策。来华的外国传教士由教会派遣，他们的个人风格和一些做法未必全符合教会的指示，所谓"将在外，君命有所不受"，对传教士的认识要多从其个人际遇和特定的社会环境出发。

比梁元生更早一些，美国加州大学戴维斯分校阿德里安·贝内特 1970 年的博士论文题目是《19 世纪中国的传教士新闻：林乐知和早期〈万国公报〉（1868—1883）》，专门研究传教士报纸。这位学者 1983 年出版了一本专著《中国的传教士记者：艾伦杨和他的杂志（1860—1883）》。

二、王　　韬

王韬是长期的热点，因为他是一个连接东西方的特殊人物，而且关于他的资料在上海、香港、英国都有。不同地区的学者根据独到的资料，经常能有新的发现。

美国学者柯文（Paul A. Cohen）在《在传统与现代性之间——王韬与晚清改革》一书中，从传统与现代化关系的角度，研究了王韬这个晚清文化界的代表人物，其视角具有开拓意义。[1] 柯文的王韬研究是一手文献利用的出色个案。作者通过一些别人没有看到过的英文资料，分析王韬与同时代中国人的关系，与外国人的关系。虽然关于王韬的研究已经很多了，但是他依然有新的见解，而且从一个人看到一代人。

德国学者叶凯蒂（Catherine V. Yeh）的《晚清上海四个文人的生活方式》，虽然也是讨论王韬等四个文人的，但是她的写法有自己的特点。她注意到，之所以受过传统文化教育的知识分子被吸引到上海，是因为这个城市提供了独特的中西共在的场所，并给他们提供了"活动的余地和机会"[2]。

香港学者洗玉仪（Sinn, Elizabeth）关于王韬的研究，1998 年发表于美国的《晚清中国》杂志（*Late Imperial China*），名为《天堂里的逃亡者：王韬和 19 世纪末香港的文化转型》。洗玉仪在论文中认为，对王韬的研究可以提供一种理解香港在现代中国文化转型中角色的途径。作者说："王韬以中国报业先锋，现代中国知识界革命先锋，尤其西方观念传输者而闻名。他以一个改革思想家而广为人知。然而，尽管他花了二十年时间在香港，尽管几乎每个研究者都意识到他在英国殖民地的逗留，注意到他建立《循环日报》和许多文化交流活动都发生在此地，但还没有人真正检视他的香港生涯的细节。一个明显的问题是，王韬这么多年在香港的日子，除了编辑报纸以及思考中国的强国之路，其他的时间他在做什么？特别是，他所提出的经济改革思想是其思想中的基础部分，那么他在香港这个商业城市的真实生活究

---

[1]　［美］柯文：《在传统与现代性之间：王韬与晚清改革》，江苏人民出版社 2006 年版。

[2]　熊月之、周武主编：《海外上海学》，上海古籍出版社 2004 年版，第 33 页。

竟怎样影响他的思想？这对研究王韬思想是重要的。香港生活是这些思想的来源，香港环境和他的真实生活经验导致了他的思想道路。"

洗玉仪是香港大学亚洲研究中心的著名学者，皇家亚洲学会香港分会副会长。她的研究兴趣是多方面的，包括香港文化和社会史、香港经济史、香港早期报纸历史研究等。她的著作有《香港文化与社会》（1998），研究领域还包括香港金融史、香港疾病史等。

洗玉仪另一篇关于报纸的论文《传媒形成：香港和早期中文报纸的发展》，2002年发表于《现代亚洲研究》。作者写道："由于香港的独特历史环境，它是中国报纸的摇篮，并接着成为一个中国报纸发展的充满活力的中心。这个研究的目标是重构香港报纸的发展史，分析其对香港区域及中国海外尤其海外广东人的文化经济和政治影响。""报纸已经成为中国现代化的基本要素。已出版的中国现代报业史的大量文献，不同程度上进行了精确的分析。然而关于报纸发展，我们在认识上还有许多缺口。这里我将讨论的是1871年3月到1872年4月之间出版的一个报纸《中外新闻七日报》，表明报业发展一个非常关键的阶段——中国记者群体如何形成，如何从西方人的下属和学徒变成他们自己社会、政治和文化需求的新的媒介。"

台湾学者王尔敏对王韬的研究：①研究其对中西文化交流的贡献，代表作是《王韬早年从教活动及其与西洋教士之交游》、《王韬在近代中国之思想先驱地位》和《王韬课士及其新思潮之启发》；②对王韬生活的研究，代表作是《王韬生活的一面——风流至性》。

王尔敏十分重视史料。他整理的一套书信集《近代名人手札真迹》[1]中，包括王韬的书信73通，对于研究王韬是第一次披露的珍贵史料，其中有王韬的日常生活与社交往来等情况。

三、梁启超

梁启超是又一个西方世界熟悉的中国报业史人物，关于梁启超的研究非常多。他被称为"中国报业之父"，评价非常之高，与中国内地的说法不同。还有人认为他的《时务报》是"中国报业的真正起点"。

---

[1] 王尔敏、陈善伟合编：《近代名人手札真迹》，香港中文大学出版社1987年出版。

四、局　外　人

1974 年，密西根大学的学者墨菲（William R. Murphey）出版了《局外人》。"局外人"（Outsiders）从此成为一个流行的概念。

《19 世纪报业史的局外人：多元视角的考察》[1] 涉及在美华人等边缘群体，从移民和多元化社会的角度提出了对海外华人的解释框架。此书还研究了新闻史中被遗忘的社群：早期黑人报业、犹太人新闻业、西班牙语报纸、美国土著人报纸、女权报纸等。该研究表明边缘群体如何发展他们的新闻业以对抗白人报业的偏见和误解，书中讨论了种族和性别领域以及宗教观点的自由表达等重要问题。

该书的编者之一弗兰基·赫顿是《美国早期黑人报业（1827—1860）》的作者，另一位编者芭芭拉·斯特劳斯里德是路透大学新闻和大众传播系教授。

美国社会中的边缘群体在主流传媒中通常是被忽视的。检视多种边缘群体的出版物，让长时间沉默的群体为他们自己说话，使现代读者对 19 世纪美国局外人的经历产生更为复杂的认识，该书开掘了美国报业史多元文化混合的一面，这也是考察美国历史多元面貌的必经途径。边缘群体报纸的这些文献是独特的，发出边缘群体的声音。书中讨论了美国人生活中理想与现实的裂缝，反思了美国文化中的矛盾。

书中有几章提供了多样性报纸的历史叙事，并把报纸和复杂的修辞放在大的社会文化和政治内容之中，尤其是黑人报业这一章，以及关于华裔美国人报业的两章，有效地连接了报业史和社会史。凯瑟琳·米切尔撰写的一章，不仅分析了女权报纸的来龙去脉，而且反思了现在通行的大众传播史的批评策略；关于女权报纸的历史编纂，她提出，新的批评路径会提供关于女权报纸的历史地位及其对于所有美国人的意义的一种更为复杂、综合的理解。

该书在很多方面提供了启示——这个领域还可以深入研究下去，让人们注意到失去的声音，对 19 世纪美国报业史和美国文化产生更为复杂、综合的理解。

五、修　　辞

黄少荣的博士论文《造反有理》（*To Rebel is Justified*），以修辞作为理论工具，是一个关于"文革"修辞的社会动力学研究。与其他研究中国"文革"的著作不同，

[1]　［美］弗兰基·赫顿、芭芭拉·斯特劳斯里德编：《19 世纪报业史的局外人：多元视角的考察》，美国鲍林格林州立大学出版社 1995 年出版。

此书集中探讨了政党的权力斗争，导致个人崇拜的令人着魔的力量，以及人为的阶级斗争的残酷。此书描述、讨论并评价了由"造反有理"这样一句口号所概括的"文革"运动中的主要修辞主题。这种批判模式来自威廉·布朗的社会干预（social intervention）理论。黄少荣用修辞理论解释毛泽东为什么要发动"文革"，人们对毛泽东号召造反的回应，以及毛泽东和毛泽东主义者形成于受众的象征性事实修辞策略的出现与发展。这是第一本用传播理论分析"文革"修辞的书。

黄少荣的这部博士论文出版后，被本杰明·克莱因评价为"一个极好的修辞分析著作"，"此书不仅是对汉学和社会运动感兴趣者的必读书，任何修辞学者都应读此书。我从未在其他地方看到比这更透彻的应用威廉·布朗的社会干预修辞理论的著作"。黄少荣的《造反有理》所采用的以修辞学研究传播史的方法，并非他首创，但用在中国研究领域，有其独创性。

吕行是一位用修辞学理论研究中国古代传播现象的著名华人学者，北京第二外国语学院学士，美国俄勒冈大学修辞与传播学博士，美国德保尔大学传播学院教授。她的学术兴趣包括中国修辞学、比较修辞学、跨文化/多元文化沟通、语言和文化、文化认同、亚裔美国人的传播等。著作有《中国古代修辞：与希腊修辞的比较》（1998）、《中国文化大革命的修辞》（2004）。[1]

刘亚猛也是一位曾在美国系统学习修辞学的学者，在南加州大学获得修辞学博士学位。他曾任教于美国卡内基-梅隆大学，现任福建师范大学教授。这位学者主要从事西方修辞学史和修辞理论研究。研究旨趣的不同使他没有涉足中国古代的修辞研究，所著《西方修辞学史》是国内第一部关于西方修辞学史的著作。[2]

六、现 代 性

芮哲菲（Christopher A. Reed）是美国俄亥俄州立大学现代中国史教授。他完成过许多中国商业史研究，著有《古登堡在上海：中国印刷资本主义》（2004）以及多篇关于中国印刷资本主义和印刷文化的论文。他的另一项研究工作是中国印刷共产主义史（非市场驱动的印刷文化，1921—1966）。从 2004 年起，他成为历史学术

---

[1] Lu Xing. *Rhetoric of the Chinese Cultural Revolution: Impacts on Chinese Thought, Culture, and Communication*, The University of South Carolina Press, 2004；Lu Xing. *Rhetoric in Ancient China, Fifth to Third Century B. C. E.: A Comparison with Greek Rhetoric*, The University of South Carolina Press, 1998.

[2] 刘亚猛：《西方修辞学史》，外语教学与研究出版社 2008 年版。

杂志《20世纪中国》（*Twentieth-Century China*）的主编。

1996年，当时在加州大学伯克利分校求学的芮哲菲，为了写以上海近代出版业为题的博士论文，专程到上海社会科学院历史研究所作访问研究，使用了大量国内的文献资料，完成了博士论文《古登堡在上海：机械印刷、现代出版及其对城市的冲击（1876—1937）》（出版时名为《古登堡在上海：中国印刷资本主义》）。

德国海德堡大学的瓦格纳教授（Rudolf Wagner）如此评论这本书："对于正在增长的现代中国研究，此书是一个很受欢迎的补充。……包括中西文的丰富的参考书目、文献资源和学识，是相当充实的一本书。过去已经有许多对中国明清商业印刷发展的研究，此书的特点是集中在西方印刷技术在中国的文化适应问题。"

该书的第一章"古登堡的后代：把工业化印刷技术传递到上海（1807—1930）"，考察了19世纪早期新教传教士的出版活动，分析了西方印刷技术是如何被中国人接受的，以及为何到1870年后才开始广泛应用。

第二章分析了《点石斋画报》和《飞影阁画报》的印刷技术应用。它们的成功表明西方印刷技术在中国有非常大的潜力，尤其在表达图像方面。该书也研究了申报馆丛书的印刷。

海外的中国研究，往往有相当深的学术期待。它们从一个很小的问题出发，最后归结到中国的现代化道路、中国现代化的特点和中国人的现代性等涉及历史走向的大问题的探索。《古登堡在上海：中国印刷资本主义》探讨上海书籍的出版情况，深意在于阐明"现代中国商人改变了旧的出版生涯，并影响了整个国家的教育和思想生活的轨迹"，把出版和国家的思想生活联系起来。[1]

美国加州大学伯克利分校历史系教授、著名华人学者叶文心（Wen-hsin Yeh），曾研究20世纪20年代的上海资本主义出版业。她指出，上海存在"城市空间的割裂性"。在同一个城市，有人与外界联系密切，信息灵通；有人很闭塞，见识狭隘。现代与传统、进步与闭塞同时存在于上海。因此可以解释为什么上海成为中国共产主义运动的中心，但是不稳定，有时高昂，有时困顿。[2] 叶文心的这个发现对于解释新闻业的不均衡发展也是有启发的——同一个城市的报刊，发展水平大不相同，与这种"割裂性"以及传统与现代的混杂局面应该也有关系。

---

[1]　熊月之、周武主编：《海外上海学》，上海古籍出版社2004年版，第81页。

[2]　熊月之、周武主编：《海外上海学》，上海古籍出版社2004年版，第31页。

叶文心的代表作是《疏离的学院》[1]，研究了民国时期的大学校园文化。她关注中层人物，尤其是年轻职员和知识分子，这些人既是大学的一份子，又是报刊的核心读者。因此，她在大学文化研究的基础上延伸出了对中国报刊的研究。其论文《进步杂志与上海小市民：邹韬奋和〈生活〉周刊》[2]中说，《生活》的读者是上海市民阶层的主要组成部分。她分析了为什么该杂志能贴近职业青年的生活。通过研究当时城市职业青年的生活处境和价值观念，她指出，《生活》杂志经常举成功者的例子，以迎合城市青年希望出人头地的愿望，杂志编辑向读者说明成功的关键在于自我修养，要诚实敬业吃苦耐劳才能出人头地。当时年轻读者向往小家庭，《生活》杂志的标志性立场也是提倡小家庭，这一观念得到了城市男女青年的欢迎和响应。

叶文心的另一篇论文《上海的现代性：一个民国城市的商业与文化》[3]分析了广告文化。上海城市史的研究有两种取向：①社会学取向，研究国家与社会的关系，研究同行协会、同乡会、工人、资本家等城市政治的社会基础；②经济史取向，关注银行以及造船、烟草等工业。近来历史学家又开始从制度层面上关注印刷、出版、广告等文化工业在上海的发展。这第三种取向通过探索上海现代商业和都市文化之间的关系，为理解上海的现代性提供了新的视角。

外面世界的物质文明和思想观念通过上海与内地的商品和人员交流，通过上海的报纸和其他出版物，逐渐渗透到中国内地。在这一过程中，首先被改变的是上海自身。近代上海都市文化的发展，就是一个不停地将外来文化，特别是西方现代文化加以本地化的过程，学术界近来对上海广告的研究为这种本地化的过程提供了说明。叶文心引用了其他学者对南京路商业促销活动的研究，对"老九和"广告的研究，以及对推销牛奶制品的研究，以说明商业文化和上海现代性之间的关系。在这些研究中，上海商人推销商品的一个共同策略是把他们的商品同想象中的现代生活联系起来，南京路通过把商品消费转化为文化消费来促进商品消费。

---

[1]　原名《疏离的学院》。Wen-hsin Yeh. *The Alienated Academy:Culture and Politics in Republican China, 1919-1937,* Harvard Univ Asia Center, 2000 . 该书已翻译成中文，即：叶文心：《民国时期大学校园文化（1919—1937）》，中国人民大学出版社 2012 年版。

[2]　Wen-hsin Yeh. "Progressive Journalism and Shanghai's Petty Urbanites:Zou Taofen and Shenghuo Weekly," 1992.

[3]　Wen-hsin Yeh. "Shanghai Modernity:Commerce and Culture in a Republican City," *The China Quarterly,* 1997.

上海的现代性体现在商品在争取市场的过程中所竭力宣传的有关现代生活的符号。这些符号是由上海商人和报刊电台等文化工业共同生产的。它们不仅影响了上海人对现代性的理解，也影响了内地人对上海的想象。叶文心在论文的结论中指出，上海商业文化的基础是《生活》周刊读者那样的职业青年，比如服务于银行的高级白领，以及掌握了小家庭经济权的年轻主妇等新型消费者。新型的商品消费，由此带来的本地化的对现代生活的文化想象，以及新身份的消费者，共同构成了上海的现代性。

七、传播与文化

哈佛大学教授李欧梵的《上海摩登》[4]是一部著名的文化史研究。书中的第二章"印刷文化与现代性建构"分析了《东方杂志》以及商务印书馆的教科书、文库等出版物。作者也详细研究了《良友》画报。

印刷文化包罗万象，报纸、杂志、画报、商业广告和书籍都在内。作者对这些个案进行分析，阐述了印刷文化与现代性建构之间的复杂关联。他认为自己注意到了"都会出版文化的一个更大众的领域"。第三章分析了上海的电影。

八、民族主义与国家、城市认同

顾德曼（Bryna Goodman）是美国俄勒冈大学历史系教授。她专门研究现代中国，研究领域是中国社会、城市史和性别。著有《本土，城市和国家：上海的区域认同和组织（1853—1927）》（加利福尼亚大学出版社，1995），近作还有《新女性犯罪自杀：报业，文化记忆和新共和国》（《亚洲研究杂志》，2005 年 2 月）、《半殖民主义、跨国连结，以及民国早期上海的报业文化》（《中国评论》，2004 年春季号），以及《成为公众：1918 年上海表现的政治》（《哈佛亚洲人研究杂志》，2000 年 6 月）。

我们可以由此看到她近来的理论兴趣，包括社会理论和记忆、跨国维度，以此对中国的报业进行研究。她为什么选择上海呢？因为上海是半殖民地，跨国报业的特点表现明显。她提出了"中国报纸的跨国界民族主义"的概念。

---

[4]　Leo Ou-fan Lee. *Shanghai Modern: The Flowering of a New Urban Culture in China, 1930-1945,* Harvard University Press. 1999. 该书已翻译成中文。李欧梵：《上海摩登：一种新都市文化在中国（1930—1945）》，北京大学出版社 2001 年版。

2004 年 4 月她为《中国评论》编辑了一期特刊——《新闻的网络：中国报业的权力，语言和跨国界维度（1850—1949）》。这主要是由来自欧洲、美国、中国的 14 名学者组成的工作坊 [1] 的成果，专门研究晚清和民国早期中国的报纸。成员包括包筠雅（Cynthia Brokaw）、丹尼斯·金培尔、安克强、特德·胡志德、迪克·克劳斯、瓦格纳、魏定熙（Timothy B.Weston）和张旭东。

顾德曼在导言中说，什么是报纸的国家认同？领土的认同唤起了什么？几个例子充分地说明这个问题的复杂性。跨国界的轨迹，中国及亚洲更广大地方的记者和报纸，在开放口岸及殖民贸易中心，外国报纸与本地语言的报纸混合共存着。

晚清以来，日本政府和日本记者在中国积极活动着，控制着诸多中文报纸以及日文报纸为侨居的日本人服务。1912 年之前，日本拥有 19 种中文报纸，一些在中国的首都创办，目的在于改善中国对日本的外交关系。

1911 年，与中国外交官伍廷芳合作，美国记者托马斯·密勒创办了《中国新闻》（China Press），很快就成为上海发行最广的英文日报。美国投资者 1918 年创办的《上海公报》（Shanghai Gazette），创办过程中得到一些在海外长期生活过的中国人的协助，包括孙逸仙、廖仲恺等。

《远东评论》（Far Eastern Review），是由美国人乔治·布朗森于 1904 年在马尼拉创办的，1912 年迁移到上海。尽管他的公民身份是美国人，但是到 1923 年，《远东评论》的色彩是反美国和亲日的，他接受日本人的津贴。

以上案例通过报纸表达的地理想象，指示了报纸认同的复杂性，表明"超国家"（sub-national）、"国家之外"（extra-national）的多种情况。

本尼迪克特·安德森（Benedict Anderson）提出"想象的共同体"理论。印刷品的扩散促进了民族共同体的形成。古登堡活字印刷技术的扩散，促进了文化的普及，使欧洲人形成一个整体。[2]《中国评论》的这组研究在此基础上又有所延伸。例如上海的一个日文报纸，点缀着从上海和从日本、韩国来的新闻，表明在选择和安排新闻时，国家边界是很不重要的因素，而对帝国现在和未来的想象更重要。同样，上海的英文报纸 North China Daily News 提供殖民地新闻，如新加坡和香港，加上中日贸易口岸，像宁波和横滨。如果上海对中国报纸来说是家乡，《申报》和

---

[1]　工作坊名为 "Transnational Dimensions of the Chinese Press, 1850—1949"。

[2]　［美］本尼迪克特·安德森（Benedict Anderson）等：《想象的共同体：民族主义的起源与散布》，上海人民出版社 2005 年版。

《民国日报》有本国和本地（上海）新闻栏目，《宁波白话报》、《广肇周报》则是由客居当地的社群出版的。这些客居者出版物强调"想象的共同体"（imagined community）。客居网络遍布中国许多城市，有些延伸到东南亚。20 世纪早期日本的中文报刊提供了另一种想象国家的方式，这些杂志的名称表明了这一点——《江苏》、《浙江潮》、《豫报》。

顾德曼的国家认同研究延伸到城市认同。中国是个多民族、地方主义强的国家。她认为各地方客居的移民在上海这种现代化大都市里表现出来的民族主义，阻碍了现代化的进程。她认为都市意识的缺乏在新闻媒介上也有表现，上海的报纸表现出明显的同乡倾向。《汇报》为反击《申报》对旅沪广东籍社群的偏见而创办，仅仅一年就被迫关闭，表明西方意义上的公共论坛在中国并不存在。"市民社会"和"公共空间"的概念要求报纸有共同的都市眼光，但是对《申报》和《汇报》的研究表明，上海的报纸体现了"同乡忠诚"，表现出明显的同乡认同倾向。[1]近 10 年来，顾德曼对上海 20 世纪 20 年代的新闻业进行了深入研究，获得大量新的认识，她对新闻与上海公共空间的整体认识深化了。

关于清末京剧演员杨月楼的报道，以往的观点认为，杨案的性质是演员受迫害，这是阶级的观点。顾德曼认为，事件的过程是复杂的，由于舆论的干预，广东同乡施加的强大压力，促使当局严惩杨月楼。当时有舆论认为是广东女子勾引了杨月楼，进而对广东女子的德行进行攻击，为了捍卫广东同乡的声誉，广东会所发动一切力量要严惩杨月楼，以使自己更受同乡社群的拥戴。顾德曼的观点比传统的认识更加深入。

下面这个研究也是关于传播与城市认同的。口头的弹词传播表达了传播者的城市认同，也改变了大众对城市认同的观念。《跳龙门：上海说书人的社会流动（1849—1949）》[2]是麦克丹尼尔·劳拉·安德烈斯 1997 年在美国耶鲁大学完成的博士论文。

文化史已成为当代的显学。这即是一篇把文化史方法用于近代中国研究的论文。研究对象新颖，也颇有新见。1875 年，上海的一个本地画报发表一篇关于上海华埠说书乞丐流行的文章。该文如此描述这些乞丐："这些令人同情的人通常是由于残疾而被迫从事如此低贱的行当，但这并非他们唯一的问题，他们又饿又

---

[1]　熊月之、周武主编：《海外上海学》，上海古籍出版社 2004 年版，第 374 页。

[2]　Jumping the dragon gate: Social mobility among storytellers in Shanghai, 1849-1949.

病，大多数很脏，身上长满疮疤，你都不敢看他们。"围观者出于好奇心聚集在乞丐们身边，一旦有足够多的人聚集在周围，乞丐就会拿出一个小小的有弦的乐器，唱一段著名的曲目。当他唱完了，乞丐会走到每个听众面前，伸出手要求听众捐献。这篇报纸上的文章以及无数类似的文章，给我们塑造了一幅晚清中国弹词艺人的可怜形象。

而 60 年后的 1936 年，弹词艺人薛小青开着他的新款汽车沿着上海的马路飞驰，停在迷人的戏院门外，那里有 500 多名"书迷"正在等着他到来，他的演出要讲新的著名故事《啼笑因缘》。作为经历了巡回演出和乞讨求生的说书人的儿孙，薛小青可以肯定地说自从他的父亲 40 年前开始说书营生以来，他的职业已经历了巨大的转变。

要解释这种说书人社会地位令人惊异的飞跃，离不开上海移民以及上海城市的发展，以及上海作为现代城市认同的出现。中国的历史学家们长期以来把城市移民的分层看作一种静止的状态，假设社会地位的变化与社会认同原则的变化并无关系。然而这个关于上海地区说书人的研究表明，不仅城市认同的确存在，而且它是社会流动（social mobility）的基本要素。

直到 19 世纪晚期，上海以及周边地区形成了一种区域的统一体。在弹词艺人眼中，上海只是另一个巡回演出的城镇而已，就像浙江和江苏的许多地方。不管他们是在上海还是在江苏乡下的某个小城，说书人通常是在破落的寺庙、凋敝的茶馆，或者集市上演出，甚至站在街角。而到了 20 世纪 30 年代，上海已经经历了如此明显的经济、建筑、文化和技术的转变，使得这个区域的其他城市和乡镇显得矮小，上海提供给弹词艺人一种新的地理和文化的空间，使他们建立更值得尊敬的名声。

上海弹词艺人最早的聚集地，都坐落于该城最老的区域，叫做华埠，一般是几乎没什么家具和陈设的茶馆。所以在 19 世纪晚期，在这种茶馆的演出与在其他江浙城镇茶馆的演出无甚差别。世纪之交，说书人在上海的聚集地开始转移到更为现代的租界区，并因而与江浙一带的演出地区别开来。首先，发生了数量上的增长，在 19 世纪最后 30 年，上海仅仅出现了 70 个新的说书场所，而到了 20 世纪 40 年代，上海已经有 500 多个演出场地。上海迅速与江浙其他地方拉开差距。这些新的说书戏院对于说书人社会地位的变化是非常重要的。它们使说书人能够获得固定的收入，从而胜过从室外听众那里得到的小额捐款，这有助于提高表演者的地位。

1885—1900 年，电、自来水以及多层建筑，使上海的说书场所与该城其他更古老的建筑区别开来。自来水制造了更好的茶和更现代的公共卫生，电使说书人在日落后也能演出，从而增加了每天的表演时间，建立了一个"不夜城"的概念。因为有了电这种新技术，说书人的表演场地吸引了社会地位更高、更有钱的观众，也更有理由收费，因此说书人赚了更多的钱，并享受到由更高阶层观众带来的更高的声望。终于，说书人表演场地发展到能容纳 500 名听众的 5—10 层的宏伟建筑。几个著名的场地允许表演者同时在不同的房间里演出。实际上，在上海租界演出，被看作更舒适、更有利可图、更有面子。"当然，我首选在租界演出。"一个说书人在接受访问时坚持说，"租界的演出场所比上海另一端华埠的更好。那里的每一样东西都看起来更清洁、更幽雅、更有文化。我的天，甚至茶都更香。华埠的茶简直是浑浊的。"到 20 世纪 30 年代，上海的说书人世界发展到了顶点，只有那些能够始终在城市的特权区域找到工作的人才被看作是这个职业的成功者。一位说书人这样表达此种景况："在旧社会（指 1949 年以前），当你学说书技艺，首先你要跟师傅学习，然后跟老板学习，巡回演出。如果最终你能在上海立足，那才是你真正精通技艺并且已经成为明星的标志。"

到 20 世纪 30 年代，"跳龙门"已经进入说书人的词典，作为说书人的行话，指在上海租界的某个说书场地中拥有工作。说书人有一种特别的与读书人参照的爱好，所以可把这个词与科举考试联系起来。中国人所说的"跳龙门"，源于"鲤鱼跳龙门"的传说，一个人变成了龙，平民赢得科举考试以此比喻。"跳龙门"意味着赢得成功与名望，对于江浙一带的说书人来说，在上海租界说书意味着成功和名望。

这些说书人通过他们的故事内容，放大了城市认同的魅力，扩大了城里人和乡下人之间的文化藩篱。他们借助于精细的行业规则和行业协会的制度结构，支持着这种城市认同诉求，城市说书人成为一个排外的俱乐部，乡下的同行绝对不得而入。在上海说书人当中，城市认同是如此强烈，因为在 20 世纪 30—40 年代浮华、富裕、膨胀的上海形成之前，他们还"什么也不是"，是上海使他们成了有名气的人物。

这个研究的研究文献是 20 世纪 30—40 年代说书行业和说书迷的报纸，以及当地的大众化报纸，报纸留下了关于流行文化的记录，记载了行业的规则，以及说书人对职业的认识，受众对演出的看法。作者对行业规则的生成以及故事文本的内容进行分析，提出"城市认同"这一概念，并把它与说书人社会地位的变迁联系起来。这是一个出色的文化史研究。

九、传媒与政治

传媒与政治，是传统而经久不衰的话题。最传统的历史都是政治史。

香港浸会大学周佳荣教授的《〈苏报〉与清末政治思潮》，是研究晚清上海政治格局和政治思潮的名作。此书详细分析了《苏报》的言论以及在思想转型时期所起的多方面作用，酿成巨案的始末，以及《苏报》案前后中国思想界的情形。康奈尔大学高尔登（Richard Horward Gaulton）的博士论文是《1949—1952 年上海民众的政治动员》（1981）[1]。

十、公共空间

季家珍在美国哥伦比亚大学获得历史学博士学位，博士论文出版时名为《印刷品与政治：〈时报〉与晚清的文化改良》（斯坦福大学出版社，1996）[2]。作者从《时报》入手，以"中间地带"理论为架构，融文化史、政治史、社会史于一炉。20 世纪 90 年代以来，关于中国是否存在"公共空间"，是西方中国学界热烈讨论的、有争议的话题。季家珍的著作酝酿、完成于这一时期，与"公共空间"的学术热点有密切关系。

近年在欧美颇有影响的新文化史的代表人物之一罗杰·查利（Roger Chartier），特别注意分析印刷品的增长对传统社会的深刻影响。他认为印刷品的大量涌现给传统社会带来巨大冲击，各种新观念通过它而畅行无阻，顺利到达社会各个阶层，而社会各阶层与官方的关系，即被统治者同统治者之间的关系，通过它得以修正，改变着传统的社会关系。

在这种学术背景与理论的启发下，季家珍选择 1904 年上海出版的《时报》为文本，建构起"中间地带"的理论框架。之所以选择这个文本，因为上海是中国的报刊出版中心，《时报》更能满足分析国家与社会、上层与下层关系的

---

[1]　Richard Howard Gaulton. *Popular political mobilization in shanghai*, 1949-1952, Conell University, 1981.

[2]　Joan Judge. *Print and politics*, Stanford University Press, 1996.

需要。她认为 19 世纪末 20 世纪初的上海，是一个印刷品开始与政治发生密切关系的时期。

作者在书中勾画了晚清中国社会的"中间地带"，她认为政治性出版物——报纸的出现，使政治信息公开，由少数统治者垄断变为民众共享，具有革命性意义。

在《时报》周围聚集着一批有新思想的知识分子。新型的社会职业——报人出现，成为西方政治、社会观念的最活跃的传播者，也是新的政治、社会话语和价值观念的创造者。报人用他们创造的话语来沟通民众与清王朝。有了报纸和投身于其中的新式知识分子报人，还不足以形成"中间地带"。在《时报》之前，近代中国报纸已经出现，作者认为《申报》和《新闻报》重在新闻信息发布，而《时报》首先开创"时评"栏目，通过新闻评论引导社会舆论，以西方的政治理论和话语作为评论当时中国政治问题和社会问题的切入点，以"国家"、"民权"、"舆论"等概念为支撑，展开讨论中国政治问题的话语空间。在这一过程中，《时报》既扮演政治角色，也扮演重要的文化角色。

书中还有一个引人注目的观点：报人知识分子是晚清政治的协商者、政府与民间的沟通者、中西文化的整合者。知识分子自觉扮演中层的社会角色，借助于政治出版物，开拓"中间地带"，使之成为推动改革的根据地，向下启蒙民众、向上反映民生疾苦。作者认为，与传统士绅不同，报人是新型士绅，他们确信下层民众是可以改变的。传统士绅仅仅以下层民众的利益代言人和社会公正的维护者出现，而报人还要把民众带入改革的进程，启蒙造就新型国民。

报人的努力没有达到预期的目标，因为其时中国还不具备一个自觉充当舆论主体的市民阶级。尽管报人以"中间社会"自居，但是难以找到广泛的对应者，除了知识分子。这就使知识分子在当时的中国社会无法形成有广泛社会影响力的阶层。他们不得不转向民众，担任民众启蒙者角色。因此，报人既是平民主义者，又有明显的精英主义倾向。不管他们的话语中如何强调民众，事实上，他们与民众依然有距离。他们在报纸上揭露腐败、呼唤法治，与政府之间也不可避免地产生矛盾。因此事实上他们既没能架设起通向民众的桥梁，也对清政府感到失望。报人在政治上扮演的角色不成功，文化上对中西文化的整合也充满了一系列的紧张关系。

此书中的一些认识未必准确。但有些地方确实认识深刻，中国新闻史以往的研究总是高度评价改良派的沟通思想，对于其复杂性研究不足。季家珍的这本著作，指出报人的中间角色的复杂性。她不是单纯地套用"公共空间"理论，而是从政治和文化两个角度分析当时的实际社会情况。

季家珍的《印刷品与政治》是 20 世纪 90 年代初美国汉学界关于中国是否有公共领域这一问题的讨论的一部分。美国的中国史研究学者的研究习惯有两个长处：①非常重视相关的研究成果，有引用性借鉴，也有批评性回应，在与同行的广泛对话之中最后形成自己的结论；②在跨学科的背景里面研究中国，因而常常有令人惊喜的新的开拓。美国的中国史研究学者，首先在历史系里面要与欧洲史、美国史和其他区域史的同行交流切磋，因此具备文明比较和国别比较的意识。同时，他还要与同样从事中国研究的政治学、社会学、文学、宗教学、哲学、语言学、人类学、法学等其他学科的同行交流对话，因而又获得了跨学科的宏观视野。我国学者许纪霖对此十分赞赏，他曾写道："在阅读西方同行的过程之中，我常常被他们不拘一格的研究视角和富有想象力的理解所折服，史学的魅力不在于其他，乃是有无穷无尽的新史料、新解释得以丰富，你永远无法想象，明天的太阳将会以何种新的方式升起。"[1]

十一、画　报

画报，尤其《点石斋画报》是 20 世纪 90 年代以来的一个研究热点。

台湾学者王尔敏从 20 世纪 70 年代开始从事社会文化史研究，他对《点石斋画报》的研究持续多年，取得了丰富成果。在《中国近代知识普及化传播之图说形式——〈点石斋画报〉例》（1997）一文中，他认为该画报在传播知识、传播时事新闻方面贡献甚大。在《〈点石斋画报〉所展现之近代历史脉络》（2002）一文中，他从研究市民文化和晚清上海社会变迁的角度出发，对该画报的发行时间、创办人、发行范围、石印技术的引进、主要内容等进行分析。

澳大利亚的中国研究学者叶晓青，曾在上海社会科学院历史研究所工作，20世纪 80 年代到澳大利亚国立大学留学，毕业后留澳。她出版过专著《〈点石斋画报〉：上海城市生活（1884—1898）》（密西根大学出版社，2003），发表过《〈点石斋画报〉中的上海平民文化》等论文。

德国汉学家瓦格纳也对《点石斋画报》很有兴趣，曾发表《进入全球想象图景：

---

[1]　许纪霖：《史学研究不过是"瞎子摸象"》，载《文汇读书周报》2013 年 2 月 1 日版。

上海的〈点石斋画报〉》。他指出这个画报与英国 19 世纪的《伦敦画报》(*Illustrated London News*)有渊源。《伦敦画报》有时采用《点石斋画报》的稿件，而上海的《点石斋画报》也从英国的《伦敦画报》中借鉴了形式和内容。

与《申报》一样，《点石斋画报》历史悠久，保存完好，数量巨大，印刷精美。这样丰富而有特色的文献，很适合作为研究对象。香港中文大学历史系叶汉明指出："利用《点石斋画报》进行文化史研究，可以揭示新文化史研究法中的文本分析法、文本交互分析法、跨文本分析法等方法对媒体研究的重要性。"[1]

十二、《申报》

《申报》是近年西方中国研究的热点，观点纷纭、讨论热烈。国内学者在《申报》研究方面已经有丰硕的成果。台湾也不乏以《申报》为题的著述，如台湾师范大学历史所朱瑞月的硕士论文《〈申报〉反映下的上海社会变迁（1895—1927）》（1990），文化大学历史所吴仁棠的硕士论文《清末〈申报〉的社论——政治层面评析（1872—1905）》（1992），都是以《申报》的史料为基础，使用报纸进行上海社会文化史的研究。此外，还有黄克武的《从〈申报〉医药广告看民初的医疗文化与社会生活》等。

在德国海德堡大学有一支专业的《申报》研究团队。学术带头人瓦格纳，生于 1941 年，1969 年以一篇研究中国和尚慧远思想的论文获得慕尼黑大学的博士学位。他曾在柏林自由大学任教，在哈佛大学东亚系和加州大学伯克利分校做过访问学者，1987 年被海德堡大学聘为教授。他还研究过汉朝的政治制度和太平天国中宗教的作用等课题。

作为欧洲领先的中国问题专家，瓦格纳从 1993 年开始研究中国的《申报》，他是从"公共空间"的角度切入《申报》研究的。发表的论文有《中国公共空间的运作：太平军的神学和宣传技术》、《中国早期的报纸和它的公共空间》、《申报馆早期的书籍出版》和《公共场所和舆论》等。瓦格纳在 1998 年发表的论文《危机中的〈申报〉：郭嵩焘与〈申报〉之间的冲突和国际环境（1878—1879）》中指出，《申报》不依赖租界治外法权的保护，英国政府没有庇护《申报》，它的生存是

---

[1]　叶汉明：《〈点石斋画报〉与文化史研究》，载《南开学报（哲学社会科学版）》2011 年第 2 期。

因为中国人从文化心理和文化认同上完全接受了《申报》，中国的官员士绅对这份报纸的接受程度很高。《申报》成功地进入中国的精英社会，成为中国人了解世界的窗口。

瓦格纳近年在"近代中国的公共空间结构"这一长期研究项目之下，展开对《申报》的详细研究，挑战欧洲汉学界的传统观点——王朝体制下不存在公共舆论。他的团队有 10 人左右，定期召开研讨会，对从《申报》中发现的问题进行讨论评估，以确定是否有进一步研究的价值。他们还编纂了《申报》电子索引（1872—1892）。

1996 年，瓦格纳的团队曾集体来到上海，在"近代中国城市发展史国际学术研讨会"上提交了多篇关于《申报》的论文。有瓦格纳的《旧上海的新偏爱：美查〈申报〉馆的影响（1870—1890）》、梅嘉乐的《从上海报纸看上海人形象和声音》、杨誉的《现代化都市的文人和知识分子的社会责任：试论〈申报〉主编黄协埙》、费南山的《读者之声：上海和香港最早报纸里的读者来信》等。

瓦格纳使用的文献有《申报》和美查档案，对《申报》的销售、读者、社会影响等做了很多分析。杨誉对黄协埙的研究揭示了传统中国文人在现代都市的挣扎和沉浮。

费南山（Natascha Vittinghoff）曾在中国人民大学新闻学院进修，由方汉奇教授指导。她在德国出版了专著《上海与香港：中国近代报业的起源》（2002），这本书里根据丰富的传教士记录，分析了传教士买卖印刷机和活字的过程。

梅嘉乐（Barbara Mittler）出版了《为中国的报纸？上海新闻媒介的权力、认同与变迁（1872—1912）》[1]（2004）。该书以《申报》为研究对象，分析了这个由英国商人创办的报纸如何通过引用中国经典名言或采用中国文学体裁，例如志怪小说和八股文，使自己适应中国读者的口味。书中也提出这样一个问题：这个特殊的上海报纸，以及由它唤起的其后许多报纸，是否真正地对发展上海的中国民族主义承担责任？自从本尼迪克特·安德森（Benedict Anderson)的《想象的共同体》（*Imagined Communities*）[2] 出版后，这个观点就被反复重申：报纸在中国民族主义以及中国公

[1] Barbara Mittler. *A Newspaper for China? Power, Identity, and Change in Shanghai's News Media, 1872-1912*, Harvard University Press Asia Center, 2004.

[2] Benedict Anderson. *Imagined Communities: Reflections on the Origin and Spread of Nationalism*, Verso, 1983. 该书已翻译成中文。［美］本尼迪克特·安德森：《想象的共同体：民族主义的起源与散布》，上海人民出版社 2005 年版。

共空间的形成中是真正的强有力媒介。而该书置疑了这个假定。

梅嘉乐在海德堡大学任教。她以海德堡大学中国研究中心的大量音乐文献收藏为材料，撰写了中国新音乐史《危险的旋律：1949 年以来香港、台湾和中华人民共和国音乐的政治》[1]。她的研究工作还有：①重思"文革"文化，重写中国"文革"的文化产品的历史，包括电影、诗歌、小说等。以往人们认为，"文革"只是一个文化停滞的时期，一个文化发展的失常时期，一个被扭曲的政治激进的非典型时期。但她认为，"文革"的文化也在综合中国的文化遗产和西方文化，也是中国文化史的一部分。②关于 19 世纪至今中国妇女杂志的研究，研究目的是揭示这些杂志上醒目的新女性形象不断变化的含义。

欧洲汉学家比美国东亚学者更为传统，对文献与解释之间的关联更为谨慎。但是与传统的汉学家还是不一样，他们的学术理想是围绕着理论实现的。海德堡大学的一系列《申报》研究，以"公共空间"理论为中心，若干个体的研究成果形成一个链条，各个研究彼此能够对话，层层推进。这样的研究正是中国常说的"论从史出"，最终可以对理论架构有所贡献。

"公共空间"在中国晚清究竟是否存在？在欧美学者中，这是一个有争议的问题。反对的学者认为，封建社会不存在公共空间，只有现代的社会才可能存在。对此学者们进行研究，得出的结论不尽相同。有人认为是存在的，有人认为不存在（因为有同乡观念），有人折中地提出"中间地带"的概念。学者们通过考察上海的不同区域的不同媒体，得出了各异的结论。在争论的过程，也是对理论假设的证明过程中，人们的认识更加深入，看到更复杂的一面。由此我们想到，上海作为中国最现代化的近代城市，内部还存在如此多样的层面，传统的、乡土的对抗现代性的表现，对中国更广大的内地城市更不好断然地下结论：晚清中国存在"公共空间"。我国近年开展了关于"公共空间"（"公共领域"）的探讨，这个源自哈贝马斯的西方概念是否能轻易地挪用到中国的社会分析中，是一个需要审慎对待的命题，这是海外中国研究对我们的启示。

海外中国研究也有局限，学者们关注的领域终究有限。尽管他们是想以小见大，从一个报纸分析中国的现代性等宏大问题，但是毕竟研究对象是有限的，

---

[1]　Barbara Mittler. Dangerous tunes: *The politics of Chinese music in Hong Kong, Taiwan, and the People's Republic of China since 1949*, Harrassowitz, 1997.

在认识中国报业历史这个层面，如此"狭长"的研究架构不足以支撑起整体的新闻史或传播史。国内的中国新闻传播史研究恰恰相反，是整体推进的，有计划地铺开，好处是全面，缺点是许多研究"扁平"，不够深邃，没能揭示出研究对象的复杂面貌。这是今后可以改进的。

第四章　比较视野中的传媒史教育

海外传媒史教育的新方向需要关注。我国学者对海外新闻传播教育已有一些研究，但是很少专门提及传媒史课程的情况。本章选取若干所美国大学、英国大学，以及香港地区的大学，了解传媒史方面的教学情况，以及有关教师的学术背景。

在大学的选择上，注重新闻院系与传播院系的相对均衡，地区的相对均衡。作为研究对象的一共有以下 16 所大学：美国纽约大学新闻系、马里兰大学新闻学院、哥伦比亚大学新闻学院、密苏里新闻学院、印第安那大学新闻系、加州大学伯克利分校主修大众传播的课程、鲍林格林州立大学新闻系、旧金山州立大学新闻系、伊利诺伊大学厄巴纳—香槟分校传播学院、衣阿华大学传播系、斯坦福大学传播学院、明尼苏达大学传播学院、威斯康星大学麦迪逊分校、新泽西理查学院传媒史课程、英国利兹大学传播学院、香港城市大学创意媒体学院等新闻传播院系。这些院系多数居于所在国家和地区的领先水平，在世界上也是领先的。

经过检索发现，各大学都有传媒史方面的课程设置。传媒史在一些大学是"核心课程"，以跳水运动比喻，即学生的"规定动作"；在另一些大学是"选修课程"或"建议课程"，即学生的"自选动作"。这些院系的传媒史相关课程富于创造性，名称多样、角度丰富，而且本科生、硕士生、博士生教学各有特点，表现出不同层面的教学目标，颇值得我们细心揣摩。以下分别记述和分析。

第一节　传媒史课程设置的多样性

"美国新闻史"（History of American Journalism），顾名思义是只讲美国一个国家新闻业的历史，这是美国许多大学新闻系都开设的课程。如鲍林格林州立大学新闻系的美国新闻史课程，讲授美国从殖民地报纸到多媒体时期的新闻史，强调历史上主流报纸和另类报业中贯穿的话题和观点。

有的大学则开设"传媒史"（Media History）、"传播史"（Communication History）。各校的课程设置区别很大，我们可以感受到教学的多样性和创造性。

一、纽约大学新闻与大众传播系

米切尔·斯蒂芬斯教授是该系的传媒史课程设计人。在他所讲授的课程中，有四门与传媒史有关，然而名称各不相同：本科生课程有两门，分别叫"传媒史"（History of the media）与"美国新闻史"（History of American Journalism）；研究生课程有两门，叫"新闻业的传统"（The Journalistic Tradition）和"新闻的历史"（History of News）。这恐怕令中国大学里的老师和学生们感到诧异：何来这么多的名目呢？

先说说这门本科生课程"传媒史"，所涉及的范围从口语、岩画到印刷媒介，再到新媒介（互联网）的影响，类似我国的外国新闻传播史，但是范畴更广些。

"传媒史"2000年春课程大纲[1]

一、新媒体、新工具的使用和误用

二、新媒体的恐惧和希望

三、新媒体的影响

（一）对思想的影响

（二）对社会范式的影响

（三）对政治的影响

（四）对新闻的影响

四、传播形式

（一）语言 （二）图像 （三）书写 （四）印刷 （五）摄影和电影

（六）电报和广播 （七）电视 （八）计算机、互联网

纽约大学米切尔·斯蒂芬斯教授的这门课程与明尼苏达大学欧文·方教授的

---

[1] 米切尔·斯蒂芬斯教授"传媒史"课程的参考书有：Mitchell Stephens. *A History of News*, 3 edition, Oxford University Press, USA, 2006; Jerzy Kosinski. *Being There*, Reprint edition, Grove Press, 1999; Milan Kundera. *The Book of Laughter and Forgetting*, Reprint edition, Harper Perennial Modern Classics, 1999.

"传媒史"类似，范围广阔，从口语传播延伸到新媒体。

纽约大学新闻与大众传播系的研究生必修课"新闻业的传统"（The Journalistic Tradition）是从业务角度出发的传媒史课程。[1] 米切尔·斯蒂芬斯教授在 1999 年与同事合作编选了《20 世纪美国最伟大的 100 篇新闻名作》，从《震撼世界的十天》到《广岛》，以此为基础开设了这门纽约大学有特色的课程。这门课程类似中国大学新闻系的"新闻名作选读"，课程的目标是提高学生的写作能力，它要求学生完成四个部分的作业：

（1）"精读"——每次课介绍历史上名记者的名作，从约翰·弥尔顿、本杰明·富兰克林、斯威夫特、马克·吐温到爱德华·默罗、诺曼·米勒等的作品。要求学生读作品，然后自己选出其中最精彩的几个句子在课上朗读。

（2）"研究陈述"——要求学生根据图书馆的参考书，研究记者的职业生涯和背景，分析各自有什么特别之处，然后在课堂作陈述。

（3）"风格练习"——要求学生写三段非虚构作品，句子要模仿三个不同的名记者的风格。

（4）"论文作业"——2 000 字。要求学生根据自己对作品的原始感受，结合课堂讨论来写一篇文章，不用正式的学术论文文体，可以用二手文献，但是要有注释，并且必须是学生自己的想法。

这门课的练习是如此多样，切实提高学生的新闻史素养以及实践能力，是新闻史与新闻业务密切结合的成功尝试。

纽约大学新闻系研究生的另一门课程"新闻的历史"，名称来自于 1997 年出版的米切尔·斯蒂芬斯教授的同名著作。该书在四个国家都已有译本，从历史分析的角度解释了传媒的发展。

二、马里兰大学新闻学院

马里兰大学新闻学院开设的本科生课程有：

（1）"新闻史，角色和结构"（Journalism History, Roles and Structures），从传媒史和社会学的角度导入新闻学的批评研究。

（2）"大众传播史"（History of Mass Communication），介绍报纸、杂志、广播、

---

[1]　纽约大学新闻与大众传播系的研究生必修课"新闻业的传统"网页：http://www.nyu.edu/classes/stephens/Journalistic%20Tradition%20page.htm。

电视和动画作为大众传播媒介的发展史，以及分析传媒对美国历史发展的影响。

（3）"美国广告业"（Advertising in America），考察广告业的历史、规则和组织，广告策略和效果。

开设的研究生课程有：

（1）"大众传播史"（History of Mass Communication），同前。

（2）"大众传媒史讨论课"（Seminar in Mass Media History），包括新闻业的历史文献分析、传媒技术以及传播趋势的个案研究。

三、哥伦比亚大学新闻学院

该校新闻学院硕士项目的核心课程包括："广播电视"、"健康、科学和环境传播"、"杂志新闻业"、"新媒介"、"报纸"共五门。

另外还有许多选修课程，"美国新闻史"（History of American Journalism）是其中之一。这门课程采用多样性的读本和观点，从汤姆·潘恩到汤姆·沃尔夫，从战争通信、小报到纪录片，从单页新闻纸到博客——揭示丛生于美国新闻业机构周围的价值、实践和社会角色的发展。话题包括："新闻"意味着什么样的观念变迁；"记者"是做什么的；专业水准和道德理想的发展；收集新闻的新技术的影响；关于责任与报业的展望；新闻业商业。也思考报业如何使它自己成为政治、战争、改革、社会运动以及其他事件中的重要角色（包括正面和负面）。

在这所大学，新闻史不能说已被丢弃到边缘。哥伦比亚大学新闻学院硕士课程开出的参考书目中，"研究方法"类的第一本就是《美国新闻史研究资源指南（大众传媒及传播的参考书目和索引）》[1]。

四、密苏里新闻学院

密苏里新闻学院的本科生课程有："美国新闻史"（History of American Journalism）和"新闻摄影史"（History of Photojournalism）。这里要提到的是，研究是教学的基础，美国在新闻摄影史领域研究成果不少，而且是近年的热点之一。

---

[1] Lucy Shelton Caswell. *Guide to Sources in American Journalism History*（*Bibliographies and Indexes in Mass Media and Communications*），Greenwood, 1989.

五、斯坦福大学

斯坦福大学主修传播学的本科生必须上的课程包括："传媒技术、人类和社会"（Media Technologies, People, and Society），"传媒、文化和社会"（Media, Culture, and Society），这两门课程都包含历史的视角。斯坦福大学传播系的研究生课程包括"传媒与文化史"（Media and Cultural History）。

六、加州大学伯克利分校

加州大学伯克利分校主修大众传播的本科生的必修课程是多学科结合的，教师来自不同学科，带来他们各自领域的视角和方法，用以分析大众传播媒介。该校主页上说："我们这个主修课程强调是分析的和历史的，我们关注发展学生评价美国人生活中主流大众传媒的角色以及影响的能力，更甚于发展特殊的传媒生产技能。"

在核心课程中，学生学习美国和国外的大众传播的历史、价值和结构，学习分析电子传媒和印刷传媒的效果，思考传媒对公共政策的影响，以及公共政策对传媒的影响。

除了核心课程，学生还必须学习几门社会科学的方法课程，以及一些全校的选修课——人类学、社会学、政治科学、语言学和新闻学等学科的课程。选修课程中，包括"社会和文化变迁"（Social and Cultural Change），"大众传媒和社会"（Mass Media and Society），"广告文化史"（Cultural History of Advertising），"社会变迁"（Social Change）等。

七、香港城市大学媒体与传播系

香港城市大学媒体与传播系开设的课程[1]中包括"传播理论和社会变迁"（Communication Theories and Social Change）。该课程旨在探讨重大社会理论和媒体研究之间的相互作用，试图解释社会变迁的动力。

八、英国利兹大学传播学院

英国利兹大学传播学院的国际传播硕士项目包括三个部分：核心课程，选

---

[1]　香港城市大学媒体与传播系课程介绍网页：http://www.cityu.edu.hk/sgs-cat/archive2012 13/TP/TP_course_COM.htm。

修课，论文。核心课程部分有一门"传播与全球变迁"（Communications and Global Change）。这个课程揭示了国际传播产生社会、政治、经济和文化变迁的多种途径。课程的第一部分考察了已经发生的这些变迁和理论依据；课程的第二部分考察了已经发生的传播技术变迁的效果；第三部分应用理论和历史证据来分析当代的变化。

九、旧金山州立大学新闻系

旧金山州立大学新闻系开设新闻史（History of Journalism）课程，是该系新闻编辑、杂志、摄影新闻、在线新闻这四个方向的核心课程之一。

J·T·约翰逊教授2002年秋季的"美国新闻史"教学大纲表达了一种批判的视角。这位教授是新闻学学士，在堪萨斯大学获得科学技术与社会方向的美国研究博士学位。他当过记者，讲过"新闻写作"、"新闻与大众传播"、"分析新闻学"（Analytic Journalism）等课程。最近的研究兴趣是新闻业与地理定位系统。他认为，许多年来美国的新闻史教学视野狭窄，狭窄表现在课程内容的话题上，许多教材都有一个主题是"新闻界的伟大男人们以及他们的事业年代表"（妇女被排除在外）；狭窄还表现在教学的风格上，教师拥有所有获取知识财富的乐趣，但都放在课堂之外，课堂上只是用口头灌输知识，学生对新闻史的学习很被动。

因此，他的此门课程有所不同，他的教育哲学叫做"资源基础的学习"（resource-based learning），即要集中于研究和发现的过程，让学生主动参与学习，自己去发现，然后在课堂上作陈述。他设定这门课的目标为——学会如何使用多样化的数据、资源以及信息查询工具进行历史研究；学会如何合成研究结果以写出可读又有学术性的报告；学会如何与团队成员合作及评估其工作；学会通过时间维度以及强调美国经验，培养对社会中新闻的角色的积极感觉。面对每个时期的新闻史，学生都要问这样的问题：①什么是新闻的定义？新闻被当时的社会定义为什么？新闻被它的从业者定义为什么？②什么技术被应用以及谁在用它来搜集新闻、传播新闻？③在每个历史时期，新闻用之于经济、社会、文化、政府和教会的功能是什么？④对每个时代收集、印刷新闻的人来说，法律环境怎样？⑤各个时期的新闻界主流人物是谁？他们因何而著名？⑥选择一个世界上非美国区域的国家和地区，对以上所有的问题进行回答；⑦思考文明的变迁——包括政府、宗教、教育、传播技术和知识——这些方面如何对"新闻"发生影响？

这些问题对于重写美国新闻史无疑是有意义的，如果我们拿同样的问题来贯穿中国新闻史，也会得到新的观点。

我们可以看到，美国各大学的传媒史课程强调与教师的研究领域结合，课程设计富有创造性，大学课程的多样性正是来自其创造性，通过灵活发挥教师特长，各校的特色得以凸显。

美国的传媒史教学也有其局限，国际性不足是主要的问题之一，即经常不涉及其他国家。纽约大学的米切尔·斯蒂芬斯教授在1999年批判了这一现象，他呼吁"国际化的新闻史"。他说，美国新闻史几乎是孤立的、僵化的，学者们对其他国家的新闻史了解甚少，而实际上美国新闻业的开端与发展都与外国新闻界的影响密不可分。米切尔·斯蒂芬斯教授从自己的研究出发，指出美国最早的报纸正是一个英国人创办的报纸的延伸，那人曾在伦敦办了一个成功的报纸，然后来到美国办报，所以他认为英国报纸是美国报纸的"兄弟"。他的发现追溯到美国报业起源时期，而且有第一手文献的依据，他认为恰恰是这样的一手研究太少了，才造成了美国新闻史学家的狭隘。

米切尔·斯蒂芬斯教授还说，新闻史学家的狭隘不只是一个国家存在，他在学术交流中接触到的许多国家的新闻史学家——英国、法国、荷兰的，都对其他国家的新闻史所知甚少，每个人都只是他自己国家新闻史的专家，这种现象如此普遍，以至于对国外同行的新发现茫然无知。比如德国新闻史学家在1999年前后发现，欧洲最早的印刷报纸之一的创办时间比人们惯知的晚了四年，这样重大的发现如果在其他学科领域早就传遍全球了，但米切尔教授说："要是这个发现几十年后才被写进新闻史教科书，我一点都不吃惊。"

米切尔教授是不是太悲观了？我们中国的新闻系都开设外国新闻史，以至于有的教授抱怨，学生对外国新闻史比本国新闻史还熟悉，这大概是中国独有的现象（因为中国新闻业有对西方模仿的强大动力和现实要求）。但问题是，中国的外国新闻史教学依据的是教材，教材编写又依据国外的教材。从国外的新研究到教材，要经历不短的时间，再"辗转"到我国的教材，这要走过多少漫长的里程，所以说我们对国外新闻史研究是隔膜的，也不算夸张。

美国将自己视为世界的中心，这种自大是需要打破的，BBC（英国）和CBC（加拿大）对美国广播电视的影响比美国人自己承认的要大得多，何况最早殖民地报纸在东部出现，繁荣是英国本土影响的结果，美国新闻事业的先驱——本杰明·富兰克林曾在欧洲担任大使，约瑟夫·普利策是移民，他们都很熟悉欧洲的报纸。谁说这与美国报纸的光荣与梦想没有关系呢？美国人的自大和狭隘，把新闻史置于孤立。

中国当然并不自大，外国新闻史教学主要就是出于借鉴西方的考虑，以及源于共产主义时代解放全球的理想主义。所以在我国的教材里，五大洲、各小国悉数收录在内，这种全球关怀是美国远远不及的。如果说中国新闻史领域有狭隘的现象，这主要是学术分工细密造成的。

欧洲的新闻史研究在国际化方面胜于美国，由于欧洲一体化的传统，各国联系紧密。2003年英国召开了"非西方化：国际的传媒研究"学术研讨会。其他的英国传媒史会议也经常请欧洲大陆各国学者参加。教学上也体现了这一点。我国新近翻译出版的法国巴黎一位大学教授让纳内的《西方媒介史》（广西师范大学出版社，2005），分析了法国怎样受荷兰、英国影响，法国又是怎样影响其他国家的。该书的确是把欧洲作为一个整体，不乏比较的视野。

美国的国际新闻史研究并不很丰富，加上把研究的国际化转换为教学的国际化，还需要一段过程，所以造成了新闻史教育国际化不足的局面。之所以国际新闻史研究匮乏，主要原因在于，要想把各国新闻史的早期阶段建立起有机的联系，在材料方面难度很大，因为年代久远，并且要跨越语言的障碍。

国际新闻史方面的不足是美国人的一种自我批评。对中国的启示是，我们也需要检视中外新闻史关联的断裂，教学的国际性以研究的国际性为基础。

第二节　传媒史课程的教学方法

一、阅读讨论课

阅读讨论课是美国大学普遍采用的一种教学方式。用于传媒史教学，可以培养学生主动学习的能力。下面介绍一个大学的传媒史阅读讨论课，我们看看教师是怎样对学生提出要求以及是如何考核的。

印第安那大学新闻系教授戴维·诺德的研究生课程"历史与传媒哲学"（History and philosophy of the media）采用了传媒与社会的视角。这是各大学中少见的从历史哲学角度入手的新闻系课程。

（一）课程目标及框架

作为一门关于美国的新闻和大众传播媒介史的阅读讨论课，主题是 1630 年到 20 世纪 20 年代公共传播在美国社会生活中的角色。课程涉及多种社会类型——殖民地城镇、革命联合体、政党、行会、城市、消费社会，以及作为整体的国家。课程探讨了多种传播媒介，包括宗教印刷品、小册子、演讲书、杂志、报纸、广播等。总的来说，课程目的是探求传播媒介，尤其是新闻业在美国人政治、社会、文化生活中的位置。

这门课程要求学生有组织地围绕历史主题或出版物阅读。首要目的是引导学生进入传播史和一般历史的研究领域；第二个目的是通过一些有意思的涉及新闻与传播的美国史新作，将学生引入广阔的考察。这是精选话题的课程，同时也覆盖美国史的整个范围，以提供这个领域公正而开阔的考察。教师希望这些经过精心组织的课程安排，可以在历史事实和历史方法两个方面提供一种"框架"。

"历史与传媒哲学"的课程大纲

第一周　历史：为什么？为谁？

第二周　历史哲学：重现或构造过去

第三周　历史哲学：制作新闻史

第四周　革命：出版业的美国独立

第五周　共和：国家、州和新闻业

第六周　自由：起源和第一修正案的意义

第七周　素养：印刷文化的扩展

第八周　技术（一）：信息通讯革命

第九周　组织：新闻业和自发行会

第十周　商业：出售新闻

第十一周　都市化：作为社区的城市

第十二周　消费：广告、大众化杂志和消费文化的诞生

第十三周　发展：进步主义 [1] 和现代美国的大众传媒

第十四周　政府：宣传、公民自由和一战遗产

---

[1]　进步主义（Progressivism）是 18—19 世纪在美国盛行的一种社会哲学。

第十五周 技术（二）：广播是什么？

（二）对学生的考察

"历史与传媒哲学"是一门阅读讨论课。教师开出了每周要看的大量书目，课程的主要任务就是阅读。但不是书单上的每本书都要读，而是让学生有选择性地读，然后参加讨论。戴维·诺德教授列出哪些书是该大学书店有的，哪些是图书馆里可提供的，还有的是电子文本，他希望学生都能找到这些书。他把每个星期的阅读书目分成两个类型：核心书目和补充书目，核心书目是与本周课程紧密相关的书的章节或文章，希望每个人在讨论之前读完核心书目的大多数；补充书目范围很广阔，可以根据自己的兴趣和需要选择，或者可以不读。通常，核心书目会提供一个用于课程讨论的共同的框架，补充书目会给每个学生发展他自己方向的起点。

课程作业要求是评论文体，不是论文。要求学生在一学期内完成三个短文和一篇长文。短文（每篇4—5页）是在每周阅读的基础上，对一个话题延伸出的扼要评论。长文是一个有明确研究目的、更加完整的评论文章，要求是10—15页的历史哲学评论，话题可以来自每周阅读书目，也可以脱离。

每个学生都被要求参加所有的课堂讨论，并积极参与，课堂表现会体现在成绩上。成绩评定的分布是：三篇短文各15%，长文55%。

（三）阅读书目

戴维·诺德教授开出的阅读书目包含丰富的层面。第一周"历史为什么？为谁？"的核心书目有三本，都是美国历史学领域的书。包括《改变历史》、《美国故事的下一章》、《我们不知道的不会伤害我们》。

第二周"历史哲学：重建或构造历史"的核心书目是四篇论文或书的章节，都是历史哲学方面的文章。包括戴维·诺德的《历史研究的实践》、《重新思考历史》、《后现代历史》、《每个人是他自己的历史学家》。补充书目是历史哲学方面的，比如一篇对历史学危机的讨论，是发表在美国历史学期刊上的论文。

第三周"历史哲学：制作新闻史"，集中于新闻史本身的研究方法上。核心书目有迈克尔·斯凯森的《朝向解决新闻史纷争的途径》（《新闻与大众传播季刊》1997秋季号）、詹姆士·W·凯利的《新闻史的问题》（《新闻史》1974年春季号）、迈克尔·斯凯森的《导论：新闻史的问题》（1996）和戴维·诺德的《一个新闻史的请求》（《新闻史》1988年春季号）。补充书目有戴维·诺德的《知识史、社会史、文化史，以及我们的历史》（《新闻学季刊》1990年冬季号）、丹尼尔·斯杰森的《作为美国研究的传播研究》（《美国人季刊》1990年12月）、威廉·S·所罗门的《传媒史的轮廓》（《无情的批评：美国传播史新考察》章节）、詹姆士·D·斯塔特等的《大众传播的历史途径》（2003）、芭芭拉·克拉伍德的《新闻史的多样性：学科26年》（《新闻史》杂志2000年1月号）、唐纳德·刘易斯·肖和西尔维亚·L·泽克的《重新思考新闻史》（《新闻史》1987年冬季号）、约瑟夫·麦克伦斯的《新闻史发展的局限》（《新闻史》1977年秋季号）、马文·奥拉斯基的《新闻史学家和宗教》（《美国新闻业》1989年第6期）等。

其他各周开的书目基本都是各个时期美国新闻史和美国历史的个案研究。这门课程开出的教材参考书目有：《报业和美国》（2000）、《美国传媒史》（1994）、《大众传播时代》（1998）、《美国的传媒：历史》（1996）、《大众传播史考察》（1991）、《美国主流媒介史》（1997）、《新闻的历史：从击鼓到卫星》（1998）、《美国新闻业发展的核心理念：叙事史》（1991）、《美国新闻业》（1962）等。

他还介绍给学生几本较新的书：保罗·斯塔尔的《媒介的创造：现代传播的政治起源》（2004）、戴维·诺德的《新闻业的传播：美国报纸和读者的历史》（2001）、苏珊·斯翠瑟的《满意的保证：美国大众市场的生成》（1996）。

从上面的课程安排和考察要求我们看到，阅读讨论课虽然鼓励学生主动学习，但是不完全依赖学生自觉。课程对学生的考核是严格的，教师付出的劳动也相当多。

二、多元的理论视角与历史教学的结合

儿所著名的大学传播学院开设的传播史课程，包括"传播的历史研究方法"、"传播与文化的历史"、"传播与社会的历史"等数个不同的角度，与该校教师的学术方向、研究兴趣相关联。

（一）伊利诺伊大学厄巴纳—香槟分校传播学院

伊利诺伊大学厄巴纳—香槟分校传播学院看重传播的历史和传播政治经济学方法，在这方面有研究兴趣的教师非常多，这是该学院的特色。

罗伯特·麦克彻斯尼教授从事传播的历史和传播政治经济学研究，强调传媒在民主和资本主义社会中扮演的角色。丹·席勒教授从事传播的历史和传播政治经济学研究。英格·斯托教授研究广告史和传播政治经济学。肯特·奥诺教授的

研究领域包括修辞研究、传媒和文化研究、电影研究和亚裔美国人历史研究等。尼科尔·拉斯廷教授从事非裔美国人文化史论（包括音乐、电影、文学等）研究、性别研究、城市研究。

约翰·内隆教授从事传播史、历史研究方法、美国文化等研究，他是美国圣母大学的博士，代表作有《施向新闻界的暴力：美国历史中公共领域的警察》（1994）[1]、《最后的权力：重读报刊的四种理论》（1995）[2]、《新闻的形式：一种历史》（2001）[3]。

詹森·钱伯斯教授的研究兴趣是种族和广告、商业传播、非裔美国人史、广告产业。史蒂文·G·琼斯教授从事技术社会史、互联网研究、大众音乐研究、文化研究等。路易斯·W·雷伯维茨教授的研究兴趣是传媒史、报业和传媒经济史、政治和传媒。琳达·斯科特教授的研究兴趣是商业修辞、美国文化史。

在该校，"传播史"是本科主修传媒研究的学生要完成的核心课程之一。其他的几门核心课程是"传媒和大众文化"、"传媒和民主"、"传媒的社会影响"、"传播的经济结构"。

研究生的相关课程有：

（1）"研究生讨论课"，讨论大众传播媒介从启蒙时期开始的作为社会公共机构的角色，以及控制和支持受众对大众传媒的影响。

（2）"报业传播自由的历史和理论"（History and Theory of Freedom of the Press COMM），该课程分析表达自由的历史和理论，讨论是否观点的公共表达应该被禁止、限制、检查，或允许、鼓励。学生将了解自由表达和政治的关系。

（3）"专题：美国电信传播社会史——产业，结构和政策"（Special Topics: Social History of U.S. Telecommunications—Industry, Structure and Policy），该课程延伸了对电信传播生产和消费的历史视角考察，集中在如何通过体制发展上的关键冲突事件改变产业结构，以及随着美国社会长期历史发展而形成的公共政策。

博士项目的相关课程有：

---

[1] John C. Nerone. *Violence against the press: policing the public sphere in U.S. history*, Oxford University Press, 1994.

[2] John C.Nerone. *Last Rights: Revisiting Four Theories of the Press,* University of Illinois Press, 1995.

[3] Kevin G, Barnhurst & John Nerone. *The Form of News: A History*, Guilford Publications, 2002.

（1）选修课程，包括"传播政治经济学"、"报业自由的历史和理论"。

（2）研究方法课，如"历史编纂讨论课"（seminars in Historiography）。其他的方法课程是"定性研究方法"、"定量研究方法"，以及"传播研究实习"、"高级解释方法"、"广告研究方法"。

博士生被指定的 20 个左右的研究领域中，包括传播史（Communication History），历史和社会理论（History and Social Theory），以及传播和社会变迁（Communication and Social Change）。

（二）衣阿华大学传播系

衣阿华大学传播系开设如下相关课程：

（1）"广播文化史"（Cultural History of Radio），从"狼人杰克"到"火星人入侵地球"，都是广播文化史上的关键现象。这门课提供一种与广播传媒相关的文化和社会历史的视角，课程的初步目标是通过分析广播节目，阐释该时期相关的历史和社会。学生也将分析与其他传媒相关的广播娱乐的形式和结构，如电视和电影。学生将花时间学会如何听广播。

（2）"广告文化史"（Cultural History of Advertising），这门课程采取一种文化历史路径，以理解从 19 世纪末开始的消费文化的发展，尤其集中于广告策略的发展、消费者概念与传媒、关于特殊历史时刻广告和消费的论文。还有"电视文化史"（Cultural History of Television）课程。

（3）"传媒研究"在研究生项目的介绍中这样说："衣阿华传媒研究的研究生项目，把大众传媒当作一个迷人的领域，询问关于文化、社会、政治和现代性的基本问题，学者的教学和研究兴趣范围广阔，从传媒理论的历史到大众音乐，以及传媒产业、电视批评、广播文化史、广告史等。研究生项目有很浓厚的学科融合的味道，学生不仅关注与传播系相关的区域，还要注意到整座大学的领域，包括美国研究、人类学、电影、比较文学、英语、历史、新闻和大众传播、法律、音乐、政治科学、社会学和女性研究……学生来自美国和全世界，许多有相关领域的广阔专业经验。最近的研究课题包括：20 世纪 30 年代美国的警察广播电台和监视文化；传媒史中的中国'文革'；美国电视史上的声音和图像设计与受众诉求；美国公共广播的知识史；广播史。"

（三）明尼苏达大学

该校的研究生（硕士和博士）课程重视以下三方面的教学，包括"传播理论"、

"修辞研究"和"传媒批评研究"。[1]

与历史有关的课程是以下几个：

"历史和美国公共话题批评"（1630—1865）、"历史和美国公共话题批评"（1865—1950）这两门课程是关于公共话题是如何用于建立或保持权力的，考察17世纪以来美国的演讲和公共讨论。

另一门课程是"传播学研究的历史和描述性研究"（Historical and Descriptive Research in Communication Studies），这是一门研究方法课程。

（四）威斯康星大学麦迪逊分校

威斯康星大学麦迪逊分校强调通才教育，涉及的学科范围广阔。该校把课程分成几个级别，从200、300，直至900，以表示循序渐进的难度。这能帮助我们理解几门传媒史课程在整体教学中的位置以及相互之间的关系。

研究生和本科生的所有课程中与传媒史有关的一共五门：

（1）"大众传播史"（History of Mass Communication，编号560），关于美国新闻、广告、公共关系，以及广播电视新闻历史的主要发展，关注政府与报业的关系。

（2）"大众传播和社会"（Mass Communication and Society，编号561），关于大众传播与社会之间的关系，传媒功能和变迁需求的分析和评价。

（3）"书籍和印刷的历史"（History of Books and Printing，编号570），从欧洲15世纪活字印刷发明到1900年，从美国殖民地时代至今的西方世界印刷文化的历史，强调印刷对社会智识和文化生活的影响。

（4）"大众传播史"（History of Mass Communication，编号819），是密集的阅读和讨论课程，旨在向学生介绍大众传播史的文献。

（5）"大众传播史讨论课"（Seminar-History of Mass Communication，编号919），是一门大众传播史的讨论课，学生被期待在原始文献的基础上产生出原创性的研究。

前三门是本科生课程，后两门是研究生课程。

---

[1] 美国明尼苏达大学传播学院课程介绍网页：http://www.comm.umn.edu/graduate/courses. html。

三、传媒史博士生的培养

密苏里新闻学院的博士生除了传媒史，还要打好传播学理论和美国史的基础，要通过课程学习掌握多元的研究方法，讨论课是学术交流的积极方式。这样的博士生教学方式对我国一定会有所启发。

密苏里新闻学院博士课程根据不同的博士生专业方向而有所不同：

传媒史（Media History）方向的博士学位建议课程（可选，到一定学分即可），全部如下：

（1）大众传播理论，包括"国际传播的话题和理论"、"信息理论"、"博士生研讨课"；

（2）大众传媒史（Mass Media History），包括"新闻摄影史"、"新闻哲学"、"大众传媒史"、"历史和新闻业原则讨论课"（Seminar in History and Principles of Journalism）、"大众传媒的批评分析"。

（3）研究方法，包括"传播定性方法讨论课"、"历史编纂"、"定性研究方法"、"高级定性研究方法"。

（4）美国史重点（American History Emphasis），包括"现代美国的起源，1877—1919"、"新南方的历史"、"阅读、联邦和杰斐逊"、"现代美国起源讨论课"、"近代美国史讨论课"、"美国妇女史阅读"、"美国文化和知识史讨论课"（Seminar in American Cultural and Intellectual History）。

（5）哲学、法律、伦理相关课程，包括"传媒法讨论课"、"传媒伦理"、"大众传媒的批评分析"。

（6）博士学位论文。

历史、法律和伦理方向（History, Law and Ethics）的建议课程，全部如下：

（1）伦理和传媒批评，包括新闻哲学、新闻学文献、传媒伦理、新闻业阅读、伦理理论。

（2）历史和法律，包括"我们的时代：1945 年以后的美国"、"优势时代：1945 年以后的美国对外关系"、"俄罗斯革命"、"俄罗斯历史问题"、"近代美国史阅读"、"历史和新闻业原则讨论课"、"传播法讨论课"、"公民程序"。

（3）过程和影响，包括"大众传媒的批评研究"、"博士生讨论课"。

（4）研究方法和策略，包括"历史研究的定量方法"（Quantitative Methods in Historical Study）、"历史编纂"（Historiography）、"新闻学的定量方法"（Quantitative

Research Methods in Journalism）、"定性研究方法"、"高级定性研究方法"、"方差分析"（Analysis of Variance）。

（5）博士学位论文。传播理论（Communication Theory） 方向的建议课程里包含"大众传媒史"（History of Mass Media）这门课。

第三节 传媒史教师的多元结构

美国传媒史相关课程的教师，按照教育背景来区分，基本可分为两种：①新闻学或传播学博士出身；②历史学博士出身。英美大学的历史系课程，包含许多社会科学理论和方法的内容，使历史学与经济、社会、文化研究融为一体，因此历史学博士的理论工具相当丰富，传播学作为社会科学中的新兴领域，自然也不难被掌握。

美国大学中的新闻传播院系，要求教师能上多种课程，所以学者都身兼多课。对传媒史教师来说，主要有两种情况：①同时上新闻业务课程，事实上许多人都有新闻业实务经验；②同时上传播理论课程。有的教师还同时在历史系授课。以下结合几位传媒史教师的教育背景和研究兴趣具体分析。

马里兰大学新闻学院的教师莫琳·比斯利毕业于密苏里新闻学院和哥伦比亚大学新闻系，在乔治·华盛顿大学获得美国文明博士学位。她讲授的课程有"女性和媒介"、"新闻史"、"研究方法"等。代表作是一部关于女性与新闻业历史的著作[1]，在这本书中，她叙述历史上的女记者故事，使用了大量原始文献。

印第安那大学新闻系教授戴维·诺德，讲授传播史课程。他是瓦尔帕莱索大学的历史学和英语文学学士，明尼苏达大学的美国史硕士，威斯康星大学麦迪逊分校的大众传播学博士。他有过几年的记者和编辑经历。著作有《阅读中的信仰：宗教出版和美国大众传媒的诞生》（2004）、《新闻共同体：美国报纸和他们的读者的历史》（2001）、《报纸和新政治：中西部地方自治革命（1890—1900）》（1981），并参与写作《大众传播研究和理论》（2003）和《美国报纸的三百年》（1991）。他在《美国史》、《美国季刊》、《市民史》、《早期共

---

[1] Maurine H.Beasley & Sheila J. Gibbons. *Taking Their Place: A Documentary History of Women and Journalism*, 2 edition, Strata Pub Co, 2002.

和国史》、《传播学》、《新闻史》、《新闻学季刊》以及其他学术期刊上发表过论文。

哥伦比亚大学新闻学院的副教授安迪·图赫尔，著有《泡沫和浮渣：真、善、美和美国第一个大众传媒中的斧头谋杀案》（1994）[1]，该书曾获得美国历史学家学会（the Society of American Historians）的艾伦·内文斯奖（Allan Nevins Prize）。她曾经就职于美国广播公司（ABC）和《哥伦比亚新闻评论》（Columbia Journalism Review）等媒体。图赫尔曾在普林斯顿大学主修古典作品，在哥伦比亚大学获得图书馆学理学硕士学位，在纽约大学获得美国文明（American Civilization）的文学硕士和博士学位。2010 年她被选为美国历史学家学会的执行秘书长。图赫尔关于新闻和文化史的论文已发表于《书籍史》、《新闻史》、《文化研究》、《哥伦比亚新闻评论》和其他学术刊物、大众刊物上。她目前的研究集中于新闻报道的历史、新闻摄影史等。[2]

斯坦福大学传播系"传媒与文化史"（Media and Cultural History）课程的教师弗雷德·特纳，是布朗大学的英语和美国文学学士，哥伦比亚大学的英语文学硕士，获得加州大学圣地亚哥分校的传播学博士学位。从 1986 年开始，他作为自由记者和批评家为《芝加哥论坛报》等媒体写作，获得十几年的新闻从业经验后，先后在哈佛大学肯尼迪政府学院和麻省理工学院教传播学课程。来到斯坦福大学之后，他的教学和研究集中在数字传媒、新闻学，以及传媒和文化史的交叉研究上。代表作是《战斗的回声：创伤、记忆和越南战争》（2001）[3]。他现在正在进行的研究是"当代数字文化的全球出版"。

纽约大学的米切尔·斯蒂芬斯教授曾做过多年的记者，是加州大学洛杉矶分校的新闻学硕士（1973）。代表作是《一种新闻的历史》[4]、《图像上升，文字下降》[5]，他还是一本广为采用的教科书《广播电视新闻》的作者。

---

[1] Andie Tucher. *Froth and Scum: Truth, Beauty, Goodness, and the Ax Murder in America's First Mass Medium,* The University of North Carolina Press, 1994.

[2] 哥伦比亚大学新闻学院教师介绍网页：http://www.journalism.columbia.edu/profile/72。

[3] Fred Turner. *Echoes of Combat: Trauma, Memory, and the Vietnam War*, 1 edition, University Of Minnesota Press, 2001.

[4] Mitchell Stephens. *A History of News*, 3 edition, Oxford University Press, USA, 2006.

[5] Mitchell Stephens. *The Rise of the Image, the Fall of the Word,* 1 edition, Oxford University Press, USA, 1998.

　　美国新泽西州的理查德·斯托克顿学院有一个独特的与书籍史结合的传播史课程。这所大学的艺术和人文学院包括传播学系和历史系，也许是因为这样，因书籍史而闻名的学者——历史学博士威廉·吉尔摩成了传播史课程的设计者。他的学术兴趣包括印刷史、图书史、传播史等。威廉·吉尔摩是美国第 24 届中西部新闻史年会（1997）最有号召力的发言者，他那时刚完成了一个关于美国北卡罗来纳州、伊利诺伊州和佛罗蒙特州印刷文化起源的开阔研究。这位独具特色的传播史教师，勤奋的书籍史学者，作为美国古文物家学会（AAS）的成员，他最著称于世的是美国书籍史领域经典著作之一《当阅读成为生命中的必需：新英格兰乡村的物质和文化生活（1780—1835）》[1]。他后来转向传播史领域，计划写作《知识共和国：传播和美国阅读时代的兴起（1639—1861）》，已经列出大纲，可惜于 1999 年 3 月 9 日因心脏病突然去世，时年 54 岁。这本未竟的著作，把近代美国报纸的印刷、审查、发行、读者素养等方面综合起来考察，其中所采取的阅读扩散的角度，可以视为《当阅读成为生命中的必需》一书的延续。在去世前，他正在进行中的研究项目还有"妇女与印刷传播：生产、分配和销售以及报纸编辑（1638—1820）"。他的博士学位是 1971 年在弗吉尼亚大学获得的，论文题目是新英格兰的宗教文化。威廉·吉尔摩生前曾悉心创建一个传媒史教学主页[2]，包括传媒史课程大纲、著作大纲、研究资源链接等，内容十分丰富，是美国最早的传媒史教学主页之一。

　　威斯康星大学麦迪逊分校讲授大众传播史的詹姆斯·L·鲍曼教授，是哈佛大学的历史学学士（1974）、哥伦比亚大学的历史学硕士（1977）、哥伦比亚大学的历史学博士（1981）。获得博士学位后，他先后在通讯社和电台工作过。进入威斯康星大学麦迪逊分校后，他讲授大众传播史和新闻写作、新闻编辑，同时也在历史系任教。他讲授的课程包括："大众传播史"（History of Mass Communication）、"新闻的文学视角"（Literary Aspects of Journalism）、"当代事务解读"（Interpretation of Contemporary Affairs）和"创意非虚构作品"（Creative Non-Fiction）。他的研究领域包括"20 世纪新闻史"和"美国电视业的开端"等，他在美国新闻史和广播电视史领域进行了广泛的研究，出版了《电视的守卫者：联邦通讯委员会和节目政

---

　　[1]　William J. Gilmore. *Reading Becomes Necessity of Life: Material Cultural Life in Rural New England, 1780-1835*, University Press, 1992.

　　[2]　http://www.stockton.edu/~gilmorew/0colhis/c1wkshop.htm。

策（1958—1967）》、《亨利·卢斯和美国新闻传媒的崛起》、《大众文化共和国：1941 年以来美国的新闻、电影和广播》等著作。[1]

我们看到，美国大学里讲授新闻史和传播史的教师，其教育背景和研究兴趣是非常多元的。有的是新闻学出身，有的是历史学背景，许多教师有过新闻从业经历。这是因为，在美国的大学里，一个教师要讲许多门课程，经常同时还要上业务课，教师还可以同时在不同的院系上课。这体现了美国大学善于整合教师资源的特点，提倡充分发挥教师的能力。另一方面，美国的历史学教育开设许多社会科学方面的课程，把各学科理论作为解读历史的工具。历史学家掌握的理论越多，手里的武器越多。因此，传播学作为一种社会科学，也成为历史学家的武器。所以，美国有些大学的传播史课程是由学习历史学出身的教授任课的。

第四节　传媒史教学的网络资源

这是一个身未动、心已远的时代，互联网让当代人插上无形的翅膀。除了传统的纸质文献外，掌握互联网学术资源十分必要。将互联网技术用于传媒史教学很有潜力，美国现在已开发了一些传媒史教学主页。

明尼苏达大学新闻与大众传播学院的"传媒史项目"（Media History Project）主页[2]，链接着从口语传播时代到印刷传媒、电子传媒各个时期的相关网络学术资源和课程大纲，包括"广告和物质文化史"、"广播史"、"印刷传媒和印刷文化"等网页，以及《怎样读 19 世纪的报纸》、《美国 20 世纪报纸简史》、《报业简史》、《新媒体时代在线（1969—2004）》等单篇文章的链接。该项目的负责人是该校的欧文·方（Irving E. Fang）教授，他著有

---

[1]　James L.Baughman. T*elevision's Guardians: The FCC and the Politics of Programming, 1958–1967*, Knoxville: University of Tennessee, 1985.

James L.Baughman, Henry R. *Luce and the Rise of the American News Media*, The Johns Hopkins University Press, 2001.

James L.Baughman. *The Republic of Mass Culture: Journalism, Filmmaking, and Broadcasting in America since 1941*, 3 edition, Johns Hopkins University Press, 2005.

[2]　http://www.mediahistory.umn.edu。

《大众传播史：六次信息革命》[1]、《电脑的故事》、《电视新闻》、《把它写下来》等。这个传媒史研究网页关注的方面十分广阔，从岩画到电视显像管，范围绝不止于新闻业。欧文·方的传媒史主页上还有"传媒编年史列表"（Timeline of Communication History），可以按时间检索传媒史上的重要事件。

美国北方州立大学的新闻史教学主页[2]由沃利·黑斯廷斯（Wally Hastings）博士所建，链接丰富，包括赫斯特传媒集团的网页[3]和论文《20世纪美国另类媒介的历史》（作者 Randolph T. Holhut）等内容。

一位美国学者曾指出，现在美国互联网上的新闻史教学主页还不多，应多多建设，在这方面教人们如何利用互联网的文章也不多。这个领域顶尖的杂志《新闻史》没有发表多少关于新闻史教学的文章，而另外一些有关的新闻与传播学科期刊，通常也不包括这个方面的话题。新闻史教师们对互联网技术的应用还很不够。印第安那大学戴维·诺德教授的"历史与媒介哲学"课程网页，提供了非常好的课程提纲，包括阅读书目内容和课程设计都很出色，尽管提纲可以下载，但他并没有很充分地利用互联网，网页上唯一的链接是他的邮箱地址，如果这个网页在技术方面改进一下，会更有吸引力。而明尼苏达大学媒介史主页的链接虽然多，但是有许多都打不开，说明网页维护不够及时。

美国可以用于新闻史教学与研究的网址很多。"新闻博物馆"[4]1997年建于阿灵顿，它的使命是使公众与新闻媒介之间更好地互相理解。它的主页是一个开放而非常实用的电子资料库，使用者可用地图或字母索引找到想要的报纸。虽然对报纸的介绍很简单，只有地点和创办时间，但是提供报纸头版的照片，以及报纸的全文格式，使用者可以下载。无论是谁，通过互联网，在这个主页都可以查询到世界各地的报纸版面。从欧洲到澳洲，从土耳其、埃及到印度，各国报纸几乎应有尽有，当然美国各地的报纸也都有。不过没有老报纸，只有几年来的新报纸，因为这个博物馆成立的历史不长。对中国教师来说，可以将其用于世界新闻史教学，也适用于对各国报纸进行比较研究。

---

[1]　Irving E. Fang. *A History of Mass Communication: Six Information Revolutions*, Focal Press,1997.

[2]　美国北方州立大学的新闻史教学主页：http://www.northern.edu/hastingw/journhist.html。

[3]　http://www.hearstcorp.com。

[4]　http://www.newseum.org。

"古登堡"主页[1]收录了许多关于金属活字印刷技术的发明者——德国工匠古登堡的历史资料，并且链接到了古登堡博物馆（Gutenberg museum）的网页[2]。

美国国会图书馆的"漫画和卡通"主页[3]、"美国报童"主页[4]，有许多图像资料，包括早期漫画和报童主题的绘画等，是很有价值的研究资源。

"新闻史参考书"主页（Journalism History Bibliography）[5]提供了 1810—2004 年出版的许多新闻史书目，以及 30 多个新闻史在线学术资源。包括如下网址：

（1）美国新闻史学家学会（American Journalism Historians Association）：

http://www.berry.edu/ajha。

（2）美国新闻业妇女史（American Women's History: Journalism）：

http://www.mtsu.edu/~kmiddlet/history/women/wh-jour.html。

（3）美国新闻学及大众传播学会历史分会（AEJMC History Division）：

http://www.utc.edu/~aejhist。

（4）黑人记者史项目（Black Journalists History Project）：

http://www.maynardije.org/programs/history/index。

（5）CNN20 周年特别项目（CNN 20th Anniversary Special Project）：

http://www.cnn.com/SPECIALS/2000/cnn20。

（6）历史和新媒介中心（Center for History and New Media）：

http://chnm.gmu.edu。

（7）美国历史百科全书：记者（Encyclopaedia of USA History: Journalists）：

http://www.spartacus.schoolnet.co.uk/USAjournalists.htm。

（8）电视技术的历史分期（Historical Periods in Television Technology（FCC））：

http://www.fcc.gov/omd/history/tv。

（9）大众文化中的记者形象（Image of the Journalist in Popular Culture）：

http://www.ijpc.org。

（10）新闻史讨论区（Jhistory）：

---

[1] http://www.gutenberg.de/english/index.htm。

[2] www.gutenberg-museum.de。

[3] http://www.loc.gov/rr/print/swann/swann-exhibits.html。

[4] http://parklibrary.jomc.unc.edu/newsboys.html。

[5] 由波因特（Poynter）研究所编辑的新闻史参考书主页：http://www.poynter.org/content/content_view.asp?id=1199。

http://www.h-net.org/~jhistory。

（11）新闻业：战前和内战中的美国（Journalism: Antebellum and Civil War America）：

http://www.uncp.edu/home/canada/work/allam/17841865/history/journal.htm。

（12）新闻业和佛罗里达历史参考书（Journalism and Florida History Bibliography）：

http://poynteronline.org/content/content_view.asp?id=54200&sid=2。

（13）美国广播电视图书馆（Library of American Broadcasting）：

http://www.lib.umd.edu/UMCP/LAB。

（14）《传媒史专论》（电子杂志）（Media History Monographs）：

http://www.scripps.ohiou.edu/mediahistory。

（15）传媒史项目（明尼苏达大学）（Media History Project）：

http://www.mediahistory.umn.edu/index2.html。

（16）邮票上的传媒（Media on Stamps）：

http://www.spacetoday.org/Stamps/Stamps.html。

（17）新闻多样性的里程碑（Milestones in Journalism Diversity （News Watch））：

http://newswatch.sfsu.edu/milestones。

（18）广播博物馆（Museum of Broadcast Communications）：

http://www.museum.tv/index.shtml。

（19）广播电视博物馆（Museum of Television and Radio）：

http://www.mtr.org。

（20）国家公共广播档案（National Public Broadcasting Archives）：

http://www.lib.umd.edu/UMCP/NPBA/index.html。

（21）纽约时报历史（New York Times Company History）：

http://www.nytco.com/company-timeline.html。

（22）新闻博物馆（Newseum）：

http://www.newseum.org。

（23）新闻史的口述史（Oral Histories Relating to Journalism History）：

http://www.elon.edu/dcopeland/ajha/oralhistory.htm。

（24）《芝加哥每日新闻》的照片（Photographs from the Chicago Daily News）：

http://memory.loc.gov/ammem/ndlpcoop/ichihtml/cdnhome.html。

（25）无剑的士兵：黑人报业（Soldiers Without Swords: The Black）：

Presshttp://www.pbs.org/blackpress。

（26）美国报纸项目（United States Newspaper Project）：

http://www.neh.gov/projects/usnp.html。

（27）《华盛顿邮报》：125 周年纪念（Washington Post:125th Anniversary）：

http://www.washingtonpost.com/wp-dyn/metro/specials/post125。

（28）好一个世纪！（《哥伦比亚新闻评论》）（What a Century!）（CJR）：

http://www.cjr.org/year/99/1/century.asp。

（29）上前线的妇女：二战中的记者、摄影师和广播员（Women Come to the Front: Journalists, Photographersand Broadcasters During World War Ⅱ）：

http://lcweb.loc.gov/exhibits/wcf/wcf0001.htm。

（30）新闻业中的妇女口述史项目（Women in Journalism Oral History Project）：

http://npc.press.org/wpforal/ohhome.htm。

（31）新闻业妇女史（Women's History:Journalism）：

http://www.distinguishedwomen.com/subject/journ.html。

此外还有一些网络学术资源。美国"Questia"号称是"世界上最大的在线图书馆"，在这里不需要输入关键词进行检索，只要进入"传播学"类别下的"新闻史"条目，我们就可以看到关于美国新闻史的参考书目录。[1]

"History of Business journalism" [2] 是一个关于商业新闻史的网站，列出从 16 世纪到 20 世纪 50 年代的商业新闻简史，以及各时期代表性报刊的照片。网页介绍上说，商业新闻是近年来媒体最迷人的领域之一，因为它记录了一些知名公司的丑闻，如安然公司、世界通信公司、Adelphia 通信公司等。然而，商业新闻史远远超过最近这些丑闻，它可以追溯到美国史和世界史上一些最重要的事件。浏览这个商业新闻史时间表上的重要事件，可以了解更多商业新闻的意义。

---

[1]　http://www.questia.com/library/communication/journalism/journalism-history/journalism-history。

[2]　http://www.bizjournalismhistory.org。

该项目由北卡罗莱纳大学教堂山分校新闻与大众传播学院建设，旨在培养大学生和专业记者成为更好的商业记者。网站的目的是给人们提供关于商业新闻的历史视角，帮助人们思考如何采访与写作有关的商业和经济新闻。网站的前期研究工作是由克里斯·劳什教授和硕士生埃里克·戴维完成的，已被收入商业新闻史著作《利益和损失：商业新闻和它的社会角色》。设计网页的是该学院主修视觉传播的一位学生。

本章的开头提出了两个问题：国外大学的传媒史课程究竟是怎样设置的？对中国有哪些启示？现在我们在认真而广泛的考察基础上，可以给出简要的回答：

（1）传媒史课程在西方发达国家没有取消，并且在一些大学担任"核心课程"的角色。

（2）传媒史课程被创造性地赋予很多变化。新闻史、传播史、传媒史、电视史、广播史、广告史、传播与社会变迁、传播与文化的历史、传播中艺术的历史等，灵活地发挥了各校教师的学术特长，折射出各大学的不同风格。

（3）传媒史课程的教学形式多样。阅读讨论课、研究方法课、研究生讨论课等，对师生都提出了很高的要求。

（4）美国的传媒史教师学术背景多样。这反映在传媒史课程上，各院系的传媒史课程风格各异、各有所长。

对我国的启示：

（1）传媒史教学可以更富于变化，更多地发挥教师的创造性，更好地把学术研究与教学联结起来。我国为了保证新闻院系的教学质量，设有教育部新闻传播学科教学指导委员会，表现出政府注重计划和管理的特点。随着新闻学教育的整体发展，新闻院系师资水平的提高，我国的传媒史教学将会更加开放，呈现更加活跃的局面，至少在一些水平较高的新闻院系可以这样做。

（2）图书馆和博物馆的文献是支持传媒史教学的基础。英美两国与中国一样，都重视报业史资源，有丰富的报纸收藏、有重视文献的传统，这使传媒史教学与研究有进一步深化和提高的可能。

（3）网络资源可以更多地发挥作用。网络资源可以帮助学生主动地学习，提高学习兴趣。中国传媒史教学在教师网页建设和网络学术资源利用方面做得还不多，同时也意味着很有潜力。

第五章 比较视野中的早期媒介

传播史的阶段分为早期媒介、印刷媒介、电子媒介、数字媒介四个部分。[1]它们是更替的，也是延续的、重叠的。早期媒介，包括口语传播和手抄媒介两个主要部分。

第一节 比较视野中的口语传播

在原始社会，当人们发现猎物时，向同伴喊叫以传播信息。当代人使用手机通话以传播信息，传播技术的进步改变了传播的方式，但是口语始终是人类最重要的传播媒介之一。

口语传播是人类进化历程中的重要突破。口语传播的出现需要生理条件的支持，人的大脑和发声器官进化到一定阶段，才出现了口语传播，而这能帮助人类更好地生存。一个很有说服力的例子是尼安德特人。尼安德特人是原始人的一个分支，很久以前曾经生活在欧洲地区，到冰河时代这个族群突然消失了。据当代考古学家发现的尼安德特人化石可知，这个族群的肢体很强壮，大脑容量也不算小，但是发声器官更接近灵长类，因此不能像人类一样说话。这正是尼安德特人灭绝的原因。口语传播是重要的沟通能力，能帮助人类从事狩猎活动，分享食物信息，这对于生存是至关重要的。尼安德特人不具备这种能力，因此没有度过气温低、生存艰难的冰河时代。而在同一个时期，现代人类的祖先、原始人的族群

---

[1] 本文的分期参照了明尼苏达大学的媒介史项目：http://www.mediahistory.umn.edu/index?html。

之一，因为具有良好的口语传播能力，度过了生存危机。

口语传播也有其局限性，第一个局限是传播的距离有限。古代人曾经依托于道路进行远距离的口语传播，但是这种途径依赖于人力，所以是受限制的。公元前490年，希腊军队与波斯军队在马拉松河谷展开了激烈的战斗，希腊军队取得了胜利。担任传令兵的菲迪皮得斯奉命将捷报尽快送回雅典，他一口气从马拉松跑到雅典，到达时累得精疲力竭，只说了一句"我们胜利了"，就倒地闭上了双眼。用道路辅助人类的口语传播，需要建设发达的道路系统，印加帝国在这方面比较先进，这个地形狭长的高原国家修建了阶梯道路，由一个个长跑者接力奔跑，配合奇普传递信息，这当然比古希腊人让一个传令兵跑42千米更加科学。不过，印加帝国的道路只能使用人力，不能使用马匹。中国古代的驿路系统更加先进，是用人力配合马匹，道路沿途设有驿站，可供驿使休息、换马。口头传播的第二个局限是难以保存。在古代，没有保存声音的技术。留声机是现代发明，很晚才被人类应用。口头传播的第三个局限是依靠记忆，容易误传。

口头传播有两种类型：记事和神话。讲故事（Storytelling）包括虚构和非虚构的，用于传播信息。在人类有文字和书之前，讲故事是家庭和社群用来传递关于他们过去信息的途径。远古时代，老人给孩子们讲述古老的部落传说，直到今天，人们依然用这样的方式传承家族传统。古老的史诗与神话里面包含了许多信息。

林语堂认为，古代歌谣可以被看作"口头新闻"，甚至说"中国的新闻事业产生于歌谣"。[1]这种看法有一定的道理，不过那些年代久远的歌谣所指事件往往并不明确，信息模糊，要说是新闻不免牵强。比如《诗经》中的"风"，既有叙事性，又有时事讽刺性，但是离新闻性还有距离。以《七月》为例："七月流火，九月授衣。一之日觱发，二之日栗烈。无衣无褐，何以卒岁？三之日于耜，四之日举趾。同我妇子，馌彼南亩，田畯至喜。"这首歌谣有叙事、有咏叹，很有感染力，但很难确指故事发生于何年何月，其新闻性也就无从判定了。

口头传播是最古老的，也是延续至今的一种传播手段。即便在传播技术发达的今天，面对面的口头传播也是不可替代的，口头传播依然是新闻传播的重要途径。

---

[1]　林语堂：《中国新闻舆论史》，上海人民出版社2008年版，第14页。

第二节　具象符号与抽象符号

人类使用非口头传播符号，经历了变迁的过程，从具象符号到抽象符号，再到文字。

一、具象符号

（一）岩　画

岩画（Cave drawings）是具象符号，也是最古老的视觉符号之一。岩画是人们在洞穴和峡谷的壁上绘画，很能反映人类因地制宜的智慧，也是用艺术创造力来传播思想和信息的古老媒介。欧洲、非洲和亚洲，都发现了许多古老的岩画。这些分布是世界不同地方的岩画，题材和表现形式都是相似的。

中国有许多古老岩画，有些是在遥远的边疆被发现的，比如内蒙古和西藏，也有一些岩画是在人烟稠密的内地被发现的。这些岩画有许多相似之处。世界各地发现的岩画风格各异，但是共同的特点是狩猎和人物的题材最常见。旧石器时代的岩画风格粗犷，后来渐渐转向抽象化的符号。中央民族大学的学者陈兆复考察了世界上许多国家的岩画，他认为："岩画是原始社会的百科全书。它以艺术的形式记录了从远古的狩猎时代到近代原始部落的人类生存活动的连续性篇章。岩画是描绘在崖石上的史书。"[1]

关于岩画有许多疑问：为何世界各地的岩画如此相似，多以动物和人为题材？岩画的目的是什么，是写实的还是想象的？比如动物题材，岩画的作者是想告诉别人此处有某种动物，还是祈祷性的，希望此处有某种动物？

1879 年在西班牙发现的阿尔塔米拉（Altamira）洞窟，是旧石器时代的洞窟岩画中最为著名的一个，画中野牛的姿态生动自然、粗犷有力。在北欧以及西伯利亚等地，也分布着很多露天的岩画。这些岩画有的是刻在崖壁上的，有的是用颜料涂绘在崖壁上的。题材大多是从原始人熟悉的渔猎生活中撷取的，或者表现驯鹿、熊、鲸等大型的野生动物，或者是其他鱼类与鸟类，此外也有船和人物的形象。与动物形象相比，人物的形象出现较少。据研究，那些出现较多的动物往往是当时人们最

---

[1]　陈兆复：《外国岩画发现史》，上海人民出版社 1993 年版。

渴望得到，而又不能轻易捕获的动物，这反映了岩画的祈祷性质。

岩画有写实的功能。在西伯利亚贝加尔湖沿岸，有一幅古老的岩画，用红色颜料绘制，长达 2.3 米，高 1.5 米。这幅岩画所表现的野马，具有原始时代马的特征：笨重巨大的肢体以及较小的头部。这有助于当代科学家认识动物的进化历程。

总结起来，岩画有多种功能，既是祈祷的途径，也是纪实的工具。岩画在人与天、人与人之间传播丰富的信息。岩画不只是艺术，还是传播信息的媒介。

（二）木乃伊

古埃及人在木乃伊（Mummification）的内棺盖上画着许多图案和故事，寄托着对轮回的信仰、对来世的向往，这也是一种具象符号。

（三）画像砖

中国汉墓的画像砖是一种典型的具象符号传播。笔者曾在甘肃的古丝绸之路上，参观一座著名的汉墓，墓呈圆丘状，虽远不如明清墓高大，然而四面的砖画极生动，描绘墓主人生前的公务和生活场景，犹如故事性的连环画。

二、抽象符号

（一）鼓

敲鼓（Drum）是一种听觉的抽象符号，一种传递信号的途径。鼓的响声模式可以传播很多信息，是对口头传播的延伸。中国古人在战争中常用鼓声传递信息，诗歌中多有描写："五月天山雪，无花只有寒。笛中闻折柳，春色未曾看。晓战随金鼓，宵眠抱玉鞍。愿将腰下剑，直为斩楼兰。"（《塞下曲》，李白）

（二）笛

（三）木　铎

木铎是中国独有的用于传播的早期媒介，也是一种发出声响的抽象符号。古代木铎的使用常常与宣讲政令以及采诗等官方行为相联系。"铎"大约起源于夏商，是一种铃铛，有舌可摇击发声。舌分铜制与木制两种，铜舌者为金铎，木舌者即为木铎。木铎和金铎因其形制差异，使用场合也不同，宣布政教法令时使用木铎，打仗时则使用金铎。[1]木铎因其含义，对后世影响深远。《申报》曾以木铎作为商标，北京师范大学以木铎作为校徽的标志。

---

[1] 郗文倩：《古代的木铎及其想象》，载《文史博览（理论）》2010 年 9 月版。

（四）烟

烟（Smoke）的信号是诉诸视觉的一种传播信息的方式，可以给远处的人传递信息。烟也是对口头传播的延伸。中国人和印第安人都用烟来传递信息，但是颜色的符号不一样。中国古人常用狼烟，狼粪的燃烟是黑色的，有烟代表危险，无烟即是安全。唐代军旅诗云："单车欲问边，属国过居延。征蓬出汉塞，归雁入胡天。大漠孤烟直，长河落日圆。萧关逢候骑，都护在燕然。"（《使至塞上》，王维）诗中的"直"字尤为传神，因为狼烟与炊烟不同，狼烟既浓又黑，所以远处方能看见，狼烟是典型的边塞军旅的场景。而民居使用木柴烧饭的炊烟色形轻淡，所以常用袅袅炊烟来形容。

烽烟，又叫烽火，点燃烽烟表示敌人来袭。"烽火戏诸侯"是中国古代的著名典故，周幽王为了取悦妃子褒姒，命人点燃烽烟，诸侯见了急忙赶来，却发现被戏弄，君主的信誉严重受损，西周的败落也被认为与此有关。烽烟在古代军事中具有重要地位。唐诗中留下了许多关于烽烟意象的壮阔描写，如"白日登山望烽火，黄昏饮马傍交河"（《古从军行》，李欣）等。如今巍然屹立的长城上，烽火台不再点燃，已成为历史的象征。

印第安人也使用烟，但跟中国人不大一样，其分别用白色、黄色、黑色的烟表示不同的意思，颜色的符号更为复杂。

（五）结绳记事

结绳记事，即用绳子的符号来传播信息，最有名的是印加帝国的奇普（Quipu）。古代南美洲的印加帝国发明了一种依靠道路来进行沟通的传播制度。这个国家版图狭长，又是高原地形，所以没有车马，信息传递完全依靠人力奔跑。一个个训练有素的长跑者在印加帝国的阶梯道路上，不断奔跑以传递信息。[1] 印加帝国的奔跑者随身携带着奇普，上面记载着关于农牧业收成和财政的重要信息。

印加人有高超的农业栽培技术，很早就会建水渠、修梯田，饲养羊驼。他们还开隧道、架桥梁，修建了穿越高山峻岭的道路系统。印加人重视信息传递，掌握了数字管理系统，对帝国进行了有效的管理。长期以来，科学家们对古印加帝国以结绳记事为基础的数字管理系统感到困惑不已，好在奇普留存于世的数量较多，通过对大量奇普的分析，目前已基本搞清楚了奇普和它背后的信息传播机制。

---

[1]　［法］让-诺埃尔·让纳内：《西方媒介史》，广西师范大学出版社2005年版，第16页。

奇普是用棉线或羊驼毛线制成的绳结，在一根主绳上串着许多根副绳，每根副绳上都结有一串绳结，用色彩和结绳的方式传播信息。奇普被用来从庞大印加帝国的不同区域收集信息，地方的财政账目以及人口、军事等信息通过绳结的形式表现在奇普上，然后这些数据汇总在一根主绳上，上报给国家，类似国家统计局的功能。

如今在美国一些大学图书馆的网页上，可以看到奇普的样式。奇普的大小不一，大的如晾衣绳，小的像手中的玩具，但主绳加副绳的结构是一致的。[1]

关于中国古人使用结绳的证据十分单薄，只有文字的间接记载："上古结绳而治，后世圣人易之以书契，百官以治，万民以察。"（《易经·系辞》）笔者认为，结绳纪事在中国古代并未广泛应用。如此推断的理由是中国的古墓葬遗址从未发现过结绳的实物，这可能是因为历史上大洪水或气候、湿度的原因而使实物无存，更有可能是因为结绳使用极少。毕竟中国很早就有了甲骨、竹简等记载文字的传播工具。在考古学的证据之外，另有人类学的证据，中国云南的傈僳族和西藏的珞巴族在 20 世纪 50 年代依然使用结绳，但是这些族群人口很少，且长期没有书面文字，因此不能代表中国的普遍情况。

（六）帆

帆也是重要的抽象符号。由阿加莎·克里斯蒂小说改编的英国电视系列剧《大侦探波罗》中有一集《阳光下的罪恶》，片中毒品贩子驶着小船，游弋在度假胜地的海滨，船时而挂着红帆，时而挂着白帆，帆的颜色就是与陆地上同伙联系的信号。这个秘密被波罗破解了，毒品贩子团伙最终都落入法网。

使用帆的颜色传播信息还有更古老的传说。"爱琴海"（the Aegean Sea）这个浪漫的地名就源自一个与帆有关的传说。[2] 爱琴是雅典的一个国王，他的儿子叫德泽。德泽去与克里特岛的食人怪物战斗，临行前与父亲约定，如果胜利了船上就悬挂白帆、如果失败则悬挂黑帆。德泽战胜了怪物，但回程中忘记了约定，挂着黑帆返回。爱琴遥遥相望，以为儿子死去了，悲痛中跳入大海。就这样，一个错误的抽象符号导致爱琴投海自杀，从此这片海被命名为"爱琴海"。抽象符号往往是不明确、不准确的，所以人类一直在寻求更好的传播符号，后来的文字能比抽象符号传播更复

---

[1] 美国康奈尔大学图书馆网站：http://instruct1.cit.cornell.edu/research/quipu-ascher/photos.htm。

[2] [法]让-诺埃尔·让纳内：《西方媒介史》，广西师范大学出版社 2005 年版，第 14 页。

杂、更准确的信息。

（七）旗　　帜

与常使用帆传播信息的欧洲人不同，中国人有用旗帜传播信息的传统。最有名的是酒旗，酒家门前高高悬挂酒旗，是生意开张的象征，旗帜的样式可表示酒家的规模。"千里莺啼绿映红，水村山郭酒旗风。南朝四百八十寺，多少楼台烟雨中。"（《江南春》，杜牧）这首优美的唐诗流传至今，诗中酒旗的意象十分鲜明。

（八）玉　　器

从中国远古的墓葬中，考古学家曾发掘出许多玉器。最具代表性的是新石器时期的红山文化，以玉器而闻名。红山玉器被制作成各种形状，有动物象形的玉龙、玉龟等，也有抽象形状的玉璧、玉马蹄形器等。[1] 这些玉器被放置于遗体的不同位置，如头部、手部，表示祈祷之意。这表明，玉器被作为一种人与天之间的沟通媒介。

在殷墟妇好墓中，也大量出土了玉器。妇好既是商王武丁之妻，也是中国最早的女将军，还有一个重要的身份就是占卜师。因为她的职责是占卜，所以墓中甲骨多；因为她的爱好是玉器，所以墓中玉器也很多。但是甲骨上有许多文字，玉器上却无文字，只是礼器或玩具。这主要是材质的原因，甲骨更宜刻字，玉器不便刻字，所以多作礼器之用。

第三节　比较视野中的手抄媒介

中国的甲骨、古埃及的纸莎草、古巴比伦的黏土泥版，是早期的手抄媒介。这些早期的手抄媒介，都是因地制宜的产物，凝聚了古人的智慧。

（一）甲　　骨

中国的甲骨曾经作为人与天之间的传播媒介。考古发掘文献表明，占卜术在新石器时代就已经产生，使用的是动物的骨头。我国一些少数民族用动物骨头占卜的习俗延续几千年，到 20 世纪 50 年代时还能见到。为什么要用动物的骨头来

---

[1]　安志敏：《红山玉器的置疑和论证》，载《考古》2004 年第 2 期。

作占卜的材料呢？因为占卜时，用火烧灼骨头的反面，受热后在正面容易出现裂纹，占卜者就可以通过裂纹来判断吉凶。[1]另一个原因是，在原始社会的经济生活中，狩猎占重要地位，骨头的来源比较充足，人类食用后的动物骨头数量很多。到了奴隶社会，农业渐渐发达，饲养动物多了，骨头的来源更加充足。目前发现的占卜、记事用的动物骨头，常见的是平整的牛肩胛骨，也有肋骨。

中国甲骨文的另一个载体——龟甲，并非来自人工饲养的乌龟。殷墟出土的龟甲，经过动物学家的鉴定，认为其既有产于我国内陆江湖的陆地龟，也有海龟。海龟的体积一般大于陆地龟。数量众多的海龟来自哪里呢？殷墟曾出土周边小国给商王朝进贡海龟用于占卜的文字记录。为什么占卜活动要用龟甲？中国古代传说乌龟长寿，能活千年，因此把它看作一种通神灵物。同时，龟甲又是骨质的器物，适合用作占卜的材料。龟卜之法不仅用于中国，唐朝时还传到了日本。[2]

龟甲须先整治，使之平整，然后才能刻字。龟甲的整治比动物骨头的整治要复杂得多。比如牛的肩胛骨，须首先去肉，然后将骨头凸出的部分锯除，再刮平，使骨面能放平，就可以刻字了。龟，则须去除头脚内脏，然后将甲壳锯开，锉去凸出部分，刮去表面鳞片和胶质，在反面用青铜钻凿出小孔。有用完整龟甲的，也有用局部龟甲的。

经过凿钻的甲骨由负责占卜的官员保存，需要占卜时取出，用火烧灼，甲骨的表面就出现各种裂纹，这种裂纹叫做"卜兆"。商王和卜官就是根据卜兆来判断吉凶的。在卜兆旁边用青铜刻刀刻上需要祈求的事情，叫做"卜辞"。甲骨上的文字，是中国最早的古文字，叫甲骨文。因为甲骨很坚硬，刻画起来往往是直线条，字形都是方块形或长方形，所以直到今天，中国的文字都是方块和长方形。[3]

根据考古学家的研究，我们了解到甲骨用于占卜的历史悠久，以及古人为什么使用甲骨进行占卜，如何加工甲骨，如何使用甲骨，还有甲骨文为什么是方块形的，与今天的现代汉字有什么关系等。可以说，不了解甲骨文，就不了解汉字的由来。

---

[1] 古方：《图说殷墟妇好墓》，重庆出版社 2006 年版，第 96 页。

[2] ［日］藤枝晃：《汉字的文化史》，新星出版社 2005 年版，第 16 页。

[3] 古方：《图说殷墟妇好墓》，重庆出版社 2006 年版，第 93—94 页。

（二）竹　简

汉字，从具象的画到抽象的图案，再到文字，走过了漫长的历程。《书于竹帛：中国古代的文字记录》是美国芝加哥大学东亚图书馆前馆长钱存训先生的名著。[1] 竹简是中国汉字的重要里程碑，中国最早的手写文字媒介之一。中国古代的文字有用毛笔书写在竹简上的，也有手刻文字于竹简的。世界各地的书写材质都是因地制宜，古印度人用热带植物的大片树叶写字——"贝叶经"就是由此而来，古埃及人用芦苇和石刻，古代苏美尔人用黏土制成的泥版。中国大量应用的是甲骨和竹简，这与动植物的丰盛出产有关。另外，中国南方多用竹简，而北方用木简为多。近年考古工作者在新疆和甘肃发掘了大量木简。木简出土发现较竹简晚，研究也起步较晚。[2]

（三）帛

帛因为原材料昂贵，所以使用的范围限于社会上层。帛作为书写材料，品质之优，胜过竹木：易吸收墨汁，字迹清晰；质地轻软，便于携带；吸水率低，比竹木更易保存。已出土的帛书、帛画，精美细致。有的帛书被制成卷轴，有的折叠放置于漆盒内。长沙马王堆曾出土古帛地图，是折叠保存的。[3]

（四）玉　牒

玉和帛相似，都是贵重的书写材料。镌刻大量文字的玉器非常罕见，但也有考古发现。近年在陕西华山出土的秦玉牒被考古学家视为"前所未见的珍品"[4]。秦玉牒有两件，两件是相同的文字内容。玉牒的双面都有文字，据释读应是秦惠文王末年所作，惠文王病情严重，向神祝告祈祷使病体痊愈。华山是秦国的祭祀之地，在此地发现的玉牒是祭告之词，是一种礼玉。[5]

刻字的玉又被称为玉版、玉简。近年在山东发现了隋代的玉简册《三十六计》，由和田青玉制成，阴刻小篆文字，书法古雅，被认为是古代玉书的又一重大发现。[6]

---

[1]　钱存训：《书于竹帛：中国古代的文字记录》，上海书店出版社 2004 年版。

[2]　[日] 藤枝晃：《汉字的文化史》，新星出版社 2005 年版，第 58 页。

[3]　钱存训：《书于竹帛：中国古代的文字记录》，上海书店出版社 2004 年版，第 102—103 页。

[4]　李学勤：《中国古代文明研究》，华东师范大学出版社 2009 年版，第 225 页。

[5]　李学勤：《秦玉牒索隐》，载《故宫博物院院刊》2000 年第 2 期。

[6]　《山东惊现隋玉简〈36 计〉成书时间上推千年》，参见中国网 2009 年 9 月 7 日新闻。

（五）青铜器

青铜器上铸刻的铭文也是重要的汉字类型。有铭青铜器留存于世的数量不少，反映了汉字进化的过程。[1]青铜器按造型分为鼎、盘、尊、爵等，上饰有云纹、雷纹、涡纹等几何图形纹饰，还有凤纹、龙纹、虫纹等动物纹饰。青铜器上铸刻的铭文，被称为"金文"。后世所谓"金石学"，就是研究青铜器和石刻的学问。金石学包括但不等于古文字学，也研究文字中蕴含的历史，是中国考古学的前身。

金石之学的说法，隐含着一种秩序，即古代学者在各种文字媒介中，最重视的是"金"。为何如此？因为青铜器是最有收藏价值的，最值钱，也最有艺术价值。学者李零认为，以书写材料分，古文字约有十个门类，甲骨文、金文，以及石器、陶器、货币、玺印、封泥、砖瓦、简牍、帛书上的文字，还有漆木器上的文字。其中的一些类型，比如陶文，因为不值钱，也不好看，所以不受金石学家重视，保存下来的很少，为后世的研究带来不便。[2]当代考古学的观念已经发生了变化，对于古代陶器这类日常器物更加重视了。

（六）纸莎草

古埃及最主要的书写材料是纸莎草。纸莎草（Papyrus）的历史地位十分重要，它的英文即是现代英文中"纸"（paper）的词源。不过，这种书写材料虽然名为纸，但是与中国的纸大不相同。纸莎草不是普通的草，是一种高大的水边生长的芦苇，有一人多高，在很长的芦苇秆的顶端长有细小的伞状枝叶。纸莎草是如何制成书写材料的呢？将新鲜的芦苇秆切成需要的长度，剥去外皮，然后展开，互相交叠，摊平在吸水布上，其上再盖一层吸水布，然后捶击，使草片黏合成一张薄纸，再把纸压平、晾干。这种纸很轻便，可以远距离运输。[3]不过，纸莎草纸不能任意折叠，只能纵向地制成纸卷。这种纸的另一个局限是原材料的产地不广，因此纸莎草纸是古埃及向周边国家出口的重要商品。

用来在纸莎草纸上书写的也是一种草，将其切成一定的长度，一头削尖、捶打以分离纤维，制成笔。这种笔是软笔，适合在纸上书写，不同于苏美尔人用于泥版书写的硬笔。抄写人使用墨盘，里面装有彩色墨水。纸卷握在左手，渐渐展开，字书写的顺序是由右边到左边。

---

[1] 杨晓能：《早期有铭青铜器的新资料》，载《考古》2004 年第 7 期。

[2] 李零：《简帛古书与学术源流》，生活·读书·新知三联书店 2004 年版，第 40 页。

[3] ［加］哈罗德·伊尼斯：《帝国与传播》，中国人民大学出版社 2003 年版，第 13 页。

在古埃及（Ancient Egypt），抄写人（The Scribe）是一个有权力的高贵职业，多数抄写人为大祭司和官员作文书工作。虽然他们也是奴隶，但比一般的奴隶受尊敬，待遇也好。在古埃及的石刻和纸莎草画中，留下了一些抄写人的图像，他们一手托着纸卷、一手执笔，蘸着墨水书写。

石头也常被古埃及人用来刻字。古埃及的这两种文字媒介——纸莎草纸和石头，两相比较，在纸上书写当然更加简便。石头和纸上的文字字体也不尽相同，纸上的字类似草书，轻快、省略，更像纯粹的文字而非图画。越到后来，越是如此。

纸莎草制成的纸只能纵向折叠，但这种纸的纵向纹理并不明显。2006 年 3 月，大英博物馆的一些藏品在首都博物馆展出，包括古埃及有名的《亡灵书》（*Book of the Dead*）。据笔者近距离观察，纸画保存完好，薄而坚，纹理细腻、字迹清晰，看起来与中国纸无甚差别。

如今我们在大英博物馆网站的古代埃及部分，可以浏览许多纸莎草上绘制的图画，最有名的就是各种《亡灵书》。这些从古埃及陵墓中出土的文物，虽然以死亡为主题，然而画面优美动人。画中描绘了古埃及的社会生活场景，寄托了人们对来世的愿望。图文并茂、色彩斑斓、绘制精美。从画上，可以看到古埃及人的发式和服饰，还有石榴、葡萄等水果，反映了当时农业生产的状况。[1] 这很像中国汉墓的画像砖，既有对现世的描绘，也有对来生的幻想。

在大英博物馆收藏的古埃及文物中，不仅有纸莎草图画，也有写在纸莎草上的书信。写于大约公元前 1080 年的一封书信，笔触轻快、流畅。[2] 如果说年代较早的《亡灵书》上的文字犹如端庄工整的隶书，那么这封信上的文字就如洒脱飘逸的行书。这表明，随着时代的变迁，古埃及文字在发生演变，越来越适合快速的书写；并且，作为祈祷文的《亡灵书》和日常生活中的书信不同，前者更郑重，后者更简便。

大英博物馆中收藏了大量的古埃及纸莎草画和书信，说明这种纸很耐保存。藏品之精美，也说明古埃及人造纸工艺的高超，以及这种纸适合书写和绘画的特性。

---

[1]　http://www.britishmuseum.org/explore/highlights/highlight_objects/aes/c/coffin_of_djedhoriufankh.aspx。

[2]　http://www.britishmuseum.org/explore/highlights/highlight_objects/aes/p/papyrus_letter_to_paiankh.aspx。

时光流转，到了 21 世纪，纸莎草如今只被用作工艺品的原材料，现代埃及人[1]制作的纸莎草画是一种著名的旅游纪念品。出口到中国的纸莎草画可以在艺术品网站上买到，售价 100 多元。

纸莎草之所以从人类书写材料中消失，是被羊皮纸取代的缘故。而羊皮纸的诞生，恰恰是因为古埃及人限制纸莎草的出口。纸莎草只能生长在沼泽地，有些国家不出产这种纸，只能依赖进口。古埃及为了保持知识生产的优势，一度停止向邻国出口纸莎草纸。公元前 2 世纪，帕加马王国的工匠为了打破这种封锁，尝试用当地盛产的羊皮造纸，成功地制成了羊皮纸。羊皮纸很坚韧，可以装订得很厚，也可以用来印刷，这些都是纸莎草纸不具备的优点。后来，羊皮纸在欧洲广泛使用了几百年，直到中国的造纸技术辗转传到欧洲，才被取而代之。

（七）羊皮纸

羊皮纸（Parchment）的发明地——帕加马（Bergama）在现土耳其境内。这里曾是古希腊殖民城邦，距爱琴海约 26 公里。帕加马王国曾拥有古代世界第二大的图书馆，仅次于古埃及的亚历山大图书馆。在埃及的托勒密王朝禁止出口莎草纸之后，此地发明的羊皮纸成了地中海地区纸张的唯一替代物。

公元前 2 世纪，帕加马图书馆藏书 20 万册，埃及亚历山大城图书馆藏书 70 万册。当时的书都是用尼罗河的芦苇制成的纸抄写的，埃及人怕帕加马会后来居上，限制芦苇纸出口，帕加马国王二世就命手下的科学家研发出兽皮纸，也就是著名的羊皮纸（Parchment），该名称源自帕加马城的古名"Pergamum"。

羊皮纸的制作过程是：将生羊皮放进石灰水泡，浸透、去毛，在架子上撑开晾干。然后用水和浮石打磨，直至平滑，然后切割成块，上面打蜡，用芦苇管笔书写。羊皮纸对折，装订成册，双面都能写。这样的书方便书写和运输，但是成本高昂，一本《圣经》需要 300 张羊皮。羊皮纸的发明对欧洲文明及基督教文化的传播贡献很大，在中国的造纸术传到欧洲之前，所有的《圣经》都是用羊皮纸写的。

手抄书成本甚高、装饰精美，几乎被当作财宝一样。有些羊皮书的封皮上面装饰有宝石，更增加了书的价值。为了保管这些昂贵的羊皮书，中世纪的书柜是带锁的。

中世纪抄书人的技艺高明，手抄书的书页上除了工整美观的文字，周围还绘有神话人物、建筑物、植物等图画。

---

[1] 古埃及有 3 700 年历史，分为 31 个王朝。现代埃及人不同于古埃及人的人种，语言也不同，是阿拉伯语。

抄书人的速度很快。可以作为抄书业佐证的是威尼斯小报（*Venice Gazette*）。威尼斯是地中海的贸易中心，16 世纪时出现了手抄的威尼斯小报。为什么威尼斯小报不用印刷？当时已有印刷技术。原因是抄书也很快；抄书更方便，成本更低；发行有限，不需要印太多。这证明当时的抄书业很发达。

（八）中国造纸术的西传

威尼斯小报不是抄写在羊皮纸上的，当时造纸技术已从中国传到西方。阿拉伯在中国造纸术西传的过程中起到了重要的桥梁作用。唐玄宗天宝十年（751），在新疆，唐朝曾与大食战争，阿拉伯军队掳走许多唐军士兵，包括军营中的造纸工匠。被俘虏的工匠将造纸技术带到了撒马尔罕，不久传入伊拉克。9—10 世纪，整个穆斯林世界已建立许多造纸厂，莎草纸和羊皮纸被麻布或生麻制的纸取而代之。8 世纪时阿拉伯曾占领西班牙，因此西班牙是欧洲最早建立造纸工厂的国家，之后是法国（1189）、意大利（1276）、德国（1391）、波兰（1491）、英国（1498），这些国家相继建立了造纸工厂。[1]

造纸术对阿拉伯的影响是巨大的。由于阿拉伯人生活的区域气候干燥，沙漠草原地带自然资源匮乏，阿拉伯人早期使用的书写材料有枣椰树枝、石片、牛皮、绢纸等。文字媒介稀缺的结果是古代阿拉伯人能书写的很少，并且形成了重视口才的传统，西方学者称为"口耳式文化"。有了来自中国的造纸术之后，阿拉伯人的知识生产和文化生活发生了重要的变化，翻译和写作大大增加了。在 9 世纪开始的"百年翻译运动"期间，阿拉伯帝国的学者翻译了希腊文、叙利亚文、波斯文、希伯来文、梵文、科普特文、拉丁文等多种文字的大量著作，对众多的民族或地区文化进行了有效的吸收。[2]在吸收的基础上，阿拉伯的科学家、历史学家、作家们进行了大量著述。勤奋的翻译家和才思泉涌的学者、作家们耗纸颇多，有的作家一天就要消耗 40 张纸，有的翻译家一昼夜用掉 100 张纸，可以想见，如果没有丰富廉价的纸张，他们的作品是不可能完成的。

（九）泥　版

要解释各种古老的文明为何使用许多种不同的媒介书写，与地理条件有很大的关系。文字传播使用的书写材料因地制宜，水源丰富的地区使用芦苇和竹子，动物

---

[1] 张文德：《阿拉伯与中国造纸术的西传》，载《历史教学》1994 年第 12 期。

[2] 孙锦泉：《中国造纸术对 8—11 世纪阿拉伯帝国的影响》，载《四川大学学报（哲学社会科学版）》1994 年第 1 期。

盛产的地区使用甲骨和羊皮。古代两河流域的苏美尔人（Sumerian）使用的是泥版，这种泥版的原料并不常见，是当地特产的一种黏土。

地理、气候影响人的观念和行为，生存年代相近的苏美尔人与古埃及人有许多做法不同。古埃及人由于农业收成依赖尼罗河水的定期泛滥，所以对自然天象十分敬畏，对来生寄予很大希望，因此才会修规模宏大的金字塔，制作精美的《亡灵书》。而苏美尔人的生活环境相对平静，所以对大自然没有那么敬畏，对来生也没有那么重视。苏美尔人的坟墓简单，也没有留下典型的祈祷文。

苏美尔人将文字记录在泥版上，这种文字出现在公元前 3300 年左右，属于图形文字，每个图形表达一个独立的意思，组合的图形表达更丰富的事物或想法，很像中国古代汉字的"象形"和"会意"。这种文字被称为楔形文字（cuneiform），苏美尔人用芦苇秆书写，将笔尖削成楔形，把文字刻写在柔软的湿泥版上。书写的速度要很快，泥版干燥之后，变得非常坚硬，方便保存。

苏美尔人的泥版可以保存很久。考古学家对两河流域进行了大规模的考古发掘，发掘出泥版堆；几千片泥版上面记录了苏美尔人的历史。苏美尔人的泥版虽然可以长期保存，但是也有一个缺点，就是不方便远距离运输。[1]

苏美尔人的黏土印章也很有特色。印章呈圆柱形状，体积很小。与中国的印章最大的不同在于，这种印章的图文刻在侧面，而非刻在底部。印章在泥版上滚压，可留下清晰的印记，这被苏美尔人用来做个人的私章，在商务往来中使用。

（十）罗马公报

古罗马还有一种独特的书写工具，是木板。《每日纪闻》（*Acta Diurna*）（又译《罗马公报》）是一种公告式的官方公报，书写在特制的木板上。公元前 59 年，恺撒（Julius Caesar）当选为罗马执政官后，下令每日公布元老院及公民大会的议事记录，用尖笔书写在罗马议事厅外一块涂有石膏的特制木板上，当时的名称叫"阿尔布"（Album），后来人们称为《每日纪闻》。

木板书写的内容多为政府要事，具有很强的政治性。恺撒是民主派的首领，他创设《每日纪闻》的目的，就是通过公布元老院和公民大会议事内容，争取舆论支持，扩大政治影响。这表明传播媒介已成为古罗马政治斗争的工具。

公元前 44 年，恺撒遇刺身亡，他的养子屋大维继任。公元前 27 年，罗马共

---

[1] ［加］哈罗德·伊尼斯：《帝国与传播》，中国人民大学出版社 2003 年版，第 27 页。

和国转变为罗马帝国。公元前 6 年，屋大维恢复《每日纪闻》，刊布会议记录、帝国政事、宗教祭祀、贵族的婚丧嫁娶、战争消息等，一直到公元 330 年迁都君士坦丁堡为止。《每日纪闻》最初是写在木板上的，后来用纸张书写。除缮写在布告牌上，便利公众阅读，还由书记员抄写多份，颁发给各地要人和驻军首长。

黑板报在今天还有应用，与古罗马时期的木板报有相似之处。

（十一）新 闻 信

新闻信是指传递、交流信息的公私信件。它是西方古代历史上流传甚广的手写传播媒介。公元前 500 年，古罗马就开始有新闻信。官方的新闻信常有传递政情军情的性质，私人的新闻信主要流行于上层社会。古罗马哲学家、政治家西塞罗（Marcus Tullius Cicero）的新闻信，使我们看到了供罗马上层阶级阅读的书写新闻形式，既是私人信件，也是公报的手抄件，还是专业批量生产的新闻包裹。他一生写了许多书信，其中有一些是向官方报告新闻的。西塞罗的信（letters of Cicero）是供罗马上层阶级阅读的书写新闻形式。

富格尔新闻信（Fugger Newsletters）出自德意志实业家族。富格尔家族最初经营纺织业，后来发展成庞大的贸易和金融事业。1568—1605 年，为了生意的需要，这个家族派人到各地采集新闻信息，然后写信回来，内容主要是关于商业、货物价格等的信息，偶尔也有其他话题。富格尔新闻信可以算作商业新闻的发端，系手写，非印刷。[1]

在数字媒介流行的时代，依然有新闻信——通过电子邮件的形式发送财经新闻，比如英国《金融时报》中文版就可以通过电子邮件订阅。

传播媒介是人类文明的重要组成部分。中国的甲骨、竹简，与造纸技术一脉相承，构成中国古代文明的重要组成部分。中国是延续最长的文明，和中国一样历史悠久的有好几个文明古国，但是那些文明古国都早已消逝。现代埃及完全不同于古埃及，现代中东人也不同于古代苏美尔人。欧洲经历了黑暗的中世纪，在文艺复兴以后，才渐渐恢复了古希腊、罗马的荣光，工业革命以后才称得上领先世界。而中国是一个特别稳定的国家，始终保持一种文明传统，即使元、清被外族占领，文化上还是被汉族同化了。通过传播媒介发展的轨迹，我们也能看到中国文明的这种特点。

---

[1]　http://www.southlandmedia.com/au/smedia1.html。

第六章　比较视野中的报刊名称

一、文献综述

在进行报刊名称的分析之前，我们先回顾以往的研究。

"名副其实"、"名正言顺"这些成语说的都是名与实的关系。在中国古代哲学史上，"名实"是一个极为重要的问题。中国从老子的时代就思考名与实的关系，老子是最初提出"名实之争"命题的，他信奉"无名之朴"，曰："道可道，非常道。名可名，非常名。"（《道德经》）名学是孔子学说的一个中心，他认为："名不正，则言不顺。言不顺，则事不成。事不成，则礼乐不兴。"（《论语·子路篇》）希望通过正名而"微言大义"。孔子的这个观点对后世的影响非常深刻。墨子的名实观注重"实用性"，强调"实"，主张"取实予名"，认为能否"取实"乃是否得其名的标志。荀子在《正名篇》中提出"名无固宜，约之以命。约定俗成谓之宜，异于约则谓之不宜"，指出了名与实矛盾统一的关系。[1]中国古代哲学家指出，名作为符号，有社会政治功能。[2]

西方从苏格拉底的时代也已经开始思考指称与意义的关系。"从古希腊哲学家对于名物的看法，到现代语言学对于命名（naming）问题的理解，逐渐演变成为我们研究人类认知行为过程中范畴化现象的一个本质性焦点问题。"[3]指称过程是语

---

[1]　杨永林：《从名实之争到言无定论——语言与思维关系的研究》，载《北京林业大学学报（社会科学版）》2004年第1期。

[2]　苟志效：《论先秦哲学的符号学致思趋向》，载《学术论坛》1995年第2期。

[3]　杨永林：《从名实之争到言无定论——语言与思维关系的研究》，载《北京林业大学学报（社会科学版）》2004年第1期。

言符号突破自身界限指向外部事物的过程。[1] 意义与指称的关系十分复杂，需注意指称和意义之间的差异。

语言在塑造人关于现实的观念时扮演着重要的角色。[2] 美国语言学家沃尔夫 1956 年在《科学和语言学》（*Science and Linguistics*）中阐述了他提出的"语言相对论"："每一种语言背景中的语言系统（语法）不仅是表达思想的再生工具，而且它本身还塑造我们的思想，规划和引导个人的心理活动，对头脑中的印象进行分析，对头脑中储存的信息进行综合。"[3]

中西方的命名观不同。俄国语言学家戈列洛夫指出："构词作为建立称名单位的一种机制，是命名活动中一个非常重要的领域。"[4] 汉语有很强的构词能力，多采用组合型构词法，俄语则经常构造新词来命名新事物。[5] 中国学者把汉语的命名过程称为"取名"，把英语的命名过程称为"给名"，这是两种语言本质差异的反映，是两种语言基本构造元的不同造成的；英语民族与汉语民族的命名取向还有标记型与述志型的差异。[6]

关于语言和社会变迁的著作有多种，如英国学者诺曼·费尔克拉夫（Norman Fairclough）等的《话语与社会变迁》（*Discourse and Social Change*）[7]、陆晓文等的《中国主流媒体的词语变化与社会变迁》[8]、王仰正主编的《社会变迁与俄语语言的变化》[9] 等。

语言哲学中关于命名的理论有"历史因果命名理论"。社会语境因素对同一

---

[1]　荀志效：《意义与指称》，载《学术研究》2000 年第 5 期。

[2]　[美] 林文刚：《媒介环境学：思想沿革与多维视野》，北京大学出版社 2007 年版，第 215 页。

[3]　[美] 林文刚：《媒介环境学：思想沿革与多维视野》，北京大学出版社 2007 年版，第 217 页。

[4]　石树、詹德华：《中西方命名观及俄语中的事物命名方法》，载《广东外语外贸大学学报》2002 年第 3 期。

[5]　王明琦：《从民族文化视角析俄汉语命名方式差异》，载《时代文学（上半月）》2009 年第 2 期。

[6]　潘文国：《汉英命名方式差异的语言学考察》，载《暨南大学华文学院学报》2001 年第 1 期。

[7]　[英] 诺曼·费尔克拉夫等：《话语与社会变迁》，华夏出版社 2003 年版。

[8]　陆晓文等：《中国主流媒体的词语变化与社会变迁》，黑龙江人民出版社 2006 年版。

[9]　王仰正：《社会变迁与俄语语言的变化》，黑龙江人民出版社 2008 年版。

事物的初始命名和后续改名作用机制具有同一性，对语言的使用具有社会规约性和过滤器作用。任何社会语境下的命名都包括特有的价值内涵，同一事物在不同历史时期的不同命名由特定的社会语境决定，它的变化同时又折射社会语境的变化。[1]这个理论，可以帮助我们认识报刊名称的命名机制。新闻学的报刊名称研究，要结合本专业的特点分析报刊名称的用词规律以及不同年代用词的变迁。

近年关于名称研究的硕士学位论文为数不少，关于名称理论的有《名称描述理论和历史因果理论比较研究》（张佳一，河北大学，2011）；关于街道名称的有《南京街巷名称的语言和文化分析》（沈意如，南京师范大学，2011）；关于企业名称的有《企业成长中的企业名称变更研究》（任峰，中国人民大学，2012），《美国纽约市中餐馆招牌的社会语言学调查》（林泳，华东师范大学，2010），《凤阳店铺名称的语言学考察》（张晓娜，安徽大学，2011），《北京与华盛顿楼盘名称的对比分析》（姜宏妮，曲阜师范大学，2012）。关于网店名称的有《网店名称的社会语言学分析：以拍拍网为研究对象》（国玉娟，河北大学，2012），《网络商店名称的语言学研究》（阮玮，曲阜师范大学，2011）。关于传媒栏目名称的有《报纸栏目名称研究》（刘艺婷，黑龙江大学，2009），《电视栏目名称的文化语言学分析》（梁艳，曲阜师范大学，2011）；关于粉丝名称的有《从社会语言学角度分析超女粉丝团名称和成员身份认同的关系》（张立立，上海外国语大学，2010）；关于名称翻译的有《从社会符号学角度看英语电影名称的翻译》（高敏娟，苏州大学，2012），《从品牌名称翻译看中西方文化差异》（杜卉，中国人民大学，2012），《论功能对等视角下的品牌名称翻译》（武勤英，东北财经大学，2011），《论英语品牌名称的汉译——目的论的视角》（蒋媛，厦门大学，2011），《从文化顺应角度探索品牌名称的翻译》（潘倩景，哈尔滨工程大学，2010），《试从功能翻译理论角度浅析商标名称翻译》（吕游，北京外国语大学，2009）。

在中国国家图书馆的目录中，使用关键词"名称"检索，得到结果92 000个。这表明在多个学科，关于名称的资料很丰富，研究很活跃。《释名析义：万物名称与中外文化探微》一书探讨了"词理学"，探索词语创造中人类的思维方式，考量语言与文化的相互关系。"词理学"超越了语文的边界，与词语所反映的广

---

[1] 王富银：《名称变体与社会语境变迁》，载《河南师范大学学报（哲学社会科学版）》2010年第1期。

阔世界相联系。书中对许多名称形成的缘由，不仅在语言领域本身找寻答案，还在词语所反映的客体事物涉及的知识范围做了考察。[1]《探名：破译名称的奥秘》一书解读了在交际、历史、地理、文化、生活、生物等方面一些名称的意义。[2]

使用"知网"检索，用主题词"名称"，结果为 82 809 条，包括对地名、商标名、楼盘名、电影名、病症名、校名、品牌名、动物名、学科名、药名、街道名、诗歌名等的研究。（统计数据截至 2013 年 10 月 2 日）

关于报刊名称的专题研究论文非常少，代表性的有孙文砾、郭亮的《中国近代报刊名称考》[3]。作者指出，由于报刊的名称具有一定的符号性和象征性，因此对中国近代出版的 1 000 多家中文报刊进行考察，就会发现它们的名称同中国近代的社会发展和报业发展是密切相关的。无论什么人办的报刊，从它们名称的演变可以看到中国近代各个时期社会政治、经济、文化等各方面的变化，也可以看到中国近代报业自身进化的轨迹。

仲利民的《副刊的名字》梳理了许多副刊的名称，像《人民日报》的"大地"副刊、《文汇报》的"笔会"副刊、《新民晚报》的"夜光杯"副刊、《扬子晚报》的"繁星"、《广州日报》的"身边"等；有明显地域特征的报纸副刊也很多，如《湖北日报》的"东湖"、《福建日报》的"五夷山"副刊、《浙江日报》的"钱塘江"副刊、《杭州日报》的"西湖"副刊、《济南日报》的"趵突"副刊等。[4]

吴跃龙在《〈文汇报〉报名的由来与前〈文汇报〉》中介绍了一个重名的史实，很多人知道现在的《文汇报》是 1938 年 1 月 25 日在上海问世的，但很少人知道在此前几十年上海已有一张《文汇报》，创办于 1879 年 4 月 17 日，称为"前文汇报"。[5]

关于传媒名称的研究论文还有《我国邮报邮刊刊名趣谈》[6]、《中美〈读者文摘〉

[1]　支顺福：《释名析义：万物名称与中外文化探微》，上海外语教育出版社 2012 年版。

[2]　孙欢：《探名：破译名称的奥秘》，上海锦绣文章出版社 2009 年版。

[3]　孙文砾、郭亮：《中国近代报刊名称考》，载《暨南学报（哲学社会科学）》1994年第 2 期。

[4]　仲利民：《副刊的名字》，载《今传媒》2006 年第 2 期。

[5]　吴跃龙：《〈文汇报〉报名的由来与前〈文汇报〉》，载《新闻记者》2007 年第 11 期。

[6]　顾烈刚：《我国邮报邮刊刊名趣谈》，载《集邮博览》2003 年第 12 期。

刊名纠纷内幕》[1]、《电视节目名称的修辞学分析》[2]等。关于名称的研究论文还有《名称透视卜的神话意识及其文化表征与类型》[3]、《女装品牌名称的社会语言学分析》[4]等。

《报刊品牌呼唤法律保护》一文指出，在现代市场中，品牌战略是企业拓展市场份额的重要手段之一。品牌是企业在市场中联结消费者的生命线，是企业最重要的无形资产，保护品牌就是保护企业的生命。报刊作为一种文化产品，同物质产品一样，也需要通过创品牌来争取读者。但是许多报刊在创出了名牌后却不懂得用法律手段，特别是用商标法来保护自己。[5]《论报刊名称及报刊栏目名称专用权的商标法保护》[6]也论述了这个问题。

廖显辉在《报刊更名琐议》[7]一文中指出，在报刊界，有些报刊的名称一经取定，就长期使用，一直不变；有些则在中途更名，而且相当频繁。更名的原因和动机多种多样，有的是因为已有同名报刊，为了区别而更名，如广东的《旅游》为了和北京的《旅游》区别而更名为《旅伴》。有的是因为改版，编辑方针和报道内容有较大的变化而更名，像《财贸战线》先改为《中国财贸报》，又改为《经济日报》。有的则是为了突出特色而更名，如河北省文联主办的《文论报》，由发表一般的文论转到以发表青年文艺评论为主，因此更名为《青年评论家》。

樊绍明等的《期刊更名要慎重——期刊更名的调查分析与思考》[8]以邮发、非邮发征订目录为调查对象，对期刊更名情况进行了统计。数据说明，由于机构调整、内容扩大等原因，使期刊更名情况呈上升趋势，期刊更名既不利期刊发展，又给

[1] 师永刚：《中美〈读者文摘〉刊名纠纷内幕》，载《湖南文史》2003年第4期。

[2] 韩忠治、闫红：《电视节目名称的修辞学分析——以〈今日说法〉为例》，载《新闻爱好者》2010年第4期。

[3] 康澄：《名称透视下的神话意识及其文化表征与类型》，载《解放军外国语学院学报》2010年第6期。

[4] 蒋丽婷：《女装品牌名称的社会语言学分析——以乌鲁木齐市友好、太百、富成三大商场所引入的品牌为例》，载《三峡大学学报（人文社会科学版）》2010年S1期。

[5] 王笑冰：《报刊品牌呼唤法律保护》，载《中国报业》2001年Z1期。

[6] 王笑冰：《论报刊名称及报刊栏目名称专用权的商标法保护》，载《知识产权》2000年第5期。

[7] 廖显辉：《报刊更名琐议》，载《编辑之友》1985年第2期。

[8] 樊绍明等：《期刊更名要慎重——期刊更名的调查分析与思考》，载《现代情报》2002年第2期。

期刊管理和利用带来诸多不便，因此期刊更名要慎重。

关于近年我国期刊改名的社会原因、学科原因，以及影响和解决办法，相关论文主要是图书馆学科的。如刘振西的《刊名变化的影响及相应措施》[1] 和刘秀华的《试析期刊更名类型及其著录分类》[2] 都讨论了期刊更名问题。周红娟在《期刊更名的原因分析及相应的管理对策》中指出，期刊在长期的出版过程中，为了适应客观形势及科学技术的发展，其刊名、责任者、出版周期、载体形态等都可能发生变更，给期刊管理工作带来一定难度。文中剖析了期刊刊名的变更原因，并介绍了对更名期刊的管理办法。[3] 江晨光在《对中文期刊更名现象的研究》中针对中文期刊更名的几种情况进行了归纳、分析，发现和总结了一些处理方法和经验，对实际工作有一定的指导和借鉴意义。[4] 周桂莲等在《科技期刊更名的负面影响及其应对措施》中指出，从 20 世纪 80 年代开始，我国期刊刊名变更现象日趋严重，而科技期刊更名对期刊的知名度、稿源、发行量、社会影响，以及期刊的查阅和管理均会带来负面影响，并在分析这些负面影响的基础上，提出了应对措施。[5] 牛玉兰和杨静在《中文医学期刊更名变化的研究》中分析了中文医学期刊更名的目的、类型、影响及对策。[6]

有研究者从修辞的视角对网站名称实例进行分析,指出网站名称的构成特点、翻译及修辞效果，网站名称采用了大量的谐音字、符号和字母来传递信息。[7]

电影名称的翻译体现了对西方文化的领悟，以及中国文化的优美。电影名称的翻译属于跨文化交际的活动,需注意经济原则、信息原则、文化原则、审美原则。[8] 电影翻译的原则可适当被传媒名称的翻译活动借鉴。

---

[1]　刘振西：《刊名变化的影响及相应措施》，载《情报资料工作》1992 年第 2 期。

[2]　刘秀华：《试析期刊更名类型及其著录分类》，载《图书馆工作与研究》2002 年第 2 期。

[3]　周红娟：《期刊更名的原因分析及相应的管理对策》，载《中北大学学报（社会科学版）》2005 年第 2 期。

[4]　江晨光：《对中文期刊更名现象的研究》，载《图书馆建设》2002 年第 4 期。

[5]　周桂莲等：《科技期刊更名的负面影响及其应对措施》，载《编辑学报》2004 年第 5 期。

[6]　牛玉兰、杨静：《中文医学期刊更名变化的研究》，载《医学情报工作》2000 年第 6 期。

[7]　李治：《修辞视角下的因特网站名称》，载《电脑知识与技术》2008 年 26 期。

[8]　陈双玉：《英文电影名称汉译原则与技巧》，载《电影文学》2009 年第 3 期。

二、研究方法

综上文献所述，目前对于报刊名称的研究，缺少对报刊名称源流、报刊名称长时段变迁、传媒与社会心理互动框架的分析。因此，本研究将着力于这些方面，探寻报刊名称的内在规律，用多学科的视角分析报刊名称。

在新闻史著作、教材中可见对报名的零散介绍与分析，比如《中国新闻事业通史》对《申报》、《大公报》等因何命名的记述[1]，但是缺少长时段的整体的对于报刊名称的分析。本研究运用社会语言学、修辞学、媒介地理学等理论，对报刊名称的长时段变迁进行分析，并在此基础上提出"报刊命名理论"。"报刊命名理论"可以用来分析历史上的报刊命名现象，也可用来指导当代的传媒命名实践。"报刊命名理论"包括：①报刊命名与语言变迁；②报刊命名与社会变迁；③报刊命名的媒介地理学视角；④中英文报刊命名的不同；⑤报刊命名与商品命名的不同；⑥报刊更名理论等等。

本研究采用的研究方法是多元的：

（一）计量史学的研究方法

从 19 世纪末开始，涂尔干开始提倡计量统计的方法，对于史学转变为社会科学是一种促进。计量史学（Quantitative History，也被称为定量史学或数量史学）是对所有有意识地、有系统地采用数学方法和统计学方法从事历史研究工作的总称，其主要特征为定量分析，以区别传统史学中以描述为主的定性分析。[2] 本研究使用的主要文献是《中国新闻事业编年史》的"报名索引"（以下简称"报名索引"）[3]，这是一个报刊名称语料的电子数据库，研究方法是使用关键词进行搜索，统计频次，进而发现报刊名称与社会变迁之间的关联。

（二）多学科的分析视角

（1）社会语言学的视角。这是一个基本的视角。

（2）新闻学的视角。报刊名称与报刊的出版周期、时效性以及新闻伦理都有关系。

---

[1] 方汉奇：《中国新闻事业通史》（第一卷），中国人民大学出版社 1992 年版；方汉奇：《中国新闻事业通史》（第二卷），中国人民大学出版社 1996 年版。

[2] [英] 罗德里克·弗拉德：《计量史学方法导论》，上海译文出版社 1997 年版，第 1 页。

[3] 方汉奇：《中国新闻事业编年史》，福建人民出版社 2000 年版，其中"报名索引"由陈彤旭编撰。

（3）传播学的视角。如何命名才能使传播效果更好？

（4）心理学的视角。当报刊创办人命名时，他是如何考虑的？这既是社会心理学，也是传播心理学的问题。

（5）美学的视角。报刊名称具有诗意的美或通感的美，这也是需要探究的。

（6）经济学的视角。用新制度经济学分析微观的企业行为，适用于分析报业企业的命名行为。起什么样的名字更能获得读者的青睐？这是报刊创办人要考虑的。

（7）修辞学的视角。

（8）符号学的视角。

（三）比较的研究方法

将外国报刊名称作为中国报刊名称的对照，具有国际视野。

（四）历史学的路径

上述视角的研究都需要史料的支撑。

在本研究中，社会语言学是最重要的理论工具之一。新闻史与社会科学的交叉融合，是大势所趋。社会语言学是语言学的重要分支，适用于在社会的大变迁趋势中发现语言变化的轨迹。代表作有保尔·拉法格的《革命前后的法国语言》[1]、陈原的《社会语言学》[2]、郭熙的《中国社会语言学》[3] 等。

报刊命名的语言与一般的媒介话语不同，因为命名是一个特殊的场合，这尤其需要社会语言学的阐释。美国麻省理工学院佐伊基（Arnold M. Zwicky）认为社会语言学主要研究什么人在什么场合对什么人说什么（who says what to whom on which occasion）。人与社会情景合起来就是社会因素，社会语言学一直想回答的就是语言与使用者的关系、语言应用与情景的关系。[4] 本研究需要考察命名者与报刊名称的关系，以及报刊命名的社会情景。

新闻史是新闻与社会变迁的交叉，社会语言学是语言与社会变迁的交叉。报名的社会语言学解读是必需的视角。语言的变革，有渐变、有突变。发生在 1949 年和 1966 年的语言突变，与革命有密切的关联，在报刊名称中有所表现。社会

---

[1]　[法]保尔·拉法格：《革命前后的法国语言》，商务印书馆 1964 年版。

[2]　陈原：《社会语言学》，商务印书馆 2000 年版。

[3]　郭熙：《中国社会语言学》，浙江大学出版社 2004 年版。

[4]　郭熙：《中国社会语言学》，南京大学出版社 1999 年版，第 4 页。

变迁中，出现一些词语的嬗变，是长时段的渐变。中国最早表示报刊名称的词语是"报"（如进奏院状报、邸报、京报），直至今日还用这个词，表明了中国文化的超稳定结构的特点。

对于报刊名称的社会语言学解读，需要注意以下方面：①报刊名称反映了社会语言的变迁；②报刊名称与人名、地名等有何相同、有何区别？③报刊名称的变革与20世纪中国语言的整体变迁有密切的关系。从文言文转变为白话文，包括语言中的语法部分、语言中的词汇部分都发生了很大的变化。

三、报刊的重名现象

（一）报刊的重名现象

在近代中国报业的发展中，由于报纸发行覆盖城市有限，因此往往出现同时期并存同名报刊的情况，重名的报刊往往分布于不同的城市。1949年以后报刊重名的状况大大减少，原因是由国家统一管理报业。也有许多不同历史时期沿用同一报刊名称的情况，这可以解释为报人有意识地传承报业传统。

重名现象也可解释为常见的中文报刊名称，比如《国民日报》有10种，《国民报》、《公言报》、《公论报》、《华报》都有6种之多。

两个字的简洁明快的报刊名称尤其常见，《民报》有11种，《新报》有9种，《商报》有8种，《星报》有5种，《明报》、《时报》、《实报》、《通报》有4种，《晨报》、《快报》、《平报》、《益报》、《中报》、《正报》、《真报》、《午报》、《醒报》有3种。

《民报》是重名最多的报名，共有11种，分别是《民报》（上海，1876）、《民报》（悉尼，1902）、《民报》（东京，1905）、《民报》（桂林，1913）、《民报》（汉口，1916）、《民报》（成都，1918）、《民报》（北京，1925）、《民报》（南京，1928）、《民报》（上海，1932）、《民报》（澳门，1942）、《民报》（蒙古文）（地点不详，1945）。"某某民报"在报刊名称中也很多见。

《华报》有6种，分别是《华报》（马尼拉，1888）、《华报》（上海，1897）、《华报》（北京，1907）、《华报》（上海，1915）、《华报》（北平，1929）、《华报》（上海，1939）。《快报》有3种，分别是《快报》（上海，1911）、《快报》（广州，1917）、《快报》（香港，1963）。

三个字的报刊名称也很常见。比如《白话报》有8种，分别是《白话报》（上海，

1898）、《白话报》（汉藏文）（拉萨，1905）、《白话报》（杭州，1906）、《白话报》（哈尔滨，1908）、《白话报》（天津，1912）、《白话报》（天津，1914）、《白话报》（哈尔滨，1929）、《白话报》（上海，1932）。《公言报》有6种，分别是《公言报》（北京，1909）、《公言报》（广州，1910）、《公言报》（桂林，1913）、《公言报》（北京，1916）、《公言报》（济南，1916）、《公言报》（四川宜宾，1917）。《采风报》有4种，分别是《采风报》（上海，1898）、《采风报》（武汉，1907）、《采风报》（广州，1917）、《采风报》（天津，1984）。

与著名的《大公报》（天津，1902）重名的有3种，分别是《大公报》（上海，1898）、《大公报》（广州，1912）、《大公报》（长沙，1915）。《大同报》重名达7次之多，分别是《大同报》（上海，1904）、《大同报》（北京，1906）、《大同报》（东京，1907）、《大同报》（北京，1908）、《大同报》（武汉，1912）、《大同报》（长春，1932）、《大同报》（大同，1971）。《大众报》重名有5次，分别是《大众报》（汉口，1938）、《大众报》（山西沁水，1938）、《大众报》（山东黄县，1938）、《大众报》（台湾，1946）、《大众报》（台湾，1986）。《大众日报》重名有3次，分别是《大众日报》（北平，1935）、《大众日报》（南昌，1938）、《大众日报》（山东沂水，1939）。

一些看起来很独特的名称也有重名的，比如《醒世画报》重名3次，分别是《醒世画报》（天津，1906）、《醒世画报》（北京，1909）、《醒世画报》（上海，1919）。《天声日报》有4种，分别是《天声日报》（武汉，1904）、《天声日报》（绍兴，1912）、《天声日报》（开封，1918）、《天声日报》（广州，1918）。《学习》重名3次，分别是《学习》（上海，1939）、《学习》（东北，1947）、《学习》（北平，1949）。

1949年以后，报刊重名的情况大大减少，这是因为国家集中管理办报活动的缘故。个别重名的也有，如《农村信息报》（杭州，1985）和《农村信息报》（昆明，1993），《科技文摘报》（北京，1993）和《科技文摘报》（福州，1985）。

（二）报刊名称中的高频词分析

在"报名索引"中，"日报"共出现922次，"公报"出现147次，"画报"出现135次，"晚报"出现103次，"官报"出现70次。

"新闻"多见于报刊名称中，共出现184次，"消息"只出现10次。

"论"共出现76次，"评论"出现25次，"舆论"使用次数较少，只有5次。

"商报"和"商务报"、"商务日报"出现的频次很高："商报"出现51次，"商务报"出现12次，"商务日报"出现11次。

名称中包含"爱国"的报刊共11种，分别是《爱国白话报》（北京，1913）、《爱国报》（天津，1906）、《爱国报》（北京，1907）、《爱国报》（上海，1911）、《爱国报》（唐山，1919）、《爱国者》（南京，1983）、《白话爱国报》（北京，1900）、《启民爱国报》（上海，1911）、《豫南爱国报》（河南信阳，1915）、《真爱国者》（葡文）（澳门，1838）、《正宗爱国报》（北京，1906），其中有9种出现在1900—1919年。

名称中包含"大同"的报刊有20种，多数与山西大同这个地名并无关系，而是取"天下大同"之意。除《大同报》有7种（见前文），此外还有《大同日报》（旧金山，1903）、《大同日报》（河南，1918）、《大同晚报》（北京，1925）、《大同周报》（上海，1913）、《帝国大同报》（北京，1911年冬）、《新大同报》（大同，1969）、《中央大同报》（北京，1908）、《中央大同新闻》（北京，1909）等。

名称中包含"大众"的报刊也较多，有29种。除了前文所述的《大众报》（5种）和《大众日报》（3种），还有《大众文艺》（上海，1928）、《大众文化》（北平，1932）、《大众》（上海，1933）、《大众生活》（上海，1935）、《大众知识》（北平，1936）、《晋西大众报》（山西兴县，1940）、《大众文摘》（香港，1957）、《大众摄影》（北京，1958）、《大众卫生报》（长沙，1981）、《荷泽大众》（山东荷泽，1991）等。

名称中包含"大公"的报刊有15种，其中《大公报》有4种（见前文），此外还有《大公日报》（杭州，1912）、《大公论》（北京，1916）、《大公晚报》（桂林，1942）、《大公晚刊》（重庆，1944）等。

名称中包含"民主"的报刊有28种，名称中包含"民声"的报刊有12种。

名称中包含"公论"的报刊有17种，明显超过了日常语言中更常用的"公民"（6种）。《公论报》有6种，《公论报》（汉口，1889）、《公论报》（汉口，1905）、《公论报》（北京，1910）、《公论报》（上海，1915）、《公论报》（台湾，1947）、《公论报》（台湾，1989）；此外还有《台湾公论》（台湾，1899）、《公论新报》（汉口，1906）、《中国公论西报》（英文）（上海，1907）、《公论实报》（北京，1910）、《公论日报》（成都，1912）、《公论》（上海，1913）、《江南公论报》（南京，1913）、《大公论》（北京，1916）、《公论日报》（汉口，1919）、《公论丛书》（上海，1938）等。名称中包含"公民"的报刊有《吉林公民日报》（吉林，1908）、《公民白话报》（天津，1910）、《公民日报》（杭州，1910）、《公民日报》（杭州，1912）、《公民杂志》（上海，1916）、《公民周刊》（西安，1917）。

1949年以后按行业分工的行业报——名称中包含"广播电视报"的报刊有46种，名称中包含"工人报"的报刊有44种，名称中包含"经济报"的报刊有27种，名称中包含"农民报"的报刊有22种，名称中包含"法制报"的报刊有20种，名称中包含"教育报"的报刊有18种。"青年报"、"文化报"、"交通报"等也有多种。总体来说，从报刊名称可以发现，行业报分布于各省。

四、新奇的报名能带来社会影响吗？

新奇的报名未必带来社会影响，恰恰可能使其湮没在历史中。

（一）生僻字用作报刊名称

个别报刊将生僻字用作名称，如《嬝嬛杂志》（上海，1908）、《嘹报》（江苏嘉定，1909）、《鬐篥月刊》（上海，1928）。这些报刊名称的字难写，也很难打印出来。将生僻字用作名称的，在报刊中是极少数的情况。

（二）追求新奇的报刊名称

一些报刊名称看起来很新奇，但是这些报刊在历史上影响并不大。如《嘻笑报》（广州，1898）、《滑稽魂》（上海，1904）、《梦话日报》（上海，1913）、《报报》（上海，1927）、《牵丝攀藤》（上海，1927）、《硬报》（上海，1928）等。

这些报刊不仅名称新奇，内容也往往格调不高，因此并不可取。这些奇怪的报名多出现于上海、广州等发达的报业市场中，新奇的报刊名称可以吸引读者的注意力，但是要取得重大的社会影响，不庄重的报名恰恰是一种阻力。

我们也发现，这些新奇的报刊名称出现的年代都较早，可见随着现代报业的发展成熟，人们更趋向于使用简洁、响亮、庄重的报刊名称，这样更能获得读者的认同。

报刊名称在报刊的整体系统，以及与社会的互动系统中，不是一个无足轻重的小问题，也不是与报刊的实质无甚关联的符号。报刊命名行为，对于创刊人来说是一个颇为复杂的思维活动，如果对多位报刊创办人的命名心理活动的历史资料进行整合分析，将是一个庞大而有意义的系统研究。在这个研究中，以下问题是需要提出的：①报刊何以命名？②与其他时代的报刊名称有何异同？③报刊名称是否受报刊宗旨的影响？④报刊名称是否影响报刊的日常新闻采编活动？

《硬报》、《吼报》、《闲报》、《血报》、《黑旋风》、《机关枪》等，都是20世纪20年代的上海小报，以揭露政界内幕吸引读者，一般只在报摊上零售，没有固定订户。[1] 这些名称新奇的小报生命短暂，《硬报》出版仅一个月，就被当局封闭。

五、报刊名称反映了语言的变迁

语言等表征系统和社会、环境、技术条件的相互作用是极其复杂的。[2] 语言在历史中发生了很多变化。自从人类有了原始的语言，由于环境变得越来越复杂，语言也同步变得越来越复杂。在这个复杂化的过程里，语言不断地自我调整和适应。[3] 语言的嬗变轨迹折射在报刊名称中。

林·亨特（Lynn Hunt）在《新文化史》（*The New Cultural History*）中说："探究思想、仪式、知识、风格作为话语是如何产生的，某些话语是如何取得霸权地位的，其作用于社会的功效如何？"[4]

报刊名称研究属于新文化史的范畴，也是社会变迁背景下的考察。名称的变迁，包含了范式转型的信息。从"警"、"醒"所代表的革命范式，到平和的建设范式、日常范式，报刊名称里包含了社会转型的信息。报刊名称里也包含了对新闻的信仰和文化观念。报刊名称还是对亚文化语言符号的收编。社会变迁中，出现了新名词和流行语。亚文化语言符号不断进入主流语言体系，这种语言的变迁自然体现在报刊名称中。报刊名称还是双重话语体系，关系到政治符号如何大众化的问题。

"文化"最早出现于报刊名称中是1928年。名称中包含"文化"的报刊有29种，其中，创办于20世纪20年代的有两种，《文化批判》（上海，1928）、《新兴文化》

---

[1] 方汉奇：《中国新闻事业编年史》，福建人民出版社2000年版，第1119页。

[2] ［美］林文刚编：《媒介环境学：思想沿革和多维视野》，北京大学出版社2007年版，第223页。

[3] 王士元：《语言是一个复杂适应系统》，载《清华大学学报（哲学社会科学版）》2006年第6期。

[4] ［美］林·亨特：《新文化史》，华东师范大学出版社2011年版，第8页。

（上海，1929）。

创办于20世纪30年代的有15种：《文化斗争》（上海，1930）、《世界文化》（上海，1930）、《西北文化日报》（西安，1931）、《文化月报》（上海，1932）、《大众文化》（北平，1932）、《文化通讯》（上海，1932）、《文化日报》（上海，1932）、《文化新闻》（上海，1933）、《北平文化》（北平，1933）、《文化列车》（上海，1933）、《现代文化》（上海，1933）、《文化战线》（上海，1937）、《文化食粮》（上海，1937）、《文化岗位》（昆明，1938）、《边区文化》（晋察冀地区，1939）。

创办于20世纪40年代的有5种：《中国文化》（延安，1940）、《华北文化》（华北，1942）、《文化导报》（沈阳，1945）、《北方文化》（张家口（原察哈尔省），1946）、《战士文化》（华东地区，1948）。

创办于20世纪50年代的有3种：《文化周报》（合肥，1956）、《安徽文化报》（合肥，1956）、《湖南文化报》（长沙，1957）。

创办于20世纪80年代的有4种：《文化报》（武汉，1980）、《上海文化艺术报》（上海，1980）、《科学文化报》（地点不详，1984）、《中国文化报》（北京，1986）。

综上所述，在报刊名称中的时间分布，说明"文化"是一个广泛用于20世纪不同年代报刊名称的现代词汇。20世纪30年代的高峰期，表明这一时期左翼文化的繁荣；20世纪60—70年代"文化"在报刊名称中的缺席，说明这一时期文化事业发展的困顿状况。

"警钟"这个词汇在20世纪初的报刊名称中常用，但是后来随着时代的变迁，不再被用于报刊名称了。如《警钟》（上海，1904）、《警钟日报》（上海，1904）、《警世钟》（北京，1906）、《警钟报》（武汉，1910）、《警钟报》（绍兴，1917），年代都很早。

"开风"、"开智"、"开明"这些有时代色彩的词汇，只短暂地出现在报刊名称中。如《开风报》（广州，1874）、《开风报》（汉口，1875）、《开智录》（东京，1900）、《开智日报》（广州，1904）、《开智白话报》（重庆，1905）、《开智白话周报》（成都，1914）、《开明报》（上海，1910）、《开明公报》（古巴哈瓦那，1922）、《开明》（上海，1928）。

以"国"为名称首字的报刊共有98个，其中只有4个是1949年以后创办的。

将"国"作为报刊名称首字是清末和民国初年的常见用法。

《国报》有4种:《国报》(东京,1908)、《国报》(北京,1909)、《国报》(北京,1913)、《国报》(广州,1913)。名称中包含"国粹"的报刊有3种:《国粹学报》(上海,1905)、《国粹丛编》(上海,1907)、《国粹一斑》(北京,1908)。名称中包含"国风"的报刊有3种:《国风报》(上海,1910)、《国风日报》(北京,1911)、《国风报》(北京,1912)。名称中包含"国光"的报刊有3种:《国光新闻》(北京,1911)、《国光日报》(台北,1988)、《国光日报》(福州,1993)。名称中包含"国华"的报刊有3种:《国华报》(上海,1908),《国华报》(上海,1910)、《国华时报》(广州,1917)。名称中包含"国魂"的报刊有2种:《国魂日报》(旧金山,1907)、《国魂报》(上海,1908)。名称中包含"国货"的报刊有2种:《国货汇刊》(上海,1915)、《国货月报》(上海,1915)。名称中包含"国立"的报刊有6种:《国立北京农业专门学校杂志》(北京,1916)、《国立北京农业专门学校丛刊》(北京,1918)、《国立武昌高等师范学校博物学会杂志》(武昌,1918)、《国立武昌高等师范学校数理学会杂志》(武昌,1918)、《国立北京大学月刊》(北京,1919)、《国立武昌高等师范学校周报》(武汉,1919)。

名称中包含"国民"的报刊有38种,其中《国民报》有6种:《国民报》(东京,1901)、《国民报》(又名《国民日报》,广州,1906)、《国民报》(武汉,1907)、《国民报》(广州,1909)、《国民报》(奉天,1911)、《国民报》(重庆,1911)。《国民》有3种:《国民》(上海,1913)、《国民》(北京,1919)、《国民》(上海,1937)。《国民日报》有10种:《国民日报》(又名《国民报》,广州,1906)、《国民日报》(上海,1911)、《国民日报》(长沙,1912)、《国民日报》(新加坡,1914)、《国民日报》(汉口,1916)、《国民日报》(旧金山,1917)、《国民日报》(陕西,1926)、《国民日报》(香港,1926)、《国民日报》(藏文)(香港,1939)、《国民日报》(藏文)(西康,1941)。《国民新报》有4种:《国民新报》(长春,1909)、《国民新报》(长沙,1913)、《国民新报》(上海,1914)、《国民新报》(北京,1925)。《国民新闻》有3种:《国民新闻》(浙江诸暨,1917)、《国民新闻》(北京,1922)、《国民新闻》(上海,1940)。此外还有《国民日日报》(上海,1903)、《国民白话日报》(上海,1908)、《国民公报》(北京,1910)、《国民话报》(昆明,

1911）、《国民军事报》（上海，1911）、《国民晚报》（上海，1911）、《国民共济报》（重庆，1912）、《国民公报》（成都，1912）、《国民杂志》（东京，1913）、《国民通讯》（上海，1918）、《国民周刊》（北平，1928）、《国民公论》（武汉，1938）等。

《国强报》有2种：《国强报》（北京，1918）、《国强报》（天津，1918）。《国权报》有2种：《国权报》（上海，1912）、《国权报》（北京，1912）。名称中包含"国是"的报刊有4种：《国是日报》（开封，1911）、《国是报》（重庆，1912）、《国是》（北京，1913）、《成都国是报》（成都，1913）。名称中包含"国闻"的报刊有3种：《国闻报》（天津，1897）、《国闻汇编》（天津，1897）、《国闻周报》（上海，1924）。名称中包含"国学"的报刊有5种：《国学丛刊》（北京，1911）、《国学丛选》（上海，1912）、《国学》（东京，1914）、《国学丛刊》（北京，1914）、《国学杂志》（上海，1915）。名称中包含"国语"的报刊有2种：《国语月刊》（北京，1922）、《国语日报》（台北，1948）。

"民"为首字的报刊名称同样常见，其中如"民报"、"民铎"、"民国"、"民强"、"民声"、"民生"、"民心"、"民信"、"民兴"、"民意"、"民治"等，罕见于1949年以后的内地报刊名称。只有"民政"、"民主"、"民族"这些词，可见于新中国的报刊名称，这反映了语言的变迁。

"经济"大量出现在报刊名称中，在白话"文革"命之前就有多种，当代以此为名的报刊也有很多。前者有《经济报》（长沙，1898）、《经济丛编》（北京，1902）、《经济选报》（北京，1907）、《经济成案汇编》（成都，1908）、《经济杂志》（北京，1912）、《经济杂志》（武昌，1912）等；后者有《经济导报》（香港，1947）、《经济日报》（台北，1967）、《经济生活报》（杭州，1980）、《经济一周》（香港，1981）、《经济日报》（北京，1983）、《经济》（台北，1984）、《经济与法律》（香港，1985）、《经济晚报》（南昌，1987）、《经济展望》（石家庄，1987）、《经济日报》（香港，1988）、《经济文摘报》（北京，1991）等。与"经济"词义类似的"商"字也常见于报刊名称，包括《商报》、《商务报》、《商务日报》以及"某某商报"的用法。"实业"也多次出现于报刊名称。

"女"作为报刊名称的首字，最早出现于1898年上海创办的《女学报》。"女报"、"女学"、"女界"、"女铎"、"女子"等作为报刊名称前缀的用法，集中出现于20世纪初，20世纪20—30年代明显减少，20世纪40年代以后消失。

《女报》有3种：《女报》（上海，1899）、《女报》（上海，1909）、《女报》（东京，1909）。以"女铎"为报刊名称前缀的有4种：《女铎报》（上海，1911）、《女铎》（上海，1912）、《女铎报》（上海，1912）、《女铎报》（重庆，1916）。以"女界"为报刊名称前缀的有4种：《女界灯学报》（广东佛山，1905）、《女界星期录》（香港，1910）、《女界杂志》（上海，1911）、《女界报》（成都，1912）。以"女权"为报刊名称前缀的有3种：《女权报》（上海，1912）、《女权月报》（上海，1912）、《女权日报》（长沙，1913）。以"女学"为报刊名称前缀的有7种：《女学报》（上海，1898）、《女学报》（上海，1903）、《女学生》（上海，1908）、《女学生杂志》（上海，1909）、《女学生》（上海，1910）、《女学生杂志》（上海，1910）、《女学日报》（武昌，1912）。以"女子"为报刊名称前缀的有6种：《女子魂》（东京，1904）、《女子世界》（上海，1904）、《女子白话旬报》（北京，1912）、《女子国学报》（天津，1912）、《女子世界》（上海，1914）、《女子杂志》（上海，1915）。此外还有《女镜报》（广州，1905）、《女鉴日报》（成都，1918）、《女声》（上海，1932）等。

1940年以后，最常见的是"妇女"和"妇女报"的用法，如20世纪40年代创办的《山东妇女》（山东，1941）、《现代妇女》（重庆，1943）、《中国妇女》（北平，1949）；20世纪80年代创办的《妇女生活》（郑州，1982）、《妇女之友》（哈尔滨，1982）、《广东妇女》（广州，1982）、《中国妇女报》（北京，1984）、《山西妇女报》（太原，1985）；20世纪90年代创办的《妇女之声》（北京，1995）、《世界妇女》（英文）（北京，1995）等。

这里要说明的是，"妇女"在报刊名称中使用并非始自20世纪40年代，最早的应属《中国妇女会报》（北京，1907）和《中国妇女界杂志》（东京，1907）这两种刊物。除此之外，《妇女时报》（上海，1911）、《妇女鉴》（成都，1914）、《中华妇女界》（上海，1915）、《中国妇女》（上海，1925）和《中国妇女》（延安，1939）也都创办较早。但是，"妇女"一词在报刊名称中普遍使用是20世纪40年代以后的现象，在20世纪80年代和20世纪90年代，也依然被用作报刊名称。1949年以后，不使用"妇女"而用"女报"的，只有《现代女报》（大连，1993）等少数的特例。"妇孺"这个词则仅出现在20世纪初的4个报刊名称中，《妇孺报》（广州，1904）、《妇孺白话易知报》（江苏阜宁，

1905）、《妇孺杂志》（广州，1907）、《妇孺日报》（广州，1908）。

"平民"在"报名索引"中出现 10 次，全部是作为报刊名称的前缀，《平民画报》（旧金山，1910）、《平民日报》（广州，1910）、《平民画报》（广州，1911）、《平民日报》（杭州，1912）、《平民报》（武汉，1912）、《平民之声》（广州，1913）、《平民教育》（北京，1919）、《平民世界》（上海，1924）、《平民日报》（上海，1927）、《平民》（重庆，1946）。其中 7 种创办于 20 世纪 10 年代，2 种创办于 20 世纪 20 年代，1 种创办于 20 世纪 40 年代，此后"平民"在报刊名称中再未出现。这表明"平民"这个词汇在报刊名称中出现的特点，即都是作为前缀，且年代分布集中于 20 世纪 10 年代。

"前锋"、"前进"、"前卫"、"前线"主要见于 20 世纪 20—40 年代，其他时间段较少见。名称中包含"前锋"的报刊有 5 种：《前锋》（上海，1923）、《前锋》（上海，1927）、《前锋》（上海，1930）、《前锋》（上海，1930）、《前锋》（火线版）（徐州，1948）。名称中包含"前进"的报刊有 7 种：《前进报》（俄文）（哈尔滨，1920）、《前进》（上海，1928）、《前进》（地点不详，1935）、《前进报》（广东，1942）、《前进报》（蒙汉文）（通辽，1946）、《前进》（东北军区，1949）、《前进报》（上海，1966）。名称中包含"前卫"的报刊有 5 种：《前卫报》（鲁中南区，1948）、《前卫画报》（渤海军区，1949）、《前卫画报》（鲁中南区，1949）、《前卫画报》（武汉，1949）、《前卫画刊》（武汉，1949）。名称中包含"前线"的报刊有 11 种：《前线上》（河北任丘，1938）、《前线日报》（安徽屯溪，1938）、《前线报》（山东，1939）、《东北前线》（东北，1946）、《华东前线报》（华东，1947）、《前线生活》（青海军区，1948）、《人民前线》（华东地区，1948）、《华东前线》（山东，1948）、《华东前线》（山东，1949）、《前线》（北京，1958）、《解放前线》（福州，1958）。

"人民"在"报名索引"中共出现 54 次，分布于 20 世纪 20—90 年代。这个词作为报刊名称，见于不同的时期，如同"经济"和"妇女"一样，"人民"也是一个长盛不衰的报名常用词。

20 世纪 20 年代创办的有《人民周刊》（广州，1926）。

20 世纪 30 年代创办的有《人民日报》（天津，1930）、《人民日报》（福州，1933）、《人民之友》（北平，1937）。

20世纪40年代创办的有《人民报》（安徽泗南，1940）、《人民报》（山西平顺，1940）、《人民日报》（合江省，1945）、《人民之路》（内蒙古王爷庙，1945）、《人民新报》（朝鲜文）（牡丹江，1945）、《人民》（晋冀鲁豫军区，1946）、《人民日报》（晋冀鲁豫）（河北邯郸，1946）、《人民时代》（晋绥，1946）、《人民日报》（朝鲜文）（吉林，1946）、《人民之友》（乌兰浩特，1946）、《人民战士》（晋冀鲁豫地区，1947）、《人民知识》（乌兰浩特，1948）、《人民子弟兵》（河北邯郸，1948）、《人民前线》（华东地区，1948）、《人民日报》（华北）（河北平山，1948）、《人民报》（辽宁锦州，1948）、《人民军队》（西安，1949）、《人民军队画报》（陕甘宁地区，1949）、《人民日报》（北平，1949）、《人民铁道报》（北平，1949）。

20世纪50年代创办的有《人民画报》（北京，1950）、《人民广播》（北京，1950）、《人民邮电》（北京，1950）、《人民中国》（英文版）（北京，1950）、《人民中国报道》（世界语）（北京，1950）、《人民画报》（英蒙维藏文）（北京，1951）、《人民中国》（俄文）（北京，1951）、《人民中国》（日文）（北京，1953）、《人民长江报》（武汉，1956）、《人民海军》（北京，1957）。

20世纪70年代创办的有《人民卫生报》（北京，1977）。

20世纪80年代创办的有《人民政协报》（北京，1983）、《人民武警报》（北京，1983）、《人民保险报》（北京，1984）、《人民公安报》（北京，1984）、《人民日报·海外版》（北京，1985）、《人民消防报》（哈尔滨，1985）、《人民代表报》（太原，1988）。

20世纪90年代创办的有《人民法院报》（北京，1992）、《人民权利报》（济南，1992）、《人民公路报》（长沙，1993）、《人民日报》（华东版）（上海，1995）、《人民日报》（华南版）（广州，1997）。

由上可见，20世纪40年代、20世纪50年代、20世纪80年代、20世纪90年代，这四个年代是"人民"在报刊名称中使用的高峰期。

名称中包含"时代"的报刊有16种。其中，"时代"作为报刊名称前缀的有10种，集中出现于20世纪20—40年代，包括《时代》（上海，1928）、《时代文艺》（上海，1928）、《时代画报》（上海，1929）、《时代日报》（上海，1932）、《时代漫画》（上海，1934）、《时代晚报》（上海，1939）、《时代》（上海，1941）、《时代》（俄文）（上海，1941）、《时代日报》（上海，1945）、《时代新闻》（西安，1948）。

"时代"作为报刊名称后缀的有 6 种，出现于 20 世纪 20—80 年代，分布的时间段较广，分别是《新时代》（长沙，1923）、《新时代报》（北平，1930）、《新时代》（上海，1931）、《人民时代》（晋绥，1946）、《黄金时代》（广州，1975）、《广告时代》（台湾，1984）。可见，"时代"一词出现在报刊名称中，不同历史时期的用法不尽相同。

与"时代"形成对照的是，在"报名索引"中"现代"共出现 9 次，都是作为报刊名称的前缀，《现代评论》（北京，1924）、《现代文学》（上海，1930）、《现代文化》（上海，1933）、《现代文艺》（福建，1940）、《现代妇女》（重庆，1943）、《现代报学》（北平，1947）、《现代日报》（香港，1993）、《现代女报》（大连，1993）、《现代职工报》（哈尔滨，1993）。

"笑"在报刊名称中的用法，也有鲜明的时代特征。这个词作为报刊名称的前缀，只出现于 19—20 世纪之交的短暂十余年，如《笑林报》（杭州，1895）、《笑报》（上海，1897）、《笑笑报》（上海，1898）、《笑林报》（上海，1901）、《笑报》（绍兴，1914）、《笑林杂志》（上海，1915）、《笑舞台》（上海，1918）等。其后，这种用法就不再见于报刊名称。

有的报刊名称使用外文的旧译，这也使其看起来具有鲜明的时代特征，如《布尔塞维克》（上海，1927）。

六、命名的习惯：报刊命名理论

为什么一些词汇常用于报刊名称，而另一些词汇较少用于报刊名称？并非只缘于词汇的语义因素，还可归因为报人的用字习惯以及报刊的命名规则。笔者为此提出"报刊命名理论"，即人们在给报刊命名时，常使用某些词汇，而不是另一些词汇，是由多种因素决定的，除了词义，还由文化、社会习俗等因素决定。

（一）报刊名称中的同义词

在报刊名称中，"光华"比"繁华"出现的次数远远为多。名称中包含"光华"的报刊有 10 种，分别是《光华日报》（仰光，1908）、《光华日报》（仰光，1908）、《光华医事卫生杂志》（广州，1910）、《光华医事杂志》（广州，1910）、《光华日报槟城新报联合版》（马来半岛槟榔屿，1911）、《光华报》（广州，1911）、《光华青年月刊》（成都，1915）、《光华医社月报》（广州，

1915）、《光华学报》（武昌，1915）、《光华时报》（南昌，1990）。名称中包含"繁华"的报刊有五种，分别是《世界繁华报》（上海，1901）、《燕都繁华报》（北京，1906）、《繁华报》（汉口，1911）、《繁华报》（重庆，1914）、《繁华杂志》（上海，1914）。"光明"在汉语中是常用词，词义也很美好，但是在报刊名称中只出现了3次，《光明》（上海，1936）、《光明报》（香港，1941）、《光明日报》（北平，1949）。

"建国"这个词常用于人名，但是在报刊名称中很少见，仅有《建国日报》（台湾澎湖，1949）一种。而名称中包含"建设"的报刊有14种，分别是《建设》（上海，1919）、《新建设》（上海，1923）、《党的建设》（上海，1931）、《铁道建设报》（成都，1951）、《中国建设》（英文）（北京，1952）、《西部建设报》（乌鲁木齐，1953）、《桥梁建设报》（北京，1954）、《建设日报》（石家庄，1956）、《铁道建设》（北京，1964）、《二汽建设》（湖北十堰，1973）、《铁路建设报》（成都，1975）、《贵铝建设报》（贵州，1979）、《法制建设报》（长沙，1990）、《机关建设报》（长春，1992）。

在中国的报刊名称中，"红"字被大量使用，但是同义的"赤"很少作为报刊名称，其中还有些是用作地名，只有不多的次数是与思想的"赤色"有关，如《赤霞报》（浙江海门，1911）、《赤县新闻》（天津，1913）、《赤心评论》（成都，1924）、《赤光》（巴黎，1924）、《赤色海员》（上海，1930）等。

虽然"选报"与"文摘"是同义词，但在报刊名称中更常用后者。而且"选报"使用的年代较早，"文摘"则是当代的用法。名称中包含"选报"的报刊有6种，分别是《急选报》（北京，1580）、《选报》（上海，1901）、《选报》（北京，1906）、《选报》（南昌，1906）、《经济选报》（北京，1907）、《京话选报》（北京，1909）。名称中包含"文摘"的报刊有14种，分别是《大众文摘》（香港，1957）、《报刊文摘》（上海，1980）、《文摘报》（北京，1981）、《每周文摘》（福州，1982）、《教育文摘报》（北京，1984）、《书刊文摘导报》（长沙，1984）、《科技文摘报》（福州，1985）、《经济文摘报》（北京，1991）、《健康文摘报》（北京，1991）、《体育文摘周报》（北京，1992）、《中华文摘》（香港，1992）、《新闻出版文摘报》（天津，1992）、《科技文摘报》（北京，1993）、《教育文摘周报》（北京，1999）。

此外，中文报刊习惯用"晚报"，而"夜报"极少见，尽管"夜"和"晚"

在汉语中是同义词。名称中包含"晚报"的报刊有 103 种；而名称中包含"夜报"的报刊仅有 5 种，《夜报》（上海，1882）、《长沙夜报》（长沙，1916）、《新闻夜报》（上海，1933）、《大英夜报》（上海，1938）、《新闻夜报》（香港，1960）。

"白话报"这个名称很多见，有 104 种，"通俗报"有 15 种，而"俗话报"只有一种，《安徽俗话报》（芜湖，1904）。这三个词是同义词，但使用频次有很大的差别。

（二）报刊名称中的数字

数字常被用作报刊名称吗？《七十年代》、《二十世纪》这样的报刊名称很有内涵。

名称中包含"一"的报刊有《一得报》（绍兴，1912）、《一报》（内蒙古，1914）、《一周间》（上海，1934）、《一二·九青年》（北平，1935）、《一二·九特刊》（北平，1935）、《一冶工人报》（武汉，1964）、《壹周刊》（香港，1990）等。

名称中包含"二"的报刊有《二机工人报》（内蒙古包头，1958）、《二汽工人》（湖北十堰，1973）等。

"二十世纪"作为报刊名称只出现于 1904—1907 年的短短数年间，有 5 种，《二十世纪大舞台》（上海，1904）、《二十世纪之支那》（北京，1905）、《二十世纪报》（广州，1906）、《二十世纪军国民报》（广州，1907）、《二十世纪之中国女子》（东京，1907）。

名称中包含"三"的报刊有《三廉月刊》（上海，1919）、《三罗日报》（广东罗定，1938）、《三二二战报》（辽宁辽河，1970）、《三三〇战报》（湖北宜昌，1971）、《三明日报》（福建三明，1984）、《三门峡报》（河南三门峡，1985）、《三江日报》（佳木斯，1985）、《三江晚报》（佳木斯，1992）等。

名称中包含"四"的报刊有很多种，以地名"四川"为名称首词的有 52 种报刊，如《四川》（日本东京，1907）、《四川商会公报》（成都，1910）、《四川保路同志会报告》（成都，1911）、《四川军政府官报》（成都，1911）、《四川经济报》（成都，1984）等；以地名"四平"（吉林省境内）为名称首词的有 2 种报刊，《四平日报》（四平，1958）、《四平报》（四平，1984）；以地名代称"四邑"（广东四县的古称）为名称首词的有 3 种报刊，《四邑旬报》（广州，1909）、《四邑平报》（广东江门，1916）、《四邑新商报》（广东江门，1918）；以地名别称"四明"（指宁波）为名称首词的有《四明日报》（宁波，1910）；此外，《四州周报》（吉隆坡，1910）这个报名也与地名有关，因为19世纪末的马来联邦由四个州组成。

名称中包含"五"的报刊有《五民日报》（北京，1912）、《五铜元》（上海，1914）、《五七报》（上海，1915）、《五七报》（北京，1919）、《五日时事》（晋西南，1938）等。

名称中包含"六"的报刊不多，有《六合丛谈》（上海，1857）、《礼拜六》（上海，1914）、《礼拜六》（上海，1928）、《零六六报》（湖北远安，1978）、《六盘水报》（宁夏六盘水，1984）等；

名称中包含"七"的报刊较多，有《七日镜览》（上海，1870）、《七日报》（又名《官语七日报》）（上海，1895）、《七十二行商报》（广州，1906）、《七天》（上海，1914）、《七襄》（上海，1914）、《七七报》（湖北京山，1939）、《七十年代》（香港，1970）、《七台河日报》（黑龙江七台河，1983）、《七运晨报》（北京，1993）等。

名称中包含"八"的报刊极少，有《八路军军政杂志》（延安，1939）等。

名称中包含"九"的报刊比较多见，有《九经碟学报》（成都，1905）、《九级浪》（俄文）（哈尔滨，1907）、《九澧共和报》（湖南澧县，1912）、《九五日报》（成都，1927）、《九一八》（上海，1931）、《九一八周报》（北平，1932）、《九江报》（九江，1949）、《九十年代》（香港，1990）、《九江日报》（九江，时间不详）等，既有时间，也有地名。

名称中包含"十"的报刊较多，有《十日小说》（上海，1909）、《十日新》（上海，1914）、《十字街头》（上海，1931）、《十月评论》（香港，1974）、《十堰报》（湖北十堰，1982）等。

由上可见，"七"和"十"出现较多，主要是因为与时间名词相关，"七日"、"十日"是时间的整数。"二"出现较多，主要是因为"二十世纪"常用。"四"出现较多主要是作为地名常用。"九"较多见，则包括多种情况。"六"和"八"尽管在民间被看作吉祥数字，但是在报刊名称里出现的次数并不多。

（三）"真善美"与"仁义礼智信"

形容词"真"、"善"、"美"之中，"真"和"美"多见于报刊名称，"善"

则比较少见于报刊名称。

名称中包含"真"的报刊有 16 种，分别是《真爱国者》（葡文）（澳门，1838）、《真光月报》（广州，1902）、《真报》（香港，1908）、《真光报》（上海，1910）、《真相画报》（上海，1912）、《艺苑真赏集》（上海，1915）、《真理与生命》（北京，1918）、《真理晚报》（北京，1922）、《真报》（汉口，1922）、《少年真理报》（上海，1932）、《真话报》（上海，1932）、《真报》（北平，1933）、《真理的斗争》（重庆，1941）等。

名称中包含"善"的报刊有 6 种，其中仅 3 种是与地名无关的，《慈善月报》（上海，1910）、《慈善》（上海，1914）、《善报》（北京，1919）。

"美"出现在报刊名称中，主要是指"美国"，常见有三种用法："华美"、"大美"、"美洲"。

"华美"常用作报刊名称的前缀，有 13 种：《萃记华美新报》（旧金山，1883）、《华美新报》（纽约，1883）、《华美新报》（芝加哥，1890）、《华美字报》（费城，1892）、《华美新报》（洛杉矶，1899）、《华美报》（旧金山，1900）、《华美报》（福州，1903）、《华美教保》（上海，1904）、《华美晚报》（上海，1936）、《华美晚报晨刊》（上海，1937）、《华美周报》（上海，1937）、《华美》（上海，1938）、《华美周报》（旧金山，1940）。

"大美"也常用作报刊名称的前缀有 5 种：《大美晚报》（英文）（上海，1929）、《大美晚报》（上海，1933）、《大美晚报晨刊》（上海，1937）、《大美画报》（上海，1938）、《大美周报》（上海，1939）。

"美洲"作为报刊名称的前缀有 4 种：《美洲学报实业界》（美国加州伯克利，1905）、《美洲少年》（旧金山，1909）、《美洲华侨日报》（纽约，1940）、《美洲日报》（纽约，1943）。

用以指代美国，其他的用法还有"中美"、"美国"、"留美"、"欧美"、"美"，数量都很少，有《美禁华工拒约报》（广州，1905）、《欧美法政介闻》（上海，1908）、《留美学生年报》（上海，1911）、《中美日报》（上海，1938）、《中美周刊》（上海，1939）、《美国新闻与世界报道》（中文版）（台北，1986）。

"美术"用于报刊名称的有 6 种：《美术》（上海，1918）、《中华美术报》（上海，1918）、《上海图画美术学校杂志》（上海，1918）、《美术生活》（上海，1934）、《中国美术报》（北京，1985）、《美术报》（杭州，1993）。

表示"美丽"、"美好"之意的用法，在报刊名称中并不多见，有《文美杂志》（上海，1912）、《齐美报》（济南，1916）、《虞美人》（上海，1918）、《美报》（沈阳，1984）、《美食导报》（广东，1993）等。

"仁"、"义"、"礼"、"智"、"信"，除""信"之外的四个词在报刊名称中出现的年代都较早，表明古代文明准则在现代社会的地位有所下降。

名称中包含"仁"的报刊有5种：《广仁报》（桂林，1897）、《仁声报》（广州，1911）、《仁言日报》（广东中山，1915）、《辅仁通讯》（北平，1948）、《铜仁报》（贵州铜仁，1986）；其中除了表示校名"辅仁"和地名"铜仁"的，出现年代都较早。

名称中包含"义"的报刊有16种，其中"正义"有2种：《正义报》（汉口，1918）、《正义报》（广东中山，1943）。"信义"有1种：《中华信义报》（武汉，1912）。"讲义"有4种：《科学讲义》（上海，1907）、《师范讲义》（上海，1910）、《法政讲义录》（杭州，1910）、《司法讲习所讲义录》（北京，1915）。"演义"有2种：《演义白话报》（又名《白话演义报》）（上海，1897）、《演义报》（长沙，1898）。"社会主义"有1种：《社会主义月刊》（又名《民族与社会月刊》）（上海，1933）。作为地名的有3种：《遵义报》（贵州遵义，1950）、《兴义报》（贵州兴义，1956）、《义马矿工报》（河南义马，1993）。其余包含"义"的有3种：《明义学报》（太原，1906）、《天义报》（东京，1907）、《义声报》（昆明，1915）。

名称中包含"礼"的有5种：都是作为时间名和地名，《礼拜报》（上海，1903）、《礼拜六》（上海，1914）、《礼拜三》（上海，1914）、《礼拜六》（上海，1928）、《曼德礼指南》（缅甸，1939）。

名称中包含"智"的有10种：《益智新录》（上海，1876）、《广智报》（广州，1898）、《开智录》（东京，1900）、《智群白话报》（上海，1903）、《开智日报》（广州，1904）、《开智白话报》（重庆，1905）、《启智报》（檀香山，1907）、《启智画报》（成都，1911）、《开智白话周报》（成都，1914）、《仓圣明智大学学生杂志》（上海，1918）。

名称中包含"信"的有很多，其中"民信"有5种：《民信报》（苏州，1912）、《民信日报》（成都，1914）、《民信日报》（重庆，1914）、《民信日报》

（上海，1915）、《民信日报》（重庆，1918）。"征信"有4种：《郴州政学征信报》（湖南郴州，1901）、《政学征信录》（北京，1902）、《征信新闻》（重庆，1943）、《征信新闻》（台北，1950）。"信报"有2种：《信报》（香港，1973）、《信报财经月刊》（香港，1977）。"信义"有1种：《中华信义报》（武汉，1912）。

其余主要是"通信"、"信息"、"信使"的用法，名称中包含"通信"的有9种：《上海至加利福尼亚及大西洋各州新闻通信》（英文）（上海，1867）、《中国通信》（法文）（上海，1896）、《内外通信》（日文）（奉天，1907）、《通信报》（上海，1910）、《午报通信》（上海，1911）、《亚洲通信月刊》（英文）（上海，1912）、《川边通信社》（四川打箭炉，1913）、《中国通信》（上海，1930）、《四川通信报》（成都，1950）。

名称中包含"信息"的有62种：如《长城经济信息报》（地点不详，1984）、《中国卫生信息报》（北京，1986）、《巴士信息》（无锡，1993）、《中华新闻信息报》（北京，1993）等。名称中包含"信使"的有6种：《福州信使报》（又名《福州府差报》）（英文）（福州，1858）、《上海要闻与每周信使报》（英文）（上海，1871）、《上海信使报》（法文）（上海，1873）、《远东信使报》（法文）（上海，1886）、《天津信使报》（法文）（天津，1903）、《农家信使报》（西安，1985）。

（四）报刊名称中的动物、植物

动物、植物很少见于报刊名称。

"龙"是中国的图腾动物、神话中的吉祥象征，在中文的人名和地名中很常见。但是在报刊名称中出现，且与地名（如黑龙江，福建龙岩，广东龙川等）无关的并不多见，仅有《飞龙邮报》（中英文合刊）（旧金山，1867）、《龙旗》（上海，1904）、《青龙报》（天津，1905）、《龙门杂志》（上海，1910）、《龙沙日报》（齐齐哈尔，1917）数种。

"虎"字用于报刊名称的不多，只有《虎报》（英文）（香港，1949）、《虎报》（香港，1960）。

"鸡"作为报刊名称很少见，除了与"黑龙江鸡西"、"陕西宝鸡"这两个地名相关的报刊名称，仅有《尚贤堂晨鸡录》（上海，1910）1种。

"马"作为报刊名称同样罕见，除了与"河南驻马店"、"河南义马"这两个地名相关的报刊名称，仅有《野马小说周刊》（香港，1959）1种。

"雁"作为报刊名称，除了与"雁北"（指山西）这个地名有关的报刊名称，仅有《雁来红丛报》（苏州，1906）1种。

"莺"作为报刊名称，有《莺花杂志》（上海，1915）。

"蚕"字由于实业救国的风气，成为多个报刊的名称，如《蚕学月报》（武汉，1904）、《蚕业白话演说报》（重庆，1905）、《蚕学报》（广东，1908）、《中国蚕丝业会报》（东京，1909）、《蚕丛》（成都，1910）、《浙江蚕业学校校友会杂志》（杭州，1918）。

人名极少用作报刊名称，有《鲁迅晚报》（北平，1946）、《羲之书画报》（山东临沂，1993）。

七、报刊的更名活动分析

在报业的历史中，报刊更名的情况很常见。怎样认识报刊的更名活动？

本研究通过检索《中国新闻事业编年史》的"报名索引"发现，许多报刊选择在1月易名，这表明期待通过更名为报刊带来新的生机的良好愿望，也表明报刊的更名是经过较长时间的准备而采取的举措。

但是，报刊不宜轻易更名，因为从报业经济学的角度分析，名称是报刊的品牌，关系着读者人脉的积淀，更名可能会失去原有的读者群，失去来之不易的办报传统。以《大公报》为例，从1902年创办至今，这份报纸历经百年沧桑，不曾更名，因此成为目前中国办报历史最久的报纸，已经有110年了。而《申报》虽然创办更早（1872），但因在解放后更名为《解放日报》，传统从此断裂。西方国家的百年大报非常多，与其尊重传统、不轻易改名是有关系的，比如法国《费加罗报》、英国《泰晤士报》、美国《纽约时报》都创办于19世纪。报刊名称是一种信息的传播，名称作为一种象征物，是报刊精神的传承。

中国一些报刊的更名是由于时代的政治因素造成的。如河北《邢台日报》，1967年更名为《东方红报》，1970年又恢复原名，这样频繁的更名，显然是受"文革"风气的影响。

根据"报名索引"中报刊更名的时间线索，去找当日的报纸，分析为什么更名，可以发现更多、更复杂的社会心理因素。比如《追求》更名为《虹》是名称的去政治化。

八、报刊名称反映社会的变迁

报刊名称作为语言的一种形式，塑造了一个环境，不仅表达了办报人的思想，而且通过名称，它还影响（规划、引导）作者、读者的心理活动。环境滋养人生，报刊名称提供给读者一个环境、一种氛围。举一例，名为某某白话报的，一望即知，是追求启蒙、提倡白话的报纸。

不同的语言形态产生不同的文化形态，反之，各种文化形态又透过不同的语言反映并流通于世。[1]语言有非常大的作用，语言不仅是传播媒介，它本身也是思维方式。[2]

还有学者论述了名称与社会语境之间单一而纯粹的关系："社会语境因素对同一事物的初始命名和后续改名机制具有同一性。对语言的使用具有社会规约性和过滤器作用。任何社会语境下的命名都包括特有的价值内涵，同一事物在不同历史时期的不同命名由特定的社会语境决定，它的变化同时又折射社会语境的变化。"[3]

报刊名称和社会语境的关系不是单一的，而是多重元素决定的。影响报刊名称的，除了社会因素，还包括由新闻学传统带来的用名习惯，以及传播心理学导致的名称多样性。考察报刊名称与社会变迁的关系需要多元的视角，整合社会变迁、语言学、新闻史的理论。报刊名称与地域文化以及社会心理的关系表现在：①地域文化以及社会心理影响报刊的命名；②报刊名称符号对社会心理产生影响。

语言有渐变、有突变。妇女报、白话报、青少年报、儿童报、劳工报，这些在社会变迁中出现的新的报刊类型，在报刊名称的长时段变迁中可以看到其轨迹。

在社会的变迁中，语言相应地发生变革[4]，这表现在报刊名称上。在"报名索引"中，名称里包含"斗争"的报刊有5种，都出现在1927—1941年，有《斗争》（昆明，1927）、《文化斗争》（上海，1930）、《斗争》（上海，1932）、《斗争》（江西瑞金，1933）、《真理的斗争》（重庆，1941）。

"独立"同样只出现在一个短暂的时间段（1900—1932），有6种，分别是《独

---

[1]　陈力丹：《精神交往论：马克思恩格斯的传播观》，中国人民大学出版社2008年版，第66页。

[2]　《陈力丹：静气养大气》，人民网传媒频道2004年2月10日。

[3]　王富银：《名称变体与社会语境变迁》，载《河南师范大学学报》2010年第1期。

[4]　[法]保尔·拉法格：《革命前后的法国语言》，商务印书馆1964年版。

立报》（上海，1900）、《四川独立新报》（成都，1911）、《独立白话报》（上海，1911）、《独立日报》（桂林，1912）、《独立周报》（上海，1912）、《独立评论》（北平，1932）。为什么报刊要以"独立"为名？在不同的时代，"独立"一词的内涵相同吗？学者桑兵曾研究"自由"在报刊中的用法[1]，对报刊名称中的"独立"同样可深入地探究。

名称中包含"法政"的报刊有 15 种，常见于清末民国初年，这些报刊是《北洋法政学报》（天津，1906）、《法政丛刊》（广州，1907）、《法政学报》（东京，1907）、《法政学交通社杂志》（东京，1907）、《法政新报》（东京，1908）、《福建法政杂志》（福州，1908）、《欧美法政介闻》（上海，1908）、《法政讲义录》（杭州，1910）、《法政浅说报》（北京，1911）、《北京法政学杂志》（北京，1911）、《法政杂志》（上海，1911）、《法政学报》（北京，1913）、《法政杂志》（成都，1914）、《法政丛报》（成都，1915）、《法政学报》（北京，1918）。

名称中包含"法制"的报刊有 26 种，常见于 20 世纪 80 年代，这些报刊是《民主与法制》（上海，1979）、《福建法制报》（福州，1979）、《中国法制报》（北京，1980）、《青海法制报》（西宁，1981）、《云南法制报》（昆明，1982）、《吉林法制报》（长春，1983）、《天津法制报》（天津，1983）、《辽宁法制报》（沈阳，1984）、《山西法制报》（太原，1984）、《上海法制报》（上海，1984）、《湖南法制报》（长沙，1984）、《浙江法制报》（杭州，1984）、《民主与法制画报》（上海，1985）、《内蒙古法制报》（呼和浩特，1985）、《四川法制报》（成都，1985）、《西藏法制报》（拉萨，1985）、《河南法制报》（郑州，1985）、《北京法制报》（北京，1985）、《法制生活报》（长沙，1985）、《法制导报》（兰州，1985）、《法制建设报》（长沙，1990）、《法制文粹报》（北京，1992）、《海南法制报》（海口，1992）、《郑州法制报》（郑州，1992）等。

由"报名索引"不仅可以发现报刊名称的语言学规律，还可以发现报刊创办的社会情境。从"法政"到"法制"的变迁，表明法制建设由早期民间团体的自发探讨转型为当代国家行政的集中组织。清末民国初年和 20 世纪 80 年代是法制类报刊创办的高峰期，这恰好呼应了时代的变革。

关于"法"的词汇在报刊名称中的分布，不仅反映了社会观念的变迁，也反

---

[1] 桑兵：《民初"自由"报刊的自由观》，载《近代史研究》2010 年第 6 期。

映了命名的规律。报刊命名常用"法政",却很少用"政法"。名称中包含"政法"的报刊仅有 4 种:《政法学报》(东京,1903)、《政法杂志》(东京,1906)、《政法月报》(成都,1913)、《政法学会杂志》(北京,1917)。报刊命名常用"法制",却较少使用"法律"一词。名称中包含"法律"的报刊只有 2 种:《法律周报》(杭州,1914)和《经济与法律》(香港,1985)。

尽管许多词汇的用法随着社会变迁发生了变化,但是也有的词汇在不同的时代都被使用。"工人"这个词汇出现于不同时代的报刊名称中。最早是 1925 年创刊的《工人生活》(天津)和《工人之路特号》(广州),年代较晚的是 1985 年创刊的《工人音乐报》。此外还有《工人宝监》(上海,1929)、《工人生活报》(山东胶东,1944)、《工人日报》(北平,1949)、《工人报》(辽宁本溪,1951)、《工人音乐报》(长沙,1985)等。

"劳动"这个词出现于不同时代的报刊名称中,尤以 20 世纪 20 年代为多,《劳动月刊》(上海,1918)、《劳动界》(上海,1920)、《劳动音》(北京,1920)、《劳动者》(广州,1920)、《劳动与妇女》(广州,1921)、《劳动周刊》(上海,1921)、《劳动季刊》(南京,1934)、《劳动时报》(杭州,1949)、《劳动者报》(南宁,1993)等。

"工人"和"劳动"在报刊名称中的应用,反映了马克思主义对中国的影响。

"科学"这个词,也出现在不同时代的报刊名称中,《科学杂志》(上海,1899、《科学世界》(上海,1903)、《科学画报》(北京,1906)、《科学讲义》(上海,1907)、《科学》(上海,1915)、《科学观摩》(武昌,1918)、《科学小报》(北京,1954)、《科学报》(北京,1959)、《科学与技术》(邯郸,1979)、《科学技术报》(朝鲜文)(延吉,1982)等。报刊名称,折射了"科学"观念在现代中国深入人心的历程。

从 20 世纪初直到 80 年代,"卫生"这个词出现不同时代的报刊名称中,反映了近代以来引入现代卫生观念对中国社会的影响。"医"、"医药"、"医学"也多见于报刊名称。

九、报刊名称的媒介地理学分析

报刊名称反映了国族认同。命名活动的内蕴深厚,关乎报人与读者的身份认同。哪里的人读哪里的报,用指示明确的地名来命名是基本的命名方法。报名多用地名，表明新闻业与地域的关联。如何让一省的民众形成身份认同？报刊名称中的省名有促进地域认同的作用。

《中国日报》、《中华日报》这些报刊名称的广泛应用，表明中国人已经形成统一的现代国家观念。"中国"、"中华"都常见于报刊名称，通过"报名索引"检索，名称中包含"中国"的报刊有 273 种，名称中包含"中华"的报刊有 80 种。但是"中国人"很少用于报刊名称，仅有 2 种，《中国人》（北平，1936）、《中国人报》（山西沁县，1938）。

"大汉"是对中华民族的一种称谓，常见于清末的多种报刊中，如《大汉公报》（温哥华，1907）、《大汉报》（汉口，1911）、《大汉报》（上海，1911）、《大汉报》（又名《江苏大汉报》）（苏州，1911）、《大汉报晚报》（上海，1911）、《大汉滇报》（昆明，1911）、《大汉公报》（上海，1911）、《大汉国民报》（成都，1911）、《大汉民报》（长沙，1911）、《大汉新报》（上海，1911）。

"唐"是中国的简称，但是这个语义在报刊名称中很少使用，只有《旧金山唐人新闻纸》（旧金山，1874）、《唐番公报》（旧金山，1875）、《文记唐番新报》（旧金山，1876）、《唐风报》（武汉，1914）数种。这个地名简称主要在海外华文报刊中使用。

"满洲"可代指中国，在报刊名称中出现 20 次，主要是外文报纸的译名。如《满洲日报》（日文）（营口，1905）、《满洲星》（俄文）（哈尔滨，1905）、《满洲事业新报》（日文）（丹东，1907）、《满洲之声》（俄文）（哈尔滨，1907）、《满洲每日新闻》（英文）（大连，1908）、《满洲报》（俄文）（东北，1911）、《满洲商业新报》（日文）（大连，1917）、《满洲报》（日文）（大连，1921）、《满洲日日新闻》（日文）（新京，1942）等。

"长江"、"黄河"、"长城"这些中华民族的地理象征在报刊名称中是否常见呢？"长江"有 9 种，"黄河"有 2 种，都不算多。作为代称，"扬子江"（7 种）、"大河"（2 种）也有使用。"长城"有 5 种，分别是《长城》（北平，1936）、《新长城》（晋察冀边区，1939）、《长城》（张家口，1946）、《长城经济信息报》（地点不详，1984）、《中国长城铝业报》（北京，1992）。

媒介地理学可以用于报刊名称研究，解释名称与地理之间的关系。邵培仁、潘祥辉在《论媒介地理学的发展历程与学科建构》一文中指出，媒介地理学是一门研究人类同媒介、地理的相互关系及其互动规律的学科。媒介地理学关注地理因素对媒介形态的影响以及媒介对地理样本的建构。一方面，不同的地理环境对媒介的形态与个性有着深刻的影响；另一方面，媒介凭借其对地理的命名与叙述，使真实地理的呈现充满了想象与虚构。媒介地理学的学科渊源，发端于文化地理学。[1] 李蓉、张晓玥在《当代语境中的媒介地理学思考》一文中指出，媒介地理学以密切联系人文地理为基础，注重开展媒介与地理之间的影响关系以及比较特征研究。现代媒体以想象和虚拟的方式塑造着媒介中的地理形象。[2]

关于媒介地理的研究，报刊名称是一个很好的角度。比如，各城市创办报刊的数量，可以通过在"报名索引"中检索地名得到数据。有些城市是创办报刊的密集区域，而有些城市是非密集区域，通过定量分析可以发现这个分布规律。将地名加时间复合检索，又能够发现，一些城市密集创办报刊集中于一些时间段，各个城市的分布时间段是不一样的，说明有的城市的报业发展早，有的城市的报业发展较晚。北京是中心区域。沿海的上海、广州、天津、福州都是中心区域。西部的成都、贵阳、桂林，东北的沈阳、长春、大连、丹东是创办报刊较多的城市。丹东在民国时期曾创办多个报刊，说明这是曾经的中心城市，后来地位下降了。

"东"、"南"、"西"、"北"这四个方位词语，在报刊名称中都很常见。不过"东方"、"南方"、"西方"、"北方"这四个词相对较少出现于报刊名称，使用最多的是"东方"（18种），其次是"南方"（10种），"北方"（9种）。"西方"最少见，只有2种，分别是《西方报》（成都，1912）、《西方日报》（重庆，1912），这是因为人们通常用"西"来指中国的西部，而用"西国"、"世界"等来指西方国家，如《西国近事》（上海，1873）、《西国近事汇编》（上海，1876）等。

名称中包含"东方"的报刊有18种，分别是《东方地球报》（英文）（香港，1843）、《东方杂志》（上海，1904）、《东方报》（又名《东方日报》）（香港，1906）、《东方通讯》（俄文）（哈尔滨，1907）、《东方晓报》（哈尔滨，1907）、《东方日报》（上海，1912）、《东方报》（武汉，1917）、《东方时报》（北京，1923）、《东方快报》（北平，1932）、《东方画刊》（香港，1938）、《东

---

[1] 邵培仁、潘祥辉：《论媒介地理学的发展历程与学科建构》，载《徐州师范大学学报》2006年第1期。

[2] 李蓉、张晓玥：《当代语境中的媒介地理学思考》，载《江淮论坛》2007年第1期。

方红报》（河北邢台，1967）、《东方日报》（香港，1969）、《东方烟草报》（济南，1993）、《东方快讯》（英文）（香港，1993）等。

名称中包含"东亚"的报刊有 8 种，分别是《东亚报》（日本神户，1898）、《东亚杂志》（英文）（上海，1902）、《东亚月报》（东京，1908）、《东亚教师报》（德文）（上海，1911）、《东亚日报》（烟台，1912）、《新东亚报》（哈尔滨，1913）、《东亚日报》（哈尔滨，1916）、《东亚日报》（台北，1988）。

同样表示区域地理，名称中包含"远东"的报刊有 11 种，名称中包含"亚洲"的报刊有 11 种，名称中包含"太平洋"的有 5 种。

"天下"、"世界"、"全球"、"环球"、"五洲"、"中外"、"瀛寰"在汉语里都是表示全球地理的同义词，但是它们在报刊名称中出现的频次是大不相同的。"世界"有 74 种，"中外"有 26 种，"环球"有 10 种，"五洲"有 6 种。使用"天下"的仅 1 种，《天下新闻》（马六甲，1828）；使用"全球"的也仅 1 种，《全球画报》（天津，1910）；使用"瀛寰"的有 1 种，《瀛寰琐记》（上海，1872）。

尽管"国际"是一个常用的词汇，但名称中包含"国际"的报刊并不多，只有 8 种：《国际周报》（英文）（上海，1914）、《国际联盟同志会丛刊》（北京，1919）、《少年共产国际》（上海，1924）、《国际经贸信息报》（北京，1958）、《国际新闻界》（北京，1961）、《国际新闻界》（北京，1981）、《国际商报》（北京，1985）、《中央日报·国际航空版》（台北，1986）。

有些地理词汇是有时代色彩的，比如"满洲"只见于较早时期。而有些地理词汇则广泛见于不同的历史时期，比如"环球"和"远东"。

名称中包含"环球"的报刊最早出现于 1896 年，最晚出现于 1994 年，《环球日报》（又名《环球报》）（香港，1896）、《环球一粟》（上海，1905）、《环球中国学生英文丛报》（英文）（上海，1906）、《环球丛报》（杭州，1906）、《环球日报》（汉口，1916）、《环球》（上海，1929）、《环球》（北京，1980）、《环球文萃报》（北京，1993）、《环球市场信息导报》（北京，1994）。

名称中包含"远东"的报刊最早出现于 1867 年，最晚出现于 1992 年，《远东释疑》（英文）（上海，1867）、《远东》（英文）（香港，1876）、《远东信使报》（法文）（上海，1886）、《远东报》（德文）（上海，1902）、《远东时报》（上海，1904）、《远东日报》（英文）（马尼拉，1904）、《远东报》

（哈尔滨，1906）、《远东闻见录》（东京，1907）、《远东铁路生活》（俄文）（哈尔滨，1908）、《远东共和国》（英文）（旧金山，1919）、《远东经贸导报》（哈尔滨，1992）。

在报刊名称中使用地名的简称很常见，包括"秦"、"豫"、"鲁"、"蜀"、"燕"、"渝"、"甬"等。

名称中包含"秦"的报刊有《秦中书局汇报》（西安，1897）、《秦中官报》（西安，1903）、《秦陇报》（东京，1907）、《秦中公报》（西安，1913）、《秦风工商日报》（西安，1943）等。

名称中包含"豫"的报刊有《豫报》（东京，1906）、《豫省中外官报》（开封，1907）、《豫省简报》（开封，1912）、《时事豫报》（开封，1913）、《豫南爱国报》（河南信阳，1915）、《豫言》（开封，1917）、《豫言报》（开封，1917）、《豫西报》（三门峡，1985）等。

名称中包含"鲁"的报刊有《东鲁日报》（济南，1916）、《大鲁日报》（济南，1917）、《鲁南时报》（山东费南，1940）、《冀鲁豫日报》（冀鲁豫区，1941）、《鲁中南报》（鲁中南地区，1948）等。

名称中包含"蜀"的报刊有 14 种：《蜀学报》（成都，1898）、《蜀报》（成都，1903）、《蜀报》（成都，1910）、《蜀风日报》（成都，1911）、《蜀醒报》（成都，1911）、《西蜀新闻》（成都，1912）、《蜀风报》（成都，1913）、《蜀粹日报》（成都，1913）、《蜀报》（成都，1914）、《蜀报》（成都，1916）、《全蜀新闻》（成都，1917）、《蜀声报》（成都，1917）、《蜀华日报》（成都，1918）、《新蜀报》（重庆，1921）等。

名称中包含"燕"的报刊有 5 种：《燕京时报》（北京，1901）、《燕都报》（北京，1904）、《燕都繁华报》（北京，1906）、《燕都时事画报》（北京，1909）、《燕赵晚报》（石家庄，1992）。

名称中包含"渝"的报刊有 4 种：《渝报》（重庆，1897）、《渝州新闻》（重庆，1898）、《渝城日报》（重庆，1903）、《渝州日报》（重庆，1916）。

名称中包含"甬"的报刊有 5 种：《甬报》（宁波，1881）、《德商甬报》（宁波，1898）、《甬报》（宁波，1908）、《沪宁沪杭甬铁路管理局公报》（上海，1914）、《小甬报》（宁波，1916）。

从这些报刊的创办地点，可以发现报名所指的特定地域。另外，也可发现使用地名简称的报刊多数是较早创办的，距今年代久远，说明当代报刊较少使用这些义言义的地名简称。

使用古地名作为报刊名称，是特定时代的现象。

广东汕头古称鮀浦，下辖鮀江。以鮀江为名的 3 种报刊都出现在 20 世纪初，《鮀江报》（汕头，1902）、《鮀江辑译报》（汕头，1903）、《鮀江公理报》（汕头，1904）。

山东烟台古称芝罘。以芝罘为名的 5 种报刊都出现在 19 世纪末 20 世纪初，《芝罘快邮》（英文）（烟台，1894）、《芝罘报》（烟台，1905）、《芝罘日报》（烟台，1907）、《芝罘商报》（烟台，1916）、《芝罘日报》（英文）（烟台，1917）。

十、内地与香港、台湾报刊命名的差异

香港与内地报刊命名的区别，可以从报业政治经济的角度来解释。1949 年至 20 世纪 80 年代初，与内地报业计划体制下整齐划一但不无刻板的报刊名称相比，香港的报刊名称更多了几分自在与洒脱。比如这样一些香港报刊名称，《超然报》（1949）、《晶报》（1956）、《展望》（1958）、《明报》（1959）、《虎报》（1960）、《天天日报》（1960）、《快报》（1963）、《亚洲周刊》（1964）、《万人》（1967）、《新灯日报》（1967）、《知识分子》（1968）、《七十年代》（1970）、《南北极》（1971）、《掌故》（1971）、《广角镜》（1972）、《信报》（1973）、《东南风》（1974）、《亚洲华尔街日报》（1976）、《观察家》（1977）、《镜报》（1977）、《争鸣》（1977）、《地平线》（1978）、《中报》（1980）、《夺标》（1981）、《百姓》（1981）等。

1949 年以后，台湾与内地的报刊名称也有差异。内地不再用于报刊名称的一些词汇，台湾仍然在使用，这是文化和政治因素双重作用的结果。与同一时期的内地报刊名称相比，台湾的报刊名称用词更加古朴。比如这样一些报刊名称，20 世纪 50 年代的《民众日报》（1950）、《联合报》（1951）、《中国邮报》（英文）（1952）；70 年代的《台湾春秋》（1977）、《工商时报》（1978）；80 年代的《人间》（1985）、《远见》（1986）、《福报》（1989）、《公论报》（1989）、《中国镜报》（1989）、《自立周报》（1989）等。

一个典型的例子是《东亚日报》，1988 年创刊于台北。而报刊名称中包含"东

亚"的其他 7 种报刊都创刊于 1898—1916 年。也就是说，内地在 1949 年以后再无报刊以"东亚"为名，而台湾依然沿用一些较为古老的词汇。这可以表明新文化运动对两岸的不同影响。

十一、中英文报刊名称的比较分析

我国新闻出版界由于不熟悉西方传媒或存在跨文化的误读，有时对西方传媒的名称误译，这需要注意避免。一些报刊名称容易混淆，比如"Times"，有时应意译为"时代"，有时应译为"时报"，有时则应音译为"泰晤士报"。[1] "Gazette"这个词的来源是钱币的名称，在英语和法语里广泛用于报纸的名称，应翻译为"报"。"tribune"翻译为"论坛报"，"herald"翻译为"先驱报"。

世界各国的传媒数量众多，要想及时而充分地了解世界传媒的走向，确实需要熟悉众多的名称。但对于传媒的名称，仅靠记忆是不科学、效率低的，还应该掌握传媒命名的规律，即透过报刊名称的表象看到其内在特质，这也是本研究的意旨之一。

大卫·斯隆的《美国传媒史》对英语报刊的名称进行了梳理，英语中的"journal"和"journalism"（新闻）两词都源于拉丁语"diuna"。[2]17 世纪，欧洲的定期出版刊物大量问世，许多采用了"信使"（Mercuries）、"事件"（Passages）、"邮报"（Posts）、"信报"（Intelligences）、"谍报"（Spies）、"观察员"（Scouts）等名称。[3]

中文词汇丰富，因此报刊名称千变万化。比如"民"字，在英文中对应的主要有"公民"（Citizen）、"人民"（People）。但是在中文里有"民"、"国民"、"民风"等非常多的用法，都可以用在报刊名称中。中文报刊名称的丰富内涵是值得深入探究的。

"日报"（Daily）、"晚报"（Evening）这些词汇是中英文报刊名称中常见的、通用的。但"日日报"是中文报刊名称中独有的，如《台湾日日新报》（台北，1898）、《天津日日新闻》（天津，1899）、《国民日日报》（上海，1903）、《南

---

[1]　李新：《〈参考消息〉误译西方媒体名称典型案例辨析》，载《国际关系学院学报》2010 年第 1 期。

[2]　［美］大卫·斯隆：《美国传媒史》，上海人民出版社 2010 年，第 14 页。

[3]　［美］大卫·斯隆：《美国传媒史》，上海人民出版社 2010 年，第 25 页。

洋日日官报》（南京，1905）、《日日新报》（香港，1906）、《山东日日官报》（济南，1908）、《浅说日日新闻画报》（北京，1908）、《忙城日日新闻》（广州，1910）、《日日新闻》（北京，1913）、《日日新闻》（成都，1913）、《日日新闻报》（苏州，1918）等。

"信使"（Mercury）在英文、法文报刊名称中很常见，如《公民信使》（*Mercurius Civicus*）《法国信使》（*Mercvre France*）等，在中文报刊名称中则很少见，仅有《农家信使报》（西安，1985）1 种。

《钱》（*Money*）是英文报刊的名称，中文报刊名称也曾出现过，《钱》（台湾，1986）。

《太阳报》（*Sun*）是英文中常见的报刊名称，中文报刊名称也曾出现过，分别是《太阳周刊》（北京，1916）、《太阳月刊》（上海，1928）、《太阳报》（台北，1988）。1928 年 1 月 1 日，文学期刊《太阳月刊》在上海创刊，由太阳社创办。发刊词中说："兄弟们！向太阳，向着光明走！我们相信黑夜终有黎明的时候。"[1]

中文报刊早期名称繁冗，后来渐趋简洁，趋向现代化。如《察世俗每月统记传》、《东西洋考每月统记传》是典型的早期名称。西方报刊名称也经历了从繁冗到简洁的历程，世界上最早的周报和日报，其名称都很长。

两个字的报刊名称在中英文里都很受欢迎。如前文所述，《信报》、《时报》等中文双字报名多有重名现象出现，而《泰晤士报》（*Times*）、《太阳报》（*Sun*）、《纽约时报》（*New York Times*）、《时代》（*Time*）等名称简洁的英美报刊都是当今世界上最有影响力、发行量最大的。

两个字的中文网站名称在当代也很受欢迎，淘宝、卓越、京东、唱吧这些成功的中国网站，其名称都是两个字。著名的国外网站，如"google"、"facebook"等，名称也都非常简洁易记。

十一、一个英文报刊名称的研究个案——《黑檀》

名称，是一个符号、一个神话，也是一个故事。命名者就是讲故事的人。命名活动是一种社会实践。对报刊名称的个案研究，需要研究：谁在命名？命何名？

自从 19 世纪 60 年代以来，美国废奴运动兴起，出现了许多黑人报刊，其中

---

[1] 方汉奇：《中国新闻事业编年史》，福建人民出版社 2000 年版，第 1093 页。

最负盛名的就是《黑檀》(*Ebony*)，中文也有翻译为《黑檀树》、《乌木》的。《黑檀》创刊于 1942 年，是美国最著名的黑人月刊。美国总统奥巴马 2008 年竞选胜利后，首先接受的就是这个杂志的采访。[1]

美国《黑檀》杂志创刊于 20 世纪 40 年代，到 20 世纪 80 年代，发行量已达 170 多万份，是美国发行量最大的杂志之一。[2] 这份专为黑人读者服务的杂志，与它的姊妹杂志《黑玉》一样，使约翰逊出版公司成为美国黑人最大的公司。这份杂志模仿《生活》的风格，主要面向中产阶级和那些可望成为中产阶级的黑人。《黑檀》一直站在黑人争取政治平等和社会平等斗争的前列。

这份杂志的名称意味深长：黑，象征肤色；檀，象征高贵。杂志的名称很好地反映了杂志的读者人群的特点——美国黑人中产阶级，或者说是美国高级黑人的杂志。杂志的英文叫"evory"，有人翻译作"乌木"，但远不如"黑檀"更响亮，更有意境。

研究报刊名称，需要注意能指与所指之别。报刊的名称是一个符号，能指是表层，所指是深层，黑檀的能指就是一种树木，而所指是一个人群、一个阶层。这个杂志的名称象征了美国黑人向上流动的愿望。所以说，报刊名称是一个神话，被赋予了人们的理想。

十二、命名的政治

社会语言学认为语言不仅表达思想而且载有社会意义，使用中的语言与社会环境之间会相互作用并且产生社会效应。[3] 语言与身份 / 群体认同有关，语言行为表达了身份，各民族都将自己的语言视为文化的精神和灵魂，这种语言文化认同意识（ethnolinguistic consciousness）与更深层的道德、终极目的、文化和个人的生死紧密相连。[4]

将"救国"、"救亡"、"救世"用于报刊名称，是民族主义的体现。名称

---

[1]　洪立：《专访〈黑檀〉杂志主编布赖恩·门罗 奥巴马当选总统后的第一个报刊采访》，载《外滩画报》2009 年 1 月 1 日（第 317 期）。

[2]　宋立芳、高文生：《美国的一家黑人杂志——〈黑檀〉》，载《中国记者》1986 年 12 期。

[3]　[英]Ronald Wardhaugh 著，祝畹瑾导读：《社会语言学引论》(*An Introduction to Sociolinguistics*)，外语教学与研究出版社、布莱克韦尔出版社 2000 年版，第 11—12 页。

[4]　[美]Florian Coulmas 著，高一虹导读：《社会语言学通览》(*The Handbook of Sociolinguistics*)，外语教学与研究出版社、布莱克韦尔出版社 2001 年版，第 25 页。

中包含"救国"的报刊有 8 种:《救国日报》(上海,1918)、《救国日刊》(昆明,1918)、《救国报》(唐山,1919)、《救国通讯》(上海,1931)、《救国报》(莫斯科,1935)、《救国时报》(巴黎,1935)、《救国报》(晋察冀边区,1939)、《救国报》(河北遵化,1940)。

名称中包含"救亡"的报刊有 7 种:《救亡报》(上海,1915)、《铁路救亡汇刊》(上海,1919)、《救亡》(北平,1935)、《救亡情报》(上海,1936)、《救亡呼声》(广州,1937)、《救亡日报》(上海,1937)、《救亡周刊》(上海,1937)。

名称中包含"救世"的报刊有 1 种:《救世报》(北京,1917)。

"抗敌"、"抗日"、"抗战"在 20 世纪 30 年代的报刊名称中多次出现,同样是民族主义意识形态的体现。名称中包含"抗敌"的报刊有 6 种:《抗敌报》(河北阜平,1937)、《抗敌导报》(杭州,1937)、《抗敌导报》(厦门,1937)、《抗敌三日刊》(晋察冀军区,1938)、《抗敌报》(安徽泾县,1938)、《抗敌报》(江北版)(安徽定远,1939)。名称中包含"抗日"的报刊有 3 种:《抗日战场》(晋西北,1938)、《抗日新闻》(海南琼山,1938)、《抗日旬刊》(广东顺德,1940)。名称中包含"抗战"的报刊有 7 种:《抗战》(上海,1937)、《抗战大学》(广州,1937)、《抗战日报》(山东聊城,1937)、《全民抗战》(汉口,1938)、《抗战日报》(长沙,1938)、《抗战生活》(冀鲁豫根据地,1939)、《抗战日报》(山西兴县,1940)。

"启蒙"、"启智"等词在报刊名称中的出现,是启蒙时代的特征,反映了报刊与社会的互动关系。名称中包含"启蒙"的报刊有 4 种:《启蒙通俗报》(成都,1901)、《启蒙画报》(北京,1902)、《启蒙格致报》(北京,1903)、《改良启蒙通俗报》(成都,1903)。名称中包含"启智"的报刊有 2 种:《启智报》(檀香山,1907)、《启智画报》(成都,1911)。

"白话"在"报名索引"中共出现 152 次,"通俗"共出现 40 次,也都是启蒙时代的表征。《通俗报》计有 6 种,《通俗白话报》有 5 种,《通俗教育报》、《通俗新报》、《通俗周报》各有 2 种。但是,"知识"一词在报刊名称中出现的年代较晚,因此并非启蒙时代的表征,如《知识》(上海,1935)、《知识》(上海,1936)、《知识与生活》(上海,1941)等。

陈原在《社会语言学》中指出:"语汇在语言中出现的频率,一般来说是相对稳定的；但是当社会生活发生急剧变化时，某些语汇的出现频率会大大增加。因此，当人们研究语言史时，发觉语汇频率的变化，可以由此推断社会思潮或结构发生变动。"[1] 要分析命名活动与社会情景之间的关系，辛亥革命时期的报刊名称是一个很好的研究对象。本研究定量统计 1910—1912 年报刊名称中的常用词，以考察革命期间的报刊名称状况。

本研究发现，在 1910—1912 年（民国元年）创办的报刊中，最常用的名称词语有：

（1）"共和"。如《共和日报》（成都，1911 年 10 月）、《共和民报》（汉口，1912）、《共和》（福州，1912 年 1 月）、《共和宁报》（南京，1912 年 1 月）、《共和急进报》（安庆，1912 年 1 月）、《共和民报》（武汉，1912 年 4 月）、《共和言论》（上海，1912 年 4 月）、《金山共和杂志》（江苏金山，1912 年 8 月）、《共和党湖北支部杂志》（武昌，1912 年 9 月）、《九澧共和报》（湖南澧县，1912 年 9 月）等。

（2）"国民"。如《国民话报》（昆明，1911）、《国民军事报》（上海，1911 年 10 月）、《国民日报》（上海，1911 年 10 月）、《国民晚报》（上海，1911 年 10 月）、《国民共济报》（重庆，1912 年 3 月）、《国民公报》（成都，1912 年 4 月）、《国民新报》（武汉，1912 年 4 月）、《国民日报》（长沙，1912 年 9 月）等。

（3）"平民"。如《平民画报》（旧金山，1910）、《平民日报》（广州，1910 年 10 月）、《平民画报》（广州，1911 年 7 月）、《平民报》（武汉，1912）、《平民日报》（杭州，1912 年 6 月）等。

（4）"社会"。如《社会星》（上海，1911 年 7 月）、《社会》（上海，1911 年 10 月）、《社会世界》（上海，1912 年 1 月）、《社会日报》（上海，1912 年 2 月）、《社会党日报》（重庆，1912 年 4 月）、《社会党月刊》（上海，1912 年 4 月）、《社会教育白话宣讲书》（上海，1912 年 10 月）、《社会教育白话宣讲书》（上海，1912 年 10 月）等。

（5）"通俗"。如《通俗新报》（成都，1911 年 7 月）、《通俗报》（武汉，1912）、《通俗周报》（成都，1912 年 2 月）、《通俗教育研究录》（上海，1912 年 6 月）、《通俗报》（福州，1912 年 10 月）等。

---

[1] 陈原：《社会语言学》，学林出版社 1983 年版，第 259 页。

（6）"新"。如《新汉报》（汉口，1911 年 10 月）、《新汉报》（香港，1911 年 10 月）、《新汉民报》（上海，1911 年 11 月）、《新汉日报》（香港，1911 年 11 月）、《新报》（新疆伊犁，1912 年 2 月）、《新春秋报》（大津，1912）、《新浙江潮》（杭州，1912 年 1 月）、《新国民杂志》（上海，1912 年 4 月）、《新纪元报》（北京，1912 年 4 月）、《新会醒报》（广东新会，1912 年春）、《新世界》（上海，1912 年 5 月）、《新东陲报》（哈尔滨，1912 年 7 月）、《新纪元》（上海，1912 年 9 月）、《新纪元星期报》（北京，1912 年 9 月）、《新四川》（成都，1912 年 9 月）、《新中国报》（北京，1912 年 9 月）等。

（7）"中华"。如《中华民国公报》（武昌，1911 年 10 月）、《中华民报》（武汉，1912）、《中华民报》（曼谷，1912）、《中华报》（南京，1912 年 1 月）、《中华报》（重庆，1912 年 1 月）、《中华教育界》（上海，1912 年 1 月）、《中华民报》（南京，1912 年 3 月）、《中华民国政府公报》（北京，1912 年 5 月）、《新中华报》（北京，1912 年 6 月）、《中华民报》（上海，1912 年 7 月）、《中华民国实业协会鲁支部杂志》（济南，1912 年 9 月）等。

在报刊名称中大量使用"红"这个词，是意识形态的体现。陈原在《社会语言学》中曾提到，在"文革"中，红卫兵曾经提议要让红灯表示可以通过，而绿灯表示不准通过，因为他们从小就知道"红"这种颜色就是代表革命：红旗、红领巾、红太阳等，所以以红的颜色应该代表前进。他们的思路过于简单化，过分强调或崇拜主观意志能动的力量。[1] 对命名活动看得太刻板，容易导致语言拜物教（Language fetishism），对"红"、"新"的滥用即属于这种情况，如《红色社员报》、《红太钢报》、《新文昌报》等。

以"红"为名称首字的报刊很多，如《红灯》（南昌，1922）、《红旗》（广州，1927）、《红旗》（又名《福建红旗》）（福建漳州，1927）、《红旗》（上海，1928）、《红黑》（上海，1929）、《红旗日报》（上海，1930）、《红军日报》（长沙，1930）、《红旗周报》（上海，1931）、《红军报》（江西瑞金，1931）、《红星报》（江西瑞金，1931）、《红色中华》（江西瑞金，1931）、《红色东北》（江西葛源，1933）、《红色闽赣》（福建建宁，1933）、《红色福建》（福建闽西，1934）、《红星》（河北安平，1938）、《红色社员报》（长春，1955）、《红太钢报》（太原，1955）、《红色新闻》（成都，1956）、《红

---

[1]　陈原：《社会语言学》，学林出版社 1983 年版，第 152 页。

旗》（北京，1958）、《红色电讯》（黑龙江嫩江，1966）、《红小兵报》（上海，1967）、《红新汶》（山东新汶，1967）、《红领巾报》（天津，1985）等。

"新"在报刊名称中使用的次数非常多，在"报名索引"中，"新社会"出现5次，"新生活"出现3次，"新民主"出现5次，"新青年"出现4次，"新国民"出现4次，"新纪元"出现3次。《新民报》有10种，《新华日报》有6种，《新汉报》有3种，《新报》有9种。

"维新"作为报刊名称，反映了时代的风云变幻。名称中包含"维新"的报刊有4种：《维新报》（上海，1897）、《维新日报》（香港，1879）、《中国维新报》（纽约，1904）、《维新笔》（上海，1904）。

"新中国"、"新中华"作为报刊名称，出现在1900—1949年，分别是《新中国报》（夏威夷，1900）、《新中国白话报》（上海，1907）、《新中国之少年革命军》（上海，1911）、《新中国报》（北京，1912）、《新中国评论》（英文）（上海，1919）、《新中国日报》（汉口，1938）、《新中国报》（上海，1940）、《新中国妇女》（北平，1949），以及《新中华报》（广东汕头，1907）、《新中华报》（广东潮州，1911）、《新中华报》（北京，1912）、《新中华报》（重庆，1912）、《新中华报》（南京，1913）、《新中华》（上海，1915）、《新中华报》（武汉，1916）、《新中华报》（江西瑞金，1931）、《新中华》（上海，1933）。

"新"作为地名的前缀很常见，如《新济南报》（济南，1904）、《新四川》（成都，1912）、《新浦东周报》（上海，1913）、《新上海报》（上海，1913）、《新山东日报》（济南，1916）、《新湖南报》（湖南零陵，1918）、《新川南日报》（四川宜宾，1918）、《新四川》（北京，1920）、《新江西》（南昌，1921）、《新福建报》（福州，1922）、《新江西》（南京，1923）、《新青海》（青海，1929）、《新北方》（天津，1931）、《新察哈尔报》（河北宣化，1945）、《新成都报》（成都，1968）、《新山东报》（山东沂南，1940）、《新文昌报》（海南文昌，1941）、《新琼崖报》（琼崖，1942）、《新威日报》（山东威海卫，1945）、《新石门日报》（石家庄，1947）、《新唐山日报》（河北唐山，1948）、《新闽北报》（福建建瓯，1949）、《新闽西报》（福建龙岩，1949）、《新湖南报》（长沙，1949）、《新海南报》（海口，1950）、《新抚顺报》（辽宁抚顺，1950）、《新海连日报》（江苏连云港，1958）、《新保定报》

（河北保定，1969）、《新吉林》（长春，1970）等。

报刊名称反映了报业的国家体制。1949年以后，各省都有日报、科技报、广播电视报、公安报、交通报、青年报、农民报等。以辽宁省为例，各个行业系统的报纸都齐备，包括《辽宁日报》（沈阳，1954）、《辽宁农民报》（沈阳，1954）、《辽宁广播电视报》（沈阳，1955）、《辽宁农民报》（朝鲜文）（沈阳，1958）、《辽宁日报》（朝鲜文，农民版）（沈阳，1966）、《辽宁科技报》（沈阳，1978）、《辽物市场》（沈阳，1980）、《辽宁经济报》（沈阳，1984）、《辽宁法制报》（沈阳，1984）、《辽宁物价报》（沈阳，1985）、《辽宁日报海外版》（沈阳，1985）、《辽宁老年报》（沈阳，1987）、《辽宁青年报》（沈阳，1987）、《辽宁信息报》（沈阳，1987）、《辽沈晚报》（沈阳，1993）、《辽宁日报海外专页》（沈阳，1993）等。

但也并非所有的行业报分布都相同，比如农业大省河南有"粮食报"，《河南粮食报》（郑州，1992），但许多省份都没有粮食报，反映了地方省份因其经济特点，有各自的办报重点。

"学大庆"、"学大寨"在报刊名称中的出现，是特定时代的产物——《学大庆报》（江苏常州，1978）、《学大寨通讯》（云南楚雄，1976）、《学大寨战报》（福建霞浦，1970）。

十三、报刊名称与传播技术的变迁

从报刊名称中还能看到传播技术变迁的影响。从"电"、"电气"到"电影"，再到"电视"，以及"电子"、"电脑"，电的应用与发展在报刊名称中体现出来。"电"和"电气"是最早出现的，然后是"电影"和"电信"，较晚才出现"电视"，最后出现的是"电子"和"电脑"。

最早在名称中包含"电"的报刊有《电钞》（长沙，1898）、《电报》（上海，1911）、《电界》（北京，1917）；名称中包含"电气"的有《电气协会杂志》（北京，1913）；名称中包含"电影"的有《电影杂志》（上海，1924）等；名称中包含"电信"的有《电信特刊》（天津，1935）等；名称中包含"电视"的有《电视日报》（香港，1969）、《电视报》（齐齐哈尔，1980）、《电视周报》（北京，1981）、《电视良友》（北京，1982）、《电视月报》（武汉，1983）、《电视业务》（北京，1985）等；名称中包含"电子"的有《电子报》（成都，1977）、《电子市场》（北京，

1981）、《电子商报》（北京，1991）等；名称中包含"电脑"的有《电脑周刊》（北京，1997）等。

十四、诗情画意的报刊名称：命名的修辞学分析

有些报刊名称的意象十分优美，如《独秀峰》（桂林，1905，一说1906）、《眉语》（又名《眉语小说杂志》）（上海，1914）、《梅溪》（上海，1918）、《春柳》（天津，1918）、《曙光》（北京，1919）、《流沙》（上海，1928）、《涛声》（上海，1931）等。

"花"的意象常见于报刊名称，如《花图新报》（上海，1880）、《春江花月报》（上海，1901）、《花天日报》（上海，1902）、《花世界》（上海，1903）、《花月报》（上海，1904）、《花报》（武汉，1907）、《灿花集》（上海，1908）、《梦花杂志》（南京，1911）、《花花报》（武汉，1912）、《自由花》（武汉，1912）、《花世界》（武昌，1914）、《黄花旬报》（上海，1914）、《莺花杂志》（上海，1915）、《上海花世界》（上海，1919）、《铁花》（北京，1923）、《朝花》（上海，1928）、《浪花》（北平，1936）、《百花园》（天津，1979）、《中国花卉报》（北京，1985）、《花鸟世界报》（广州，1985）等。

"晨钟"的意象在报刊名称中多次出现，既优美，又有积极的寓意，分别是《晨钟》（东京，1905）、《晨钟报》（成都，1912）、《晨钟报》（北京，1916）、《晨钟报》（武汉，1916）。"晨星"的意象也是如此，有一种报刊以此为名，《晨星报》（烟台，1910）。

意象优美、发音响亮的汉字用于报刊名称，还有"沧浪"和"平安"，分别只出现1次，《沧浪杂志》（苏州，1910）、《平安》（北京，1916）。

十五、报刊命名与商品命名的比较

本研究有三个维度：命名的传播学意义，命名的社会变迁，命名的商业价值。命名研究，包括商品品牌的命名研究和传媒的命名研究，既是应用语言学的范畴，也是应用经济学的范畴。关于命名的研究，不仅有学术价值，也有应用价值，有市场需求。"命名产业"（即专业帮公司起名），在美国已有20多年的历史。[1]

---

[1]　贺川生：《美国语言新产业调查报告：品牌命名》，载《当代语言学》2003年第1期。

国内外学者对品牌命名已有很多研究，如殷志平的《多维视角的品牌命名研究——研究综述及其展望》、香港学者陈洁光的《中国的品牌命名——十类中国产品品牌名称的语言学分析》、香港学者黄月圆的《中国商品品牌命名的规则和特点》等。陈洁光认为，汉语命名的规律与汉语自身的基本特征，包括构词、声调有关。[1] 黄月圆通过对 278 种纺织品品牌的研究，得出命名的规律。[2]

我们研究报刊名称的规律，可以受商品品牌命名研究的启发。不过，商品品牌的命名规律，有些与报刊命名规律相似，有些则不同。比如，纺织品的品牌名称以双音字的名词和形容词为主，像"丹凤"、"美美"、"中意"等都很常用，但是这些词在报刊名称中很少见到。另外，四个字的纺织品品牌名称很少见。但是，四个字的报纸名称很常见。与商品品牌的名称相比，因报刊名称中一般都要包含"报"或"日报"、"晚报"、"周刊"这样的专有名词，所以很多报刊名称的长度是三四个字。

（1）报刊名称的构词法与报刊销售的途径有关。报刊销售的传统方式是在街头叫卖，因此在名称后面带上某某报的后缀，才能令读者明白叫卖的是什么。《大公》和《大公报》相比，后者所指更明确。

（2）纺织品等日用商品的品牌名称与商品蕴含的文化价值之间的关联比较单纯，品牌名称只需要表达品质好、美观等商品的特点即可，而报刊名称不同。由于传媒组织的宗旨以及办报方针的不同，报刊名称所要传达的意涵更为丰富，所指向的更为复杂，包括政治、社会、文化等多个层面，因此报刊名称的用字也比一般的商品品牌名称用字更为多样、复杂。

（3）报刊名称的用字规律与商品品牌的用字规律有区别。某些字一般不用于报刊名称，但常用于商品品牌名称，比如植物、动物的名称。不过，在当代传媒的命名实践中，传统报刊的一些命名规律正在被打破。比如过去的报刊命名很少用"水果"，但是 20 世纪 90 年代出现了《苹果日报》，当代又出现了"芒果电视台"，这是一种去政治化、娱乐化的取向。

---

[1]　陈洁光：《中国的品牌命名——十类中国产品品牌名称的语言学分析》，载《南开管理评论》2003 年第 2 期。

[2]　黄月圆、陈洁光：《中国商品品牌命名的规则和特点》，载《南开管理评论》2002 年第 1 期。

命名的传统有些需要坚守。传统的报刊命名，常用"世界"、"东方"等意境宏大的词汇，当代的报刊依然常用"环球"、"天下"等词。不同时代的传媒人和读者有共同的追求，因此有些传统是需要坚守的。

传媒名称研究还有很多拓展的空间，这个领域的研究可以更深刻广阔，笔者将继续探索。

第七章　比较视野中的报人世家

本章使用丰富翔实的史料，对报人及其后代进行考察，并运用社会流动理论，得到一些重要的研究发现，把现象观念化。

一、文献综述

要研究中国报人社会阶层的代际流动，须先回顾关于社会流动的中外文献。社会阶层的流动是一个重要的学术问题。

美国华裔历史学家何炳棣1962年的著作《中华帝国上升的阶梯——明清时期的社会流动》（*The Ladder of Success in Imperial China: Aspects of Social Mobility, 1368—1911*）（又译《明清社会史论》），以坚实的史料、精湛的论证，被欧美学界奉为经典，为社会流动的历史研究建立了方法论上的典范。[1]

何炳棣并在1952年完成了一个关于盐商的研究，成功地对一个至关重要的问题提出了他的解释：为什么中国没有自发形成资本主义？何炳棣采用的史料主要是1748年版的《两淮盐法志》。通过分析盐商的资产和生活方式，他发现了中国商人的代际社会阶层变动特点，即商人向士人流动。两淮富商子弟读书中试成为进士、举人的越来越多，家族成员中商人的比例越来越小。这种流动的结果是财富经几代而衰，形成不了资本主义。[2] 由于传统中国社会更重视文化精英、"学而优则仕"的价值观念，中国没有出现"商人精神"，这与从宗教伦理中产生的

---

[1] 朱桂英、张弘：《何炳棣：才大如海跨中西，读史阅世纵古今》，载《新京报》2012年6月16日版。

[2] 何炳棣：《读史阅世六十年》，广西师范大学出版社2005年版，第272—274页。

资本主义的重商传统非常不同。[1]

周荣德在《中国社会的阶层与流动：一个社区中士绅身份的研究》中阐释了士绅阶层的起源、阶层特征、社会功能、生成方式以及阶级属性，强调了中国社会阶层结构的开放式秩序和士绅流动性生成的多种途径，包括经由学校教育和行医而上升，经由从军、从政和从商而上升，经由婚姻关系而上升等。按照传统观念，古代中国社会将人分为四等——士、农、工、商，周荣德的士绅研究就是依照这个结构进行的。[2]但报人作为新兴的现代职业，不在此列。因此，我们需要在前人研究的基础上继续探索。报人既有士的文化底蕴，又有商的经济身份，在当代还被视为新闻工人。那么在报人的代际流动中，社会阶层是上升还是下降了呢？

文学世家也是学术界热点课题之一，包括理论创新和历史还原。文学世家往往是混合形态的，有"经学—文学世家"、"门阀—文学世家"、"科宦—文学世家"等。[3]

社会流动研究是对社会结构的动态分析，是社会分层过程分析的重要领域。哈佛大学社会学系的索罗金（Sorokin）开创了社会流动研究的先河，他在 1927 年发表的著作《社会流动》（Social Mobility）中指出，社会流动可以被理解为个人或社会对象或价值——被人类活动创造的或修改的任何变化——从一个位置到另一个位置的任何转变，包括职业、收入、贫困、福利、教育等。社会流动分为代内流动（intragenerationalmobility）和代际流动（intergenerationalmobility）。[4]

20 世纪 60 年代中期，布劳和邓肯（Blau and Duncan）对美国阶级结构和职业地位获得进行了开创性的研究，他们运用路径分析的方法建立了"地位获得模型"（也称为"布劳—邓肯模型"），这一模型涵盖了个人的代内流动和代际流动。他们认为，个人职业地位的获得，受到先赋因素和自致因素的共同作用。

关于社会阶层的结构，马克斯·韦伯有三重标准：财富—经济标准、权力—

[1]　[德] 马克斯·韦伯：《新教伦理与资本主义精神》，生活·读书·新知三联书店1987 年版，第 141 页。

[2]　周荣德：《中国社会的阶层与流动：一个社区中士绅身份的研究》，学林出版社2000 年版，第 258 页。

[3]　梅新林：《文学世家的历史还原》，载《中国社会科学》2011 年第 1 期。

[4]　王甫勤：《西方社会流动研究综述》，载《兰州学刊》2008 年第 8 期。

政治标准、威望—社会标准。[1] 这三个标准可用于分析报人所处的社会阶层。中国最早的一批报人是科举失意的落魄文人，随着维新人士的办报活动，报纸的政治地位大大提高，报人的社会地位也提高了；其后，报纸的专业化程度提高，报人队伍呈现出了职业化的趋势。近代报人社会地位的变迁，既与报纸自身的发展有密切的关联，也与近代中国的社会变迁相伴随。[2] 到民国时期，报人的教育程度有明显的提高，大学毕业生和留学生的比例显著增加。民国时期的著名记者龚德柏是日本留学生；戈公振曾就读于东台高等学堂；张季鸾早年师从古文大师刘古愚，后留学日本，入东京第一高等学校攻读政治经济学；张友鸾曾在平民大学读新闻系课程。

报人背后的文化之网是怎样的？著名文化人类学家格尔茨认为，历史意义的建构是在过去形成的"文化之网"中进行的，它会因为建构者个人个性和学识等差异而呈现为多样化的特点，即每个人背后都有一张所谓的"文化之网"。历史研究的目标是运用个人的"社会资本"或"文化之网"，呈现种种意义结构，发现实际生活中的必然联系。[3]

当代传媒人的社会流动是怎样的？华中师范大学 2011 级教育学博士区柏权的论文《传媒人转型大学教师的社会学研究——以香港推行通识教育需急切补充老师为例》通过研究指出，资深传媒人经过长时间的新闻采访及编辑工作，拥有社会经验、分析社会事件的能力、铺排思考问题的方法及文字表达技巧，这都是经过工作历练所累积的独特强项。拥有丰富经验的资深传媒人并不轻易转行，香港传媒行业由回归前的每年超过 10% 流失率，下降至近年的不足 1%，反映得以进入传媒行业工作的人员在获得工作岗位后，不会贸然中途转职。区柏权在调查问卷中还发现，有 43% 的资深传媒人说在新闻机构工作一段长时间后，如果有机会到大学任教传媒或通识相关学科，他们会乐于去参与。资深传媒人认为经过多年在新闻机构工作累积到的经验，可以应用在大学内教授传媒或通识相关学科，这得益于传媒工作的特点。

---

[1] 刘高葆：《社会流动与明清社会史研究》，载《中山大学研究生学刊（社会科学版）》1994 年第 1 期。

[2] 陶玉亮：《中国近代报人社会地位变迁之考察》，载《新闻爱好者》2013 年 1 月。

[3] 丰华琴、蔡玉辉：《超越传统文化史 多学科交叉互动——西方新文化史的研究动态》，载《中国社会科学报》2011 年 6 月 8 日。

二、报人的代际流动

中国人很看重世家的文化传承，在代际流动中传递了政治、文化资源和社会资本。但是，与政治世家、学者世家、艺术世家、医生世家相比，报人世家相对就少多了。为何如此？有多种情况。以下通过若干案例进行分析。

（一）成舍我的后代

著名报人成舍我一生中有三次婚姻。第一位夫人杨璠毕业于北京女子师范大学，婚后协助成舍我办报，颇有贡献。二人仳离，这次婚姻留下两个女儿，成之凡、成幼殊。第二位夫人萧宗让是法国归来的留学生，与之育有一男二女，成思危、成嘉玲、成露茜。萧宗让病逝后，成舍我与大学教授韩镜良结婚，老年相依为伴。[1]

成舍我先生的五名子女，都很有成就。

成之凡，自上海国立音乐专科学校毕业后，曾任教于上海音乐学院、香港圣学院，多次举办个人钢琴演奏会。后旅居法国，与当地一位工程师结婚。除了在音乐学院任教授，成之凡还长于绘画，研究和传播传统中国文化，积极从事社会活动，三度参加法国总统竞选。[2]

成幼殊，曾就读于上海圣约翰大学，后为新四军工作，成为中共地下党员。20世纪40年代曾在香港从事新闻记者工作。20世纪50年代调入外交部，长期从事外交工作。成幼殊喜爱诗歌，曾获鲁迅文学奖。[3]

成思危，出生于北平，16岁时独自一人从香港回到大陆。毕业于华南工学院，成为化工专家。20世纪80年代到美国进修管理科学，获加州大学洛杉矶分校工商管理硕士学位，学成之后回国。曾任化学工业部副部长，中国民主建国会中央主席[4]，全国人大常委会副委员长。

成嘉玲，台湾大学经济系毕业，夏威夷大学经济学博士。回台后，任东吴大学商学院院长，世新大学董事长，将其父的新闻教育理念发扬光大。

成露茜，台湾大学外文系毕业，夏威夷大学社会学博士，美国加州大学洛杉

---

[1]　吴娟：《花开两岸的成氏家族》，载《时代周报》2009年6月11日。

[2]　孙引南：《三次竞选法国总统的女华裔成之凡》，载《炎黄春秋》1995年第6期。

[3]　丁景唐：《鲁迅文学奖得主成幼殊四十年代在上海》，载《档案春秋》2005年第11期；张兵：《成幼殊：一生与诗相伴》，载《人民日报海外版》2007年8月17日。

[4]　张献生：《走向新世纪的辉煌——访民建中央主席成思危》，载《中国统一战线》，1997年第3期。

矶分校终身教授。成露茜以研究美国女性华侨闻名，是左翼社会实践者。20世纪90年代回台，任《立报》社长，同时在世新大学从事新闻教育事业，已病逝。[1]

（二）邹韬奋的后代

邹韬奋，少年时家道没落，生活拮据，作为长子，他从小便领略了生活的艰辛与困苦。邹韬奋1921年在上海圣约翰大学获得文学学士学位，他很想进入新闻界，但一时得不到机会，适逢上海一家交易所需要英文秘书，于是应聘成为工商界的一名职员。这以后，邹韬奋又在上海职业教育机关兼职，从事写作、翻译。1922年，邹韬奋担任中华职业教育社编辑股主任，主编《教育与职业》月刊。1926年，接任《生活》周刊主编，从此开始新闻出版工作。[2]

邹韬奋的夫人沈粹缜是苏州人，出身书香门第，读书时学的是美术，姑母沈寿是我国的刺绣大师。沈粹缜结婚前在刺绣学校教书，是一位职业女性。[3]邹韬奋20世纪40年代病故后，沈粹缜将三个子女抚养成人，三人都学有所成。

邹韬奋的儿子邹家华（原名邹嘉骅），曾赴苏留学，原国务院副总理。邹韬奋的另一个儿子邹竞蒙，原国家气象局局长。邹韬奋之女邹嘉骊，《交际与口才》杂志社社长，编有《韬奋著译系年目录》、《韬奋年谱》、《忆韬奋》和"走近韬奋"丛书。[4]

（三）范长江的后代

中国的报人世家，典型之一是范长江家族。范长江的长子范苏苏近年来整理出版了《长江自有后来人》[5]、《范长江与青记》[6]等书籍。范长江的次子范东升，新闻学学士、硕士，长期从事新闻工作，现任汕头大学长江新闻与传播学院院长。范东升的女儿、范长江的孙女范小江，于中国人民大学新闻学院获得学士学位，在美国从事新闻记者工作。

---

[1] 张昌华：《卓尔不群者成露茜》，载《江淮文史》2012年第2期。

[2] 邹韬奋：《编者的话》，载《韬奋新闻出版文选》，学林出版社2000年版，第1页。

[3] 邹嘉骊口述，李伟撰：《父亲邹韬奋与我们的家庭》，载《三联生活周刊》2012年7月18日版。

[4] 邹嘉骊：《韬奋著译系年目录》，学林出版社1984年版；邹嘉骊：《韬奋年谱》，上海文艺出版社2005年版；邹嘉骊：《忆韬奋》，学林出版社1985年版；邹嘉骊等：《"走近韬奋"丛书》，学林出版社2000年出版。

[5] 范苏苏：《长江自有后来人》，群言出版社2004年版。

[6] 范苏苏等：《范长江与青记》，北京工艺美术出版社2008年版。

（四）金庸的后代

一代武侠小说宗师金庸的女儿查传讷是画家，对于为什么没有女承父业，她说父亲常常叮嘱，做自己想做的事情，不要模仿他，人，贵在有"自我"，独立自主。而她也认为，父亲拥有爱戴他的读者，查家不需要另一个小说家。成为讲故事高手，素来不是查传讷的梦想。打从懂得涂鸦开始，她整天想的只有画画。她认为，绘画和写作一样，都是艺术。查传讷绘画天分卓著，2011 年在香港视觉艺术中心开了画展。在金庸的儿女中，只有查传讷留在父亲身边，但她一直不愿张扬自己是金庸女儿的身份，她告诉媒体："我的娘亲生前叮嘱万遍，不可以对外张扬自己的父亲是谁，别人知道了不用再加以强调。当你们都长大成人了，可以为查家光宗耀祖之时，就不用避忌了。'人贵乎有自知之明，一定要脚踏实地做人。'"[1]

不只查传讷，金庸的其他儿女也都没有从事写作。长女查传诗，移居加拿大温哥华，极少公开露面，在家相夫教子，一直过着平静的生活。夫婿赵国安，很有才气，先后在香港商业电台、《明报晚报》任过记者、副总编辑。[2] 报人的女婿继承岳父的职业，也是报人世家中的一个现象。《循环日报》创办人王韬的女婿钱昕伯是《申报》总编辑。邵飘萍的女婿郭根也是著名报人。

其实金庸的长子查传侠颇有写作天分，受父亲耳濡目染，11 岁就开始发表文章。自幼成绩优秀，入读美国哥伦比亚大学，可惜 19 岁早逝。

次子查传倜，大学是会计专业，做了近 10 年会计工作，后来到出版社做事，曾参与金庸书籍的出版工作，近年因对美食兴趣浓厚，师承著名美食家蔡澜，从事高级酒楼的美食指导工作，也为报纸杂志写食评，还开过餐馆。

（五）彭子冈的后代

《大公报》著名女记者彭子冈，儿子徐城北是一位学者，也是一名喜欢给报纸投稿的热心读者，这个爱好深受其母影响。

彭子冈的作品风格直率坦白。写于 1945 年重庆谈判期间的《毛泽东先生到重庆》是她的名作。[3] 她捕捉到生动的细节，写道："（毛泽东）他打碎了一只

---

[1]　谢礼恒、陈谋：《金庸作文 小女绘画 查传讷：我像极了郭襄》，载《成都商报》2012 年 3 月 27 日。

[2]　杜恩湖、张杰：《爱女开画展金庸捧场 好友揭秘：儿女没一个写作》，载《华西都市报》2011 年 5 月 19 日。

[3]　于友：《记者生涯缤纷录——献给传媒后来人》，新华出版社 2002 年版，第 117 页。

盖碗茶杯，广漆地板的客厅里的一切，显然对他很生疏。他完全像一位来自乡野的书生。"[1] 求真被彭子冈视为记者最高的写作原则，她常对徐城北说："写文章要忠于自己的感受，而不是简单地服从于政治立场。"

徐城北曾撰文《我是〈大公报〉的孩子》，2002 年他第一次踏上香港的土地，来到轩尼诗道上的香港《大公报》。此前，他给这家报纸写稿已有近 20 年时间。徐城北是追随父亲徐盈、母亲彭子冈给《大公报》写稿的。他的父母都是《大公报》的一代名记者。徐盈是学者型的记者，彭子冈是感性的记者。徐盈 20 世纪三四十年代以经济通讯闻名，报道了许多大民族资本家，留下了那个时代金融活动的记录。彭子冈的人物通讯很有影响。

徐城北少年时代的理想就是当记者。但高一时正逢整风反右，父母均被牵连，他出身不好，只能放弃从事新闻业的念头。[2] "文革"结束后，他调入中国京剧院，研究京剧文化，很有成就。[3] 同时，他开始给《北京青年报》和香港《大公报》写稿。他说："我是《大公报》的孩子啊！"除了父母，徐城北还和《大公报》几位前辈记者有过不浅的忘年交，因此深受《大公报》报馆文化的影响。母亲彭子冈告诉他，过去的报社老板不太管记者，就让记者满世界去跑，跑上一个时期之后，所有记者的业绩就会形成对比，有成绩的提职加薪水，没成绩的自然脸上无光。这种近乎无为而治的管理很见效。另外，老板很注意培养记者在读者中的威信，许多读者就是为了看某某记者的文章而长期订阅的。

徐城北在家庭的影响下，形成了"三三制"的思路，即作家、学者、记者各占 1/3，他认为三个"1/3"相加，结果必定大于一个"1"。所以，他既是成果斐然的学者，也是报社的热心作者，不愧为著名记者的后代。

（六）黎烈文的后代

黎烈文是 20 世纪三四十年代著名的翻译家、作家，主编《申报》"自由谈"，鲁迅、巴金等著名作家都是其作者。黎烈文曾留学日本、法国。[4] 第一任妻子严冰之是留法学生，严冰之生子时难产，不幸病逝，为纪念亡妻，黎烈文给儿子取

[1] 彭子冈：《毛泽东先生到重庆》，载《大公报》（重庆版）1945 年 8 月 29 日版。

[2] 徐城北：《直上三楼》，湖北人民出版社 2008 年版。

[3] 徐城北：《梅兰芳与二十世纪》，生活·读书·新知三联书店 1990 年版；徐城北：《梅兰芳百年祭》，中国社会科学出版社 2000 年版；徐城北：《京腔话京剧》，上海三联书店 2013 年版。

[4] 赵向红：《论赴台后的黎烈文》，载《华中师范大学研究生学报》2012 年第 2 期。

名"念之"。黎念之在父亲的悉心栽培下先是考入台湾大学，攻读化学工程专业，后被父亲送到美国读书，成为著名化学家。

黎念之是膜科学的主要奠基人之一。他在液体膜及高分子固体膜科学技术领域有杰出贡献，研究发明的几种膜在化工、石油工业、环境保护、资源再生利用、医药及生命科学等领域均有应用，也解决了美国著名的阿波罗登月计划中有关应用膜技术的难题。黎念之是美国国家工程院院士，中国科学院外籍院士，台湾中央研究院院士，并于 2001 年 9 月 25 日荣获国际化工界终身成就奖。[1]

黎烈文在结束了报人生涯后，到台湾大学任外文系教授直至去世，后来的妻子许粤华也是翻译家。他对下一代的期许和成功培养，与他的留学经历和学者身份不无关系。

（七）史量才的后代

史量才年轻时办过蚕业学校，在《时报》工作过。1912 年，史量才得到资助，以 12 万元从席子佩手中买进《申报》，成为该报老板。《申报》从 1872 年创办，到 1949 年停刊，出版时间长达 77 年，其间尤以史量才经营期间最为辉煌，在中国现代报业史上留下辉煌纪录。1934 年 11 月，因《申报》坚持独立立场，发表支持抗日与抨击国民党统治的言论，触怒当局，史量才被枪杀于沪杭公路。[2]

惨案发生时，史量才唯一的儿子史咏赓也在现场，侥幸逃脱。史咏赓的人生轨迹，和他父亲史量才的事业、境遇是分不开的。史咏赓，曾就读于杭州之江大学经济系[3]，家境富裕的他喜欢旅游、摄影，有几十本照片[4]。父亲被暗杀后，他赴美继续学业，抗战胜利后回国执掌《申报》，但为国民党所排挤[5]，再度赴美。史咏赓已病逝，如今其后代在美经商。

（八）邵飘萍的后代

邵飘萍的长子邵贵生如今生活在北京方庄的住宅区，偶尔还会去小时候待过的《京报》馆看看。[6] 在"文革"的浩劫中，存放在报馆里的邵飘萍遗物，包括藏书、

---

[1]　孙本惠：《黎念之博士荣获国际化工界终身成就奖》，载《化工学报》2001 年第 11 期。

[2]　陶菊隐：《记者生活三十年——亲历民国重大事件》，中华书局 2005 年版，第 124 页。

[3]　王婷、吴孟婕：《历史旧迹里的校园剪影》，载《浙江日报》2010 年 11 月 24 日版。

[4]　庞荣棣口述，曾琦琦整理：《寻找史量才》，载《杭州日报》2007 年 10 月 25 日版。

[5]　谢捷华：《寻迹〈申报〉》，载《经济参考报》2008 年 9 月 26 日版。

[6]　庞铁明：《邵飘萍与汤修慧的传奇一生》，载《沈阳日报》2007 年 1 月 25 日版。

文物、手稿、图片、资料等，都被查抄和焚毁，只留下一处建筑，《京报》馆是两层高的日式灰砖洋楼，位于城南宣武区。

1926年，邵飘萍被捕，以"勾结赤俄，宣传赤化"的罪名被枪杀于北京大桥，年仅40岁。8月，北京《社会日报》社长林白水同样因言获罪，被张宗昌下令枪杀，世人感叹地称为"萍水相逢百日间"。父亲遇害后，年仅6岁的邵贵生和弟弟被家人藏在东交民巷，以防军阀斩草除根。

邵飘萍共有子女五人，儿子贵生、祥生，女儿乃贤、乃思、乃奇，均系早逝的邵飘萍原配沈夫人所生。邵飘萍去世之后，几个孩子由他的夫人汤修慧抚养。汤修慧主持《京报》复刊，继承了丈夫的事业，并历尽辛苦将邵飘萍的子女抚养长大成人。

汤修慧对待子女很民主，对他们的恋爱自由很支持。在北平读中学时，邵飘萍长女邵乃贤认识了农村来的学生郭根。中学毕业后，邵乃贤升入师大读书，郭根却因参与进步活动受到校方的"处分"，只能离开北平，到青岛去读大学。不久，邵乃贤千里迢迢去"伴读"，到青岛大学做一个"旁听生"。汤修慧成全了这对新人，还培养女婿承传了邵飘萍的事业，郭根在抗战时加入《大公报》，后又在抗战胜利后复刊的《文汇报》任总编辑，成为资深报人。

邵飘萍的外孙、郭根的儿子散木，原名郭汾阳，毕业于山西大学历史系，曾在博物馆、文物局工作，后调入浙江大学任教。散木著有《乱世飘萍——邵飘萍和他的时代》[1]。

（九）黄远生的后代

民国初年著名记者黄远生，不到20岁就考中举人、进士，又东渡日本留学。黄远生从政数年后，转入新闻界，开创了通讯体裁，声名大噪。袁世凯复辟帝制之时，极力拉拢黄远生，他不得不虚与委蛇，最后出走美洲，被仇袁的革命党人暗杀，其际遇令人唏嘘。

黄远生的长子黄席群，继承了父亲的天赋，也是少年聪慧，过目成诵。1926年中学毕业后以优异的成绩被保送到金陵大学攻读历史，毕业后先后在女子中学和金陵大学工作。抗战爆发后，教师的工资打了折扣，黄席群的工资不足以养家。精通英语的黄席群为德国通讯社翻译稿件，得到一些额外的收入，后来又进入中

---

[1] 散木：《乱世飘萍——邵飘萍和他的时代》，南方日报出版社2006年版。

央通讯社做记者。解放后，他辗转来到兰州。黄席群是西北师范大学教授、全国著名翻译家，先后校译了《美国的历程》、《英国现代史》等名著。[1]

黄远生的次子和三子秉持科学救国的信念，都曾留学德国，成为享誉学界的教授。次子黄席椿是西安交通大学教授，无线电学专家；三子黄席棠先后在上海交通大学、厦门大学、福州大学任教，为地球物理学家。[2]

（十）林白水的后代

林白水是民国著名报人，1926 年遭军阀枪杀。林白水的女儿林慰君，毕业于北京师范大学外语系，曾在北京女一中、女二中等中学执教，1948 年赴美，成为教授、作家。她立志要为父亲写一本传记，直到 20 世纪 80 年代回国搜集有关资料，写成了《我的父亲林白水》[3]一书。这本书中收录林白水生前亲朋好友和后人的纪念文章。她还捐资老家福建闽侯县修建了"林白水纪念堂"，里面陈列着林白水生前创办的各种报纸、著作和她捐献的珍贵文物。

林慰君 1987 年因车祸在美国去世，《新闻研究资料》1988 年第 1 期发表了她的回忆文章，记述了北平往事。童年时，父亲为了陶冶她的性情，夏天常带她去中山公园来今雨轩吃西餐，春秋去公园观花，冬天去琉璃厂逛古玩铺和书店、字画店。[4]或许就是因为深厚的父女感情，作为后代，林慰君对先人功绩的评价与新闻史学家方汉奇先生有所不同，曾有过争论。[5]报人后代从事新闻史著述，难免为先人避讳，或有溢美之辞，这些不尽客观之处是研究者需要留意的。

（十一）张季鸾的后代

张季鸾被誉为"报界宗师"，他一生最感幸运的有三件事：当过孙中山先生的秘书；1941 年，《大公报》被美国密苏里大学新闻学院授予"密苏里新闻事业杰出贡献荣誉奖章"；50 岁时终得一子。

张季鸾曾先后娶过两位夫人，都无所出，于是领养了一个男孩，却不成器，屡教不改，张季鸾只得在《大公报》上刊登声明，与之脱离父子关系。之后，亲

---

[1]　逸民：《黄席群教授的翻译与诗词创作》，载《社科纵横》1995 年第 3 期。

[2]　黄席群：《追忆先父黄远生》，载《新闻研究资料》1984 年 Z2 期；沈洋、姜月平：《黄远生父子三人世纪"团聚"》，新华网 2009 年 5 月 12 日。

[3]　林慰君：《我的父亲林白水》，时事出版社 1989 年版。

[4]　林慰君：《记先父林白水烈士》，载《新闻研究资料》1988 年第 1 期。

[5]　方汉奇：《记林白水的女儿林慰君》，载《新闻研究资料》1987 年第 3 期。

戚将一位女子师范学校的学生陈孝侠介绍给张季鸾，婚后终得一子，取名张士基。

张士基曾于 1987 年 5 月 17 日在台湾《联合报》撰文《我的父亲张季鸾》，记述家事。1937 年他诞生之时，各处赠送颇丰的贺礼，金饰财物等，张季鸾都捐赠给了抗日救灾机关。[1] 张季鸾满怀悲悯，总是替别人着想，于右任写诗赞美他："处处忙人事，时时念国仇。"

1942 年张季鸾去世时，极尽哀荣，在西安长安竹林寺举行了公葬仪式，出殡仪式十分盛大，蒋介石亲自来吊唁，周恩来及夫人邓颖超送了挽联。然而张季鸾辛劳一世，了无积蓄，不置私产，身后留下深爱的 4 岁幼子和年轻的妻子，无财产可继承。《大公报》同仁和各界人士在感动之下纷纷解囊，捐款约合 5 万美元，以张士基的名字存放在香港汇丰银行，这在当时是一笔不菲的款项。

张士基少时聪明好学。受父亲的影响，张士基和亲戚的孩子们小时候常玩的一种游戏就是"办报纸"，大家像模像样地去采访、去写稿。[2] 然而高考时，尽管成绩优秀，却通不过政审，上不了大学，只好当了工人。

20 世纪 80 年代，张士基赴香港，然而已领不到那笔存在银行的巨款。真正的主人姗姗来迟，这笔款项多年来已被不相干的人冒领一空。他只得在香港租住狭窄的房子，窘迫度日。张士基有三个儿女，长女张哲子为家境所困，中年才在香港嫁人；二女儿张哲文，读书最好，赴德国留学；小儿子张哲明，由于家境拮据，没机会深造，在上海开小餐馆谋生。[3]

（十二）储安平的后代

储安平，出身江苏宜兴望族，毕业于上海光华大学英文系，后赴英留学，回国后先后担任《中央日报》撰述、编辑，中央政治学校研究员。1946 年创办《观察》，任社长和主编。20 世纪 50 年代任《光明日报》总编辑，在反右运动中被划为右派，1966 年失踪。[4]

储安平有四个子女。儿子储望华是著名作曲家、钢琴家，澳大利亚墨尔本大学音乐硕士，曾改编或创作《二泉映月》、《新疆随想曲》、《筝箫吟》、《茉

[1] 王保国、张雅琴：《秦人骄傲——张季鸾先生亲友话其人》，载《西安日报》2008 年 3 月 20 日版。

[2] 《张季鸾一生的三件大事》，载《人民日报海外版》2000 年 5 月 27 日版。

[3] 李赋英：《张季鸾先生的身后事》，载《大公报》2012 年 11 月 14 日版。

[4] 储望华、李菁：《秋之泣——怀念父亲储安平》，载《文史博览》2008 年第 12 期。

莉花》等多部钢琴作品,创作的《丝绸之路》等交响乐作品在中国、澳大利亚公演。[1]
储安平的女儿储望瑞是农学专家。

(十三)叶楚伧的后代

国民党元老、著名报人叶楚伧的儿子叶南曾留学莫斯科中山大学,后留法,归国后任外交官,曾出任国防二厅厅长。叶南的妻子袁晓园也是留法学生,归国后成为中国最早的女外交官,后定居美国,在联合国秘书处工作,晚年回到祖国,推广汉字文化。

叶楚伧的儿媳袁晓园出身世家,外祖父是翰林,二伯父袁励准是末代翰林,做过溥仪的老师,北京"新华门"的匾额便出自其手。其父袁励衡是民初的银行家,曾执掌交通银行。[2]其妹袁静是《新儿女英雄传》的作者。其妹袁行恕是著名作家琼瑶的母亲。[3]

(十四)王芸生的后代

王芸生,民国著名报人,《大公报》总编辑,著有《六十年来中国与日本》。

解放后,王芸生的几个子女先后参军,他家门口常年挂着"光荣军属"的牌匾,尽管参军了,但王芸生的子女受累于家庭,入党很困难。虽然王芸生的子女青年时期政治上受到歧视,但他们都学有所成,成为各自领域的专家。长子王芝光(王磊),是颇负盛名的结构力学教授。长女王芝芙,曾任中央人民广播电台的高级编辑。次女王芝慕,曾就读于华东军政大学,复员到北京工业学校工作。次子王芝秋,哈尔滨工程大学动力与能源工程学院教授。幼女王芝瑜,毕业于中央戏剧学院导演系。[4]

王芸生不愿意儿女成为文人。小儿子王芝琛从小就喜欢文史,本打算考大学的文科,但王芸生坚决反对。[5]王芝琛毕业于哈尔滨军事工程学院海军系指挥仪专业,长期在海军工程学院从事教学科研工作,后转业至北京计算机研究所工作。54岁时,他提前退休,专门从事《大公报》史研究,卓然成家,

[1] 《音乐家:储望华》,载《中国音乐学》2012年第3期。

[2] 张昌华:《百岁老人袁晓园》,载《人民日报海外版》2000年8月8日第7版。

[3] 冯杳:《琼瑶曾在地下党活动站生活》,载《生活时报》2003年8月1日版。

[4] 王芝琛:《〈大公报〉创始人王芸生的"文革"遭遇》,载《新民晚报》2004年12月20日版。

[5] 丁东:《送别王芝琛》,载《上海文学》2006年第4期。

曾出版《1949年以前的大公报》、《一代报人王芸生》、《百年沧桑：王芸生与〈大公报〉》等著作。[1]

三、报人后代为何远离报业？

美国的赫斯特传媒集团，创始人是19世纪的报业大王赫斯特，《公民凯恩》的原型。他的儿子曾获得普利策新闻奖。赫斯特的后代如今依然从事传媒业。当代报业大王默多克也来自澳大利亚的一个报业家族。

中国的报人世家相对较少。那些在中国新闻史上闪闪发光的名字，其后代却大都选择了从政、学术或商业，而没有从事新闻事业。这是为什么？一是社会阶层的上升；二是由于职业的局限而改弦更张；三是由于个人的志趣而选择了其他职业；四是传媒体制的原因。20世纪50年代后，中国的私营报业纳入党报体制中。[2]随着报社产权发生了变化，报业资本家群体子承父业的传统渠道消失了。

《大公报》创始人英敛之，总编辑张季鸾、王芸生的后代都没有从事报业。

陈布雷是国民党中央宣传部部长，也是著名报人，他的后代没有从事新闻业。其女陈琏曾任团中央少年儿童部部长[3]，其子陈迟是农学专家。

中国共产党的中央宣传部部长陆定一，其子女无一从事新闻事业。[4]其子陆德和陆健健都是学者，其女陆瑞君从事广告业。

《大公报》总经理胡政之的长子胡济生是农业科学工作者，他之所以选择这个职业，与父亲的教诲有关。胡济生中学毕业时，胡政之不愿让他学社会科学，说："农业工作接触大自然，而且少有政治和社会的干扰，何乐不为？"[5]

袁冬林，著名记者浦熙修之女，青年时代参军，转业后考入北京航空学院（今北京航空航天大学）飞机工艺专业，毕业后留校任教。退休后编著有《浦熙修：

[1] 王芝琛、刘自立：《1949年以前的大公报》，山东画报出版社2002年版；王芝琛：《一代报人王芸生》，长江文艺出版社2004年版；王芝琛：《百年沧桑：王芸生与〈大公报〉》，工人出版社2001年版。

[2] 施喆：《建国初期私营报业的社会主义改造》，载《新闻大学》2002年第1期。

[3] 谷斯涌：《两代悲歌——陈布雷和他的女儿陈琏》，团结出版社2006年版。

[4] 陈清泉、宋广渭：《陆定一传》，中共党史出版社1999年版，第531页。

[5] 胡济生、黄敏：《回忆父亲》；王瑾、胡玫编：《胡政之先生纪念文集》，第184—185页。

此生苍茫无限》[1]。

原《人民日报》副总编辑范荣康，毕业于上海民治新闻专科学校，长期从事新闻评论工作。夫人谌容，著名作家，20世纪80年代发表过《人到中年》等小说。大儿子梁左，在相声和情景喜剧创作领域成就斐然，《虎口遐想》是其相声代表作，《我爱我家》、《闲人马大姐》是其情景喜剧代表作。小儿子梁天，著名喜剧演员。幼女梁欢，北京大学毕业，在情景喜剧创作上成绩斐然。这些子女都未从事报业。

我们也要看到问题的复杂一面，尽管许多报人的后代没有从事新闻业，但也不能说父辈的事业和志趣对他们的后代没有影响。有些报人爱好音乐，他们的后代深受家庭影响，以音乐为终身职业。此外，报人的职业本身就涉及政治，有些报人也是政治家，他们的后代选择从政不能说与家庭影响没有关系。报人是文化人，喜好读书，其后代从事学术也是一脉相承。

报人后代从事音乐或戏剧职业的不少，《光明日报》前总编辑储安平之子储望华是音乐家，《时报》摄影记者郎静山的女儿郎毓秀、郎毓贤也都是成功的音乐家，《世界晚报》编辑张恨水的儿子张伍是京剧编剧。

报人后代从事学术职业的不少。著名历史学家、美国加州大学伯克利分校叶文心教授的父亲是曾就职于中央通讯社的国民党报人叶明勋。[2]辛亥革命时期的思想家、著名报人章太炎之孙章念驰是著名的台湾问题专家。[3]《燕山夜话》的作者、前《人民日报》社长邓拓，其与前中国国际广播电台台长丁一岚的女儿邓小虹是医学专家。[4]

《大公报》创办者英敛之开创新闻事业与中西文化交流有重要的关联，他的后代也都重视学习西方文化。儿子英千里，12岁出国留学，是教育家、学者，做过北京市教育局局长和南京政府教育部的司长。英千里和钱钟书曾被公认为当时"中国人英语最好的两位"[5]。英千里的儿子英若诚，原北京人艺表演艺术家，著名翻译家，前文化部副部长。英若诚翻译过《推销员之死》、《请君入瓮》等剧本。英千里的女儿英若娴在美国从事物理学研究。英若诚的儿子英达，从北京

[1] 袁冬林：《浦熙修：此生苍茫无限》，大象出版社2002年版。

[2] 吴亚明、徐蕾：《叶文心推新书　道尽〈上海繁华〉》，人民网2010年7月11日。

[3] 章念驰：《我的祖父章太炎》，上海人民出版社2011年版。

[4] 庞旸：《邓拓和他的家人》，中国物资出版社2010年版。

[5] 徐梅、易洁：《英氏家族　中国面向世界的微观样本》，载《南方人物周刊》2010年第4期。

大学心理学系毕业后到美国学习戏剧专业,是中国情景喜剧的代表人物。英达的姐姐英小乐是旅美画家。英达的儿子英如镝在美国从事冰球运动。

考察报人的代际流动,不宜采取单向的视角,即不要只看到报人的后代从事其他职业,也要看到另一种流动,也有政界人物的后代从事新闻业的。香港凤凰卫视新闻节目制片人程治平是全国政协副主席程思远之子。[1] 毛泽东的外孙女孔东梅在美国宾西法尼亚大学获得硕士学位后,就读于北京大学新闻传播学院,攻读博士学位,并从事出版业。[2]

由于新中国传媒业的社会地位提高了,一些共产党高级干部的后代从事这个行业。彭湃之孙女彭伊娜,《南方周末》创办人之一,深圳报业集团领导。叶圣陶之女叶至美,原中国国际广播电台英文组专家。[3] 叶圣陶之子叶至诚,曾任《雨花》主编。[4] 原外交部领事司司长秦力真之子秦晓鹰,曾任《中国财经报》社长。叶挺之女叶剑眉,原《深圳特区报》编辑。万里之子万伯翱,曾任《中国体育》杂志社社长兼总编辑。[5] 瞿秋白的女儿瞿独伊[6],1950 年和丈夫李何一起到苏联创建新华社莫斯科分社,1978 年后在新华社国际部俄文组工作[7]。

四、报人世家的变迁

以往对于政治世家(门阀制度)、文学世家(作家群落),学术界已经有过不少研究。对于企业家的代际传承也有过一些研究,相关研究涉及社会阶层的流动和社会资本的继承,而对报人世家的研究还很少见。

美国比中国的报人世家多,这与报业企业的私营性质有关,继承家族事业保证了办报传统的传递。另一个影响因素是,中国在社会变迁中,曾有过社会环境导致的对报界知识分子的政治迫害和政治歧视,导致报人不愿意下一代从事报业。中国的报人世家不多。

---

[1] 程治平:《我的父亲程思远》,载《凤凰周刊》2005 年第 26 期。

[2] 孔东梅:《翻开我家老影集:我心中的外公毛泽东》,中央文献出版社 2003 年版。

[3] 叶小沫:《纪念我的姑姑叶至美》,载《新民晚报》2012 年 7 月 8 日版。

[4] 王婷:《文学从内心深处淌出》,载《浙江日报》2010 年 4 月 5 日版。

[5] 彭苏:《官员万伯翱》,载《南方人物周刊》2006 年第 7 期。

[6] 瞿独伊:《怀念父亲》,载《新文学史料》1980 年第 2 期。

[7] 万京华:《李何与瞿独伊:新中国第一批驻外记者》,载《北京青年报》2013 年 8 月 29 日版。

　　为数不多的报人世家，虽然继承了父辈的新闻事业，但是两代人的事业模式各有路数。从报人世家看报业传统的继承与变迁，是一个有意思的角度。当今的这一代传媒人，在传播内容、商业模式、娱乐性，以及引进西方的传媒形式方面，都与上一代报人有所不同。

　　一些报人的后代成为电视人。如香港凤凰卫视时事评论员、言论部总监曹景行的父亲是著名报人、新闻教育家曹聚仁。中央电视台益智节目主持人王小丫的父亲王传庭是四川《凉山日报》总编辑。中央电视台文艺节目主持人董卿的父亲毕业于复旦大学新闻系，曾任《嘉兴日报》副总编。[1]

　　当代传媒人的事业领域比父辈更广阔。《人民日报》原总编辑、"中国青年新闻记者学会"（简称"青记"）早期会员李庄的女儿李东东现任新闻出版总署副署长。范长江之子范东升，撰述过传播学论著，参与创办过中国最早的媒体网站之一——《华声报》电子版，目前担任汕头大学长江新闻与传播学院院长。[2]

　　当代传媒人的教育程度比父辈提高了，他们的职业轨迹也与父辈不同。成舍我毕业于北京大学中文系，然后开创了世界报系。他的小女儿成露茜在美国获得社会学博士学位，在加州大学洛杉矶分校从教多年，获得终身教授职位，之后回到台湾继承父亲创办的《立报》事业。

　　还要看到另一种变化。当今的传媒集团与20世纪的报馆不同，有着更为复杂的资本结构，控股的老板未必懂得新闻专业，可能只是资金的掌控者。著名的香港英文报刊《南华早报》即是如此。郭鹤年、其子郭孔演、其女郭惠光相继执掌该报，成为典型的家族报业企业。该报的总编辑和副总编辑都是资深媒体人士，负责具体的采编业务。

　　报人世家与商人世家有相似，也有区别。后代是否继承父辈的新闻事业，由多个因素决定：①能力。如果并无文字方面的才华，那基本就不适合从事新闻工作。②兴趣。如果对报业无兴趣，自然也不适合。《明报》创办人、著名武侠作家金庸的子女无一从事报业，小儿子爱好并擅长烹饪，从事美食行业；小女儿爱好并擅长绘画，从事艺术事业。人的特长有天赋的成分在，未必可以后天培养，也难

　　[1]　吕林荫、尹欣：《是什么成就了董卿》，载《解放日报》2011年4月8日版，王雯淼：《董卿感谢父亲的"魔鬼"教育》，载《北京晚报》2011年8月9日版。

　　[2]　鲁晓东：《老一辈新闻界工作者的后代为公益慈善事业传递爱心》，人民网，2010年4月6日访问。

勉强。鲁迅临终前叮嘱："孩子长大，倘无才能，可寻点小事情过活，万不可去做空头文学家或美术家。"[1] 鲁迅的儿子周海婴没有子承父业，而是成为了无线电专家、摄影家。

下一代对父辈的报业有强烈的兴趣，并且也有能力的，典型的个案是美国报业大亨威廉·鲁道夫·赫斯特，他的父亲老赫斯特从事采矿业出身，偶然由于赌博的胜利赢得了一份报纸，办报并非老赫斯特的主业，但是其子却对这份报纸很有兴趣，并且他的确有这方面的天分。威廉·鲁道夫·赫斯特在读哈佛大学期间，成绩平平，并且经常惹是生非，唯一的成就是在大学生杂志《哈佛讽刺》中表现出的才华。办报方面的能力和兴趣是他接管父亲名下《旧金山考察者报》的动力，由此他开始了一生的新闻事业。

报人后代依旧选择从事传媒业，他们要面对其他行业的诱惑和来自外界的疑惑。章士钊是《苏报》的主笔，主编过《甲寅》杂志，他的外孙女洪晃曾担任外企首席代表，是20世纪80年代第一批在外企工作的中国人。洪晃引进了美国最受欢迎的青少年杂志《十七岁》的中文版，创办了《世界都市 I Look》，任中国互动媒体集团总裁。洪晃曾撰文说，有不少人不理解她从事传媒业。要么从商，要么从政，要么从事学术，相对于这些选择，传媒业的职业声望和商业利润都不是那么理想。

报人世家与商人世家有相似之处。"文二代"、"报二代"能否继承父辈的荣耀和业绩？由于两代人的社会环境不同，相应地带来两代人的能力也有差异。香港美食家、专栏作家蔡澜的父亲蔡文玄是诗人、作家、电影工作者，也办过报。蔡澜在《香港文人的生存之道》一文中写道："有时候看着那些天神一样父亲们和那些背后不成器的儿子们，常常想到德国诗人海涅气急败坏的那句名言：'老子播下的是龙种，收获的却是跳蚤。'""老一辈的香港文人普遍有几个特点，饱读诗书，才华横溢、脑子转速快、勤劳、长袖善舞，应时而动，在极度商业化的社会里杀出了一条血路"，"只可惜'文二代'们颇不给力，默默无闻倒也罢了，把父亲的特立独行个性张扬学到十足十，才华与勤奋却不及父辈一半"。[2]

---

[1] 罗文华：《重提"不做空头文学家"》，载《天津日报》2011年4月18日第12版。

[2] 蔡澜：《香港文人的生存之道》，蔡澜博客2011年5月9日。

五、报人如何培养后代？

报人本身是知识分子出身，受过很好的教育，因此重视子女教育，他们的后代成为学者的很多。报人的兴趣爱好是丰富多样的，有些报人热爱音乐，所以从小注意培养子女的音乐特长，让子女接受专门的音乐教育，因此有不少他们的后代成为音乐家。报人的工作环境中，报纸多，接触时事政治多，这使后代耳濡目染，培养了家国情怀。以下分析几个报人培养后代的案例。

（一）郎静山

郎静山1892年生于江苏淮阴，父亲郎锦堂将军雅好书画及艺术品收藏，也是京剧爱好者。出身军人世家的郎静山12岁在上海南洋中学读书时，适逢国画老师喜欢摄影，倾心授以摄影技术，为其后来成为摄影艺术大师奠定了基础。1920年，他拍摄的照片在《时报画刊》发表。1926年，进入《时报》社成为首任摄影记者。

郎静山一生以摄影推广中国传统文化，积极参与国内国际摄影学术活动。他被授予美国摄影学会会士（1937）、英国皇家摄影学会会士（1940）等数十种荣誉，103岁病逝于台北。郎静山不仅是摄影大师，还是艺坛公认的诗、书、画、影四绝，摄影作品艺术的高超与他的书画诗词修养密不可分。代表作《寒江独钓》、《晓风残月》都取材于古典诗词，意境优美。"集锦摄影"法的佳作《春树奇峰》、《松鹤长春》在国际上享有盛誉。[1]

郎静山共有子女12人。长子郎毓祥，复旦大学新闻系毕业，子承父业，是著名摄影家。大女儿郎毓秀，著名花腔女高音歌唱家，音乐教育家。三女儿郎毓贤，著名钢琴家。郎毓贤的孙女孙静雅，为四川音乐学院钢琴系青年教师。

郎静山家族既是摄影世家，又是音乐世家，这与他的兴趣爱好有关。郎静山除摄影之外，还是一个音乐迷。他喜爱西洋音乐，家中备有手摇留声机，每天晚上在冲洗相片之余，总要播放几张唱片，不论是器乐还是声乐，他都爱听。

父亲的爱好使郎毓秀从小受到西洋音乐的熏陶。她在留声机旁耳濡目染，自幼与音乐结下不解之缘。上学后，郎毓秀特别喜欢音乐课，因为歌唱得好，常常参加学校排演的文艺节目。再后来，郎毓秀喜欢上了钢琴，郎静山就下决心购买了一台进口的钢琴。郎毓秀每天伴随着自己的琴声练唱，妹妹毓贤受到感染也喜爱上钢琴，两姐妹后来都成为音乐家。郎毓秀晚年在《七十忆我的音乐生涯》中

---

[1]　《郎静山用相机作画的大师》，载《中国证券报》2006年7月29日版。

写道："父亲在任何时候都不讨厌我的琴声和练唱声，如今想来那是多么大的宽容与支持啊！"

郎静山还经常带女儿去听音乐会，观摩上海音专和工部局管弦乐队的演出。郎毓秀中学毕业后，郎静山决定送女儿到上海国立音乐专科学校学习，上海音专是当时国内唯一的音乐专业高等学府。很快就掌握地道意大利美声唱法的郎毓秀开始为上海百代公司灌唱片，年仅16岁的她和唱片公司签订了两年合同，其间先后录制了二三十张唱片。[1]

郎静山在报界工作，交游广，消息灵通，一有外国音乐家来沪演出，必定带女儿去观赏。他还鼓励女儿参与舞台表演实践，积极参与各种歌唱比赛。他曾请著名昆曲表演艺术家徐炎之、京剧大师梅兰芳、音乐家冼星海指点郎毓秀。在父亲的支持下，1937年8月，郎毓秀成为比利时皇家音乐学院唯一的中国留学生[2]，她刻苦学习，毕业考试取得了第二名的好成绩。1941年，郎毓秀回到上海。郎静山为女儿举办了隆重的独唱音乐会，在兰心大戏院连演四场，观众反响热烈。此后，她一边从事音乐教学，一边登台演唱。结婚后，又与丈夫一同赴美留学，继续学习音乐。郎静山的女儿郎毓秀就这样被悉心培养为歌剧演唱家。郎毓秀的美声演唱水平很高，外国人都不相信东方人会唱那么地道的西洋歌曲。

郎静山对京剧及声乐的爱好，影响了后代的爱好、教育和职业，造就了一个音乐世家。

（二）邓季惺

吴敬琏，我国著名的经济学家。其母邓季惺是著名的女报人，生父吴竹似、继父陈铭德是《新民报》的创办人。

吴敬琏的父亲吴竹似原名吴念椿，出身世家。宣统年间，吴竹似的父亲兴办实业，办过玻璃厂、电灯公司、轮船公司和煤炭公司。吴竹似少年聪颖，上中学时国文和英文已经相当出色。认识邓季惺（当时的名字叫邓友兰）后，改名"竹似"，意寓与"友兰"相衬。1925年，19岁的吴竹似从复旦大学新闻系毕业后，到南京中央通讯社做记者，同年与邓季惺结婚。不久，受聘于四川《大中华日报》担任主笔。1929年，年仅22岁的吴竹似和朋友陈铭德等一起在南京创办《新民报》，1931年因肺结核病故。

---

[1] 陈田：《郎毓秀 从上海名媛到成都外婆》，载《成都晚报》2006年8月13日版。

[2] 潘衍习：《郎毓秀的书房》，载《人民日报海外版》2012年5月25日第11版。

　　吴敬琏出生于 1930 年，1 岁多就失去了父亲。吴敬琏的母亲原名邓友兰，后给自己改了"季惺"这个更现代的名字。她的家庭是四川奉节的大户人家，在本地开设煤矿，还建立了四川第一家近代工厂——"森昌泰"火柴厂，她的父亲还曾兴办织布、造纸等实业，当过成都中国银行行长，所以说吴家和邓家的家庭都是中国最早的民族资产阶级。邓季惺的母亲名叫吴婉，是一位受过高等师范教育、有男女平等意识的知识女性，创办了重庆第一所女子学堂。[1]邓季惺早年受家庭影响，头脑敏锐、思维严谨、擅长理财，既有女权意识，也有社会改造的责任感和顽强的事业心。然而她的外表很秀气，说话尽管逻辑性极强，但缓缓道来，音量也不高。

　　这样的一位母亲是吴敬琏人生的第一任老师。由于丈夫英年早逝，邓季惺历尽辛苦将三个儿女养育成人。唯一的儿子吴敬琏，生来就体弱多病，邓季惺对他的健康特别在意，悉心照顾。长大后，吴敬琏娶了一位身为幼教专家的妻子周南，她毕业于南京师范学院幼儿教育系，是北京师范大学教授、儿童教育专家。这样一位育儿专家，在养育吴家第三代时，非常尊重邓季惺的意见，因为家里的这位长辈有超乎常人的理性，是大家都佩服的。

　　吴敬琏的父亲吴竹似病逝后，年轻的邓季惺虽经历了丧夫的痛苦和独自养育三个幼小孩童的艰辛，然而她以勇敢、独立的性格，继续了因结婚生子而中断的高等教育。她进入北平朝阳大学，选择了这所大学最著名的法律专业。朝阳大学是中国政法大学的前身。邓季惺选择学习法律，很符合她理性的性格和改造社会的追求。日后邓季惺走上了职业律师的道路。

　　吴敬琏 3 岁那年，母亲再嫁，继父是生父的朋友兼《新民报》的合伙人陈铭德。那年邓季惺 26 岁，陈铭德 36 岁。邓季惺和陈铭德约定：①婚后邓季惺将继续姓邓；②她的三个孩子将继续姓吴；③婚后实行分别财产制。也就是说，邓季惺不会因再嫁而失去对娘家财产和前夫遗产的控制权。1933 年 1 月，陈铭德和邓季惺在北平的欧美同学会礼堂举行婚礼，每位来宾都拿到一张粉红色的卡片，上面庄严地印着新郎新娘联合署名的上述"约法三章"，这是颇具女权色彩的做法。

　　邓季惺管家就像管理企业一样，将一切事情安排得井井有条。她不但亲自参与设计和建造家庭成员住的楼房，还精心为家里雇了保姆，为孩子们找最好的学

---

[1]　张林岚：《鹣庐女主人——忆新民报老经理邓季惺先生》，载《新闻记者》1995 年第 11 期。

校，又请来各方面的家教——从国文到游泳，面面俱到。吴敬琏就是在这样一位能干母亲的爱护和教导下度过了他的童年。

邓季惺自朝阳大学毕业后，先后就职于国民政府司法部民法司、刑法司，还热衷女权运动，参与创办了南京妇女文化促进会、南京第一托儿所，并在《新民报》开办《新妇女周刊》，担任主要撰稿人，主持"法律问答"专栏。两年后，《新民报》刊登了对司法部不利的报道，邓季惺因此受到部长的批评，于是毅然辞去了司法部的工作，挂起"邓季惺大律师"的牌子，做起律师来。她自己的事业有声有色之后，1937年6月正式加盟《新民报》，担任专管经营和财务的副总经理，将《新民报》带上自给自足之路，使《新民报》发展成为解放前中国最大的民间报业集团之一。

邓季惺在致力事业的同时，没有疏忽对孩子的教育。吴敬琏7岁时，母亲为他制定的暑期作息时间表如下：早饭后练习毛笔字，上午跟两个姐姐一起听家庭教师讲书，中餐，午休，下午由司机送去游泳。这使吴敬琏一生都认为游泳是一项很好的运动，70多岁时他仍然热爱游泳。

吴敬琏的女儿吴晓莲曾问父亲和两位姑姑，这一生他们所受到的最大影响来自何处，他们都回答说，第一是来自母亲邓季惺，第二就是小时候的教育环境。他们的母亲虽然非常忙，却总是亲自去考察每一所学校，使三姐弟能够接受条件允许的最好的教育，不但学到了知识，还培养了健康的生活情趣，养成好的思考习惯。吴家三姐弟就读过的巴蜀小学、重庆南开中学，孩子们多是来自官绅和著名文人的家庭，可算是"贵族学校"，但并不流俗。这两所学校都强调德、智、体、美的全面发展，巴蜀小学有一个"手脑并用"的教育方针，目的是要培养具有"科学的头脑、劳工的身手"的学生。正是由于这样的教育经历，吴敬琏后来在"五七干校"做瓦工、电工和木工，修自行车、收音机，他做起这些活计都得心应手，不以为苦。

吴敬琏和姐姐们是在报纸堆里长大的，小时候清晨一起床就往大人的卧室里跑，看到的便是铺满一床的报纸，大人和小孩一起依偎在床上看报纸。报人的孩子们和父母一样关心时事，吴敬琏在10岁的时候就能写出《论百团大战》这样的时事评论，家人聚在一起的时候很少聊家常，却总是谈时事。[1]

吴敬琏1948年考入南京金陵大学，先是在文学院，后来他想一个新的国家

---

[1] 吴晓莲：《我和爸爸吴敬琏：一个家族鲜为人知的故事》，当代中国出版社2007年版。

需要经济建设，于是改修经济学专业。1952 年，金陵大学经济系合并到了复旦大学经济系，所以他是从复旦大学经济系毕业的。吴敬琏被分配到中国科学院经济研究所，从此踏上了一生在经济学领域上下求索的道路。

吴敬琏是我国的经济学家中最早使用电脑的。他说："因为父母都是新闻记者出身的，记者有一种很好的素质，就是对新的事物的敏感性。我的一些阿姨、叔叔他们也都是大记者。也许是记者的敏感性对我的影响，我从他们那里学到了一点东西，20 世纪 80 年代初便开始使用电脑。"[1]

吴敬琏的两个女儿现居美国。[2]吴晓莲是心理学博士，在大学任教，著有《我和爸爸吴敬琏：一个家族鲜为人知的故事》。吴晓兰是医学兼哲学博士。

（三）张 恨 水

著名作家、报人张恨水，代表作有《金粉世家》、《啼笑因缘》等。张恨水是武将之后，他出生于 1895 年，出生那天，祖父正好接到了提升参将（二品顶戴）的喜报。其祖父张开甲自幼习武，是家乡有名的大力士，太平天国兴起时加入湘军曾国藩部队，他的绝技是信手拿一双竹筷，向空中一伸，就能夹死一只苍蝇。张恨水后来在写《啼笑因缘》时采用了这一细节——关寿峰请樊家树吃饭时用筷夹蝇，很多人认为不真实、荒诞不经，其实这是张恨水祖父的绝技。[3]

张恨水自幼天资过人、过目成诵，家里计划让他出国留学，不幸其父突染急病去世，张恨水是家中长子，要养家，只好放弃留学的念头。1919 年秋，张恨水北上，到了向往的北京。1924 年，加入成舍我创办的《世界晚报》，负责文艺副刊，颇受读者好评。在此期间，张恨水撰写了《春明外史》，在《世界晚报》连载五年。这部百万字的长篇连载小说是其成名作，引起轰动，每天下午两三点钟，不少读者在报馆门口排队，急切地等待当日报纸，欲先睹为快。

张恨水的古典词章造诣深厚，他常对子女说："我的职业是记者，我的爱好是写小说，但我钻研的是词章，要做的学问是历史。"张伍童年时看到父亲总是手不释卷，但很少看小说，读的大都是历史和诗词。张恨水的诗、词、曲、赋无一不精，这是他小说创作的基础。

张恨水的子女都没有继承他的文学事业。张恨水的长子张晓水曾执教于北京

---

[1] 吴志菲、余玮：《吴敬琏的人生故事》，载《决策与信息》2002 年第 8 期。

[2] 《吴晓莲姐妹谈〈我和爸爸吴敬琏〉》，人民网 2007 年 6 月 8 日。

[3] 口述张伍，记者李菁：《我的父亲张恨水》，载《三联生活周刊》2007 年第 9 期。

第二外国语学院，专业是经济学。女儿张正曾在北京团结湖中学任教。四儿子张伍受热爱京剧的父母影响，在中国戏曲学校（中国戏曲学院前身）学习老生，毕业后做了中国京剧院的京剧编剧。张伍的夫人是学青衣的，与他是中国戏曲学校的同学。张恨水晚年很遗憾长子张晓水未能走上他设计的文学道路。法国小说家大仲马是张恨水十分欣赏的作家，他很羡慕大仲马有小仲马这样一个作家儿子。张恨水为张晓水制订了学习计划，让儿子从小读四书五经、名家散文、诗词歌赋。张晓水很爱读书，但是抗战时期时局动荡，上学不能不受到影响，所以直到1947年年底才来到北平念高中，这时张恨水发现儿子的古文功底平平，就努力为他讲解，鼓励张晓水博览群书，1948年，20岁的张晓水如愿进入北平中国大学，在国文系就读。不久张恨水因病停止写作，张家失去主要收入来源，张晓水不得不离开中国大学，进入免学费的华北军政大学，先在国文系就读，后转入计划经济系学习。张晓水之所以没有遵从父亲的期待，一是他对经济学发生了兴趣；二是自觉才气不如父亲。后来他在华北军政大学政治经济学教研室读研究生，而后留校任教，20世纪60年代调往北京第二外国语学院。尽管长子换了专业，张恨水还是期待他保持对文学的爱好，1961年11月，张恨水曾写信给张晓水，希望他"无事时学学旧诗"，还在信中介绍了旧诗平仄的知识。[1]

张伍写过《我的父亲张恨水》[2]一书。他接受记者采访时说过一件趣事，成舍我的儿子成思危、邓季惺的儿子吴敬琏现在都是"闻人"。某一次会议，张伍与张友鸾的儿子坐在台下，成思危、吴敬琏皆坐在台上，他们自我解嘲地说："老板的儿子还是老板！"

（四）杜重远

爱国报人杜重远的夫人侯御之教导子女有方。侯御之8岁官费赴日留学，18岁毕业于日本京都大学，22岁获国际法法学博士学位，会唱意大利歌剧，还是出色的钢琴手，熟谙七国外语，回国后在燕京大学任教，是中国第一个法学女博士。

结婚时，杜重远年长于侯御之14岁，尚有四女，但二人终结连理、生死不渝。杜重远既是《新生》主编，也是抗日爱国领袖，后被新疆军阀盛世才杀害。杜重远牺牲后，侯御之带着孩子们艰难地生存下来，她在家中辅导孩子们的功课，使几个女儿直接高考，都考入上海的重点大学，一时传为佳话。杜重远的女儿杜颖

---

[1] 《张恨水的未了凤愿：期待儿子在文学上有所建树》，载《郑州日报》2010年5月6日版。

[2] 张伍：《我的父亲张恨水》，团结出版社2008年版。

曾在上海国际问题研究所工作，后定居香港经商。其他女儿也经商，并担任全国政协委员。[1]

（五）张友鸾

著名报人张友鸾曾在《世界日报》、《立报》、《新民报》、《南京人报》就职，被称为"办报的全才"[2]。他的儿子张传轮从事电子科研工作。张传轮从小就喜欢电器，得到父亲的鼓励和支持。张友鸾为儿子买来大量的电子管、收音机，十一二岁的张传轮把这些当成宝贝，拆装组合，增长了电子知识，锻炼了动手能力。1950年，张传轮参军入伍，到军事干部学校学习，毕业后当了一名教员。1957年，张友鸾被打成"右派"，张传轮受牵连被迫转业离开部队，回到老家安徽，在安徽工学院任教。20世纪80年代，张友鸾得到平反，张传轮也恢复了军人的身份，回到高等军事科技教育和科研的岗位。[3]

张传轮退休后，到深圳的康佳集团工作。他为维修人员举办技术培训，并主持编写彩电原理与维修方面的书籍，解决了我国没有彩电维修方面培训教材的问题，销量达到几十万册，几乎全国的电视维修人员人手一册，不但对康佳帮助很大，也带动了整个电子行业的发展。[4]

六、结　　论

本章通过报人的代际流动，分析了中国报业传统的传承状况，以及报人在中国社会的阶层地位问题。

报人的代际流动，与这个群体对社会精英的认同和对社会责任的期许有关。救国之路有许多条，包括科学救国、实业救国等，报人自己选择了报业救国、文章救国，但并不打算让子女也走上这条路。除了对政治风险的忌惮，还与对报业职业的认知有关，父辈从事报业多年，感受到这个行业的复杂层面，不再天真地认为靠无冕之王就能拯救国家。成功的报业资本家、著名记者，有见识，也有能力让儿女接受良好的教育，却并不愿意让儿女从事报业。

---

[1]　杜毅、杜颖：《梧桐下，一座老宅的记忆》，载《文汇报》2006年12月4日版，杜毅：《疏影——哀思慈母侯御之》，载《人民日报》2000年5月9日第11版。

[2]　方汉奇：《序言》，载《张友鸾纪念文集》，文汇出版社2000年版，第2—3页。

[3]　张传轮：《父亲的爱国思想使我终身受益》，载《张友鸾纪念文集》，文汇出版社2000年版，第165—167页。

[4]　张传轮：《康佳超级芯片彩色电视机原理与维修》，人民邮电出版社2004年版。

《大公报》总经理胡政之的儿子胡德生曾回忆，父亲不许子承父业。[1]不只报人职业如此，中国人选择职业有尊重父母意见的传统，一些大学教授很长时间都告诉自己的孩子"学理科别学文科"，因为怕文科出事。[2]

子女选择职业不全是受父辈影响。著名报人的后代很少从事报业，有社会环境的因素。关于报人的职业地位，以往的研究表明，从清末到20世纪30年代，报人的职业地位是提高的。[3]但是本章的研究表明，现代著名报人的后代其实很少有选择报业的。尤其在20世纪50年代以后，两岸对报业的威权政治实际上使报人的社会阶层又下降了。新闻业缺少自由与安全，因此报人后代不愿从事该行业。

报人的代际流动状况，表明报业对自身的社会认知并不如人们想象的那么高。我国学者以往的研究认为中国并不存在无冕之王的环境，在20世纪前半叶该行业是缺少自由与安全的，始终没有法制的保障，"无冕之王"的职业荣耀只是空洞的冠冕。[4]本章关于报人代际流动的研究可从另一个角度证实这一点。

本章的研究表明，报人对自我职业地位的认知是不高的，并且受到外界环境压力的影响。成舍我的女儿成露茜在美国获得社会学博士学位，成为大学终身教授，一生主要从事学术职业，在台湾报禁放开，报业环境改善后，才回到台湾担任《立报》负责人。该个案说明，现代著名报人的代际流动，受到报人对职业自我认知以及报业所处社会环境这两个因素的双重影响。

在代际流动现象之外，著名报人的代内流动状况如何呢？报人向政界、文化界流动的现象都不少见。如20世纪20年代《时报》著名新闻摄影记者郎静山后来成为艺术摄影家，《民国日报》主编叶楚伧成为国民党中央宣传部长。由报界进入艺术界、政界，西方国家也不乏这类现象，法国有句谚语："新闻业是通往一切之路。"

中国与西方国家的明显区别在于代际流动的不同。中国著名报人的后代继承父辈事业的很少见。本章的研究表明，在中国，报业的传统作为文化资本的一种，

[1] 张平：《凭良知，说真话——评〈胡政之文选〉》，载《中国青年报》2010年2月9日版。

[2] 孙正聿：《现实问题的理论自觉》，载《社会责任与哲学社会科学繁荣发展》，武汉大学出版社2011年版，第27页。

[3] 陈彤旭：《出奇制胜——旧中国的民间报业经营》，福建人民出版社1999年版，第125页。

[4] 郭镇之：《林白水命运的历史审视》，载《国际新闻界》2007年第2期。

未能像商业资本、政治资本一样在家族中世代传递。报业世家少见，不像学术世家、政治世家、医学世家在中国普遍存在。结合报业自身发展历程分析，主要有如下原因。

（1）中国现代报业的历史较短，因此现代著名报人多是白手起家的第一代，其本身并非出身世家，而后代又多不从事报业，所以报业世家就少见。

（2）报业的发展受政治经济因素的制约，欠缺独立超然的社会地位，风险高，因此报人不愿子女继承父业，报业世家也就少见。

（3）报人对职业的自我认知度不高，希望子女向上流动，从事职业声望更高的科学、教育事业，希望子女从事报业的不多。

本章的研究也表明，中国传媒业的人员来源是开放的，不受世袭的文化资本的制约。即是说，即使报人后代并不青睐传媒这个行当，传媒业自有其他的热爱者、不畏惧风险者来从事。对中国传媒业职业的开放性如何评价？要看到问题的两面，好处是传媒从业人员来源丰富，坏处是少了行业自身的传统传承。社会上任何一个行当，都有职业秘籍和必须规避的潜规则，世家子弟容易自幼知晓里面的门道。职业传统和文化资本经由家族传承，是一条重要的便捷的途径，这不是学校教育和行业训练所能轻易代替的。家长教导和自己摸索、师傅传授，其效果不可一概而论。但由于中国现代报人对传媒行当艰苦及风险的畏惮，使得少有子承父业的情况，因此少了文化资本传承的一条捷径。这并不会使传媒业缺乏人才来源，对传媒业好奇、跃跃欲试者总有之，但是会因此使行业传统少了一条传承的途径，使中国的传媒业在经验积淀、传统继承方面受到损失。

为什么中国缺少百年大报？这与政治经济环境动荡有关，也与缺少报业传统的传承有关。具有悠久传统的敦实厚重的大报，建立在丰富的报业经验之上。报业作为一种职业，是向上进行社会流动的途径。商人可以通过报纸扩大影响，提高声望，比如胡文虎和王郅隆办报的目的都是如此。文人可以通过报纸实现改革社会的理想，比如张季鸾和胡政之。许多著名报人出身平凡，在报业取得了非凡的成功，比如美查和北岩爵士。但报业是高风险的职业，所以中国著名报人的后代很少有从事报业的。风险，包括政治、经济的风险，政治安全和经济财产权得不到保障。此外，职业声望不如学术、政治职业，职业压力大，容易得罪人，这些都是影响报人后代选择该职业的因素。

医生行业也有风险，但医生世家很多，为什么？医生的职业风险是单一的，主要是行医中误诊的风险和来自病人的压力。医学技艺可以继承，属于技术。报人职业不同于行医职业的是，其风险是多重的。如果随着时代的变迁，社会环境的转易，较多出现一些报人世家，或者说传媒世家，对于更好地传承报业文化、办报技艺是有利的。

第八章　比较视野中的记者与作家

很多作家曾经当过记者，记者的职业生涯中有接触形形色色人物的机会，为写作提供了丰富的素材。如美国作家马克·吐温、海明威，中国作家萧乾等，都有过当记者的经历。记者与作家有关联，也有区别。下文通过邹韬奋的个案，分析记者写作的特征以及与作家的区别。

邹韬奋（1895—1944）一生中经历过多次流亡。1933 年 7 月至 1935 年 8 月的那一次，是他初次流亡，也是他唯一的一次环球旅行。这历时两年多的被迫远走异国、萍踪不定的生活，成了他增长见闻、认识世界的难得机会，也使得他在思想上有了飞跃进步，是邹韬奋作为一名进步的知识分子从爱国民主主义者向共产主义者转变的重大关键。在这次流亡前后，他细致深入的采访和笔耕不辍，给后人留下了一份丰厚的新闻学遗产，约 57 万字的国际通讯集《萍踪寄语》和《萍踪忆语》。邹韬奋先生已去世 70 年。世易时移，时至今日，这些作品的新闻价值固然淡化了，但它们还有着感人的艺术魅力，也仍是人们研究这位杰出新闻记者的思想道路和采访、写作经验的宝贵资料。

邹韬奋国际通讯的采访、写作与发表过程，几乎是同时开始的。1933 年 7 月 14 日，作者登上赴意轮船"佛尔第号"；次日，即 7 月 15 日，在《生活》周刊第 8 卷第 28 期上发表《萍踪寄语》的第一篇《开端》，向读者报告赴欧考察的内容。自此，作者陆续就旅途见闻写成通讯寄往国内，船只每经一地，就发稿一次，稿件固定在《生活》周刊上连载。直到同年 12 月 16 日，《生活》周刊被国民党政府以"言论反动、思想过激、毁谤党国"的罪名查封。1934 年 2 月 10 日，《新生》周刊在上海出版，它继承和发扬了《生活》的传统，被视为《生活》之后身。《新生》从5月19日起，开始连载《萍踪寄语》。然而一年以后，《新生》又以"妨害邦交"的罪名被查封，主编杜重远入狱。这一事件促成了邹韬奋的回国，也使得他回国后撰写的《萍踪忆语》不得不由另一家杂志《世界知识》连载。短短两年内，作者的两个发表阵地相继被毁，旧中国的新闻禁锢政策之黑暗由此可见一斑。同时我们看到，邹韬奋及杜重远、艾寒松、毕云程等一批进步的生活书店同仁进行了坚韧顽强的斗争。作者旅途颠沛而笔耕不停，编者三易其刊而连载不辍，他们的努力使得作者与读者之间的交流渠道保持了通畅。以当时的交通、通讯以及印刷、出版条件，加之当局的压制，做到这一点殊属不易。

邹韬奋所采写的总共168篇，计57万字的国际通讯，除在杂志上连载外，还同时以最快的速度编辑成集，以四本单行本的形式印行出版。1934—1937年，《萍踪寄语》（初集）、《萍踪寄语》（二集）、《萍踪寄语》（三集）、《萍踪忆语》陆续编成、出版。[1]由生活书店出版的这四本通讯集，速度最快的从交稿到出版只有月余，慢的也不过3个月，写于国外的三本集子在作者回国之前就都已出版。一般来讲，书籍传播信息的速度远远慢于报刊，结集出版的消息和通讯的新闻时效性比较差，但它可以弥补报刊零散和缺乏系统性的不足。生活书店高效率的运作缩短了通讯集与杂志在时效上的差距，使得读者能够从两个渠道迅速及时地获得来自欧洲的信息，也令作者的这些通讯在读者当中发挥了尽可能大的教育作用，影响广泛而深远。

《萍踪寄语》刚开始在《生活》周刊上发表，即受到广大读者的欢迎。韬奋作为一名记者，凭着自己诚实的观察，将欧洲各国的许多断面，用很忠实、很动人的笔调描绘出来，帮助读者认识欧洲是怎样的一个社会。韬奋国际通讯的力量和魅力就在于忠实和动人，由于忠实而产生了力量，由于爱而分外动人。这些通讯因为采访深入细致，所以材料丰富而翔实。同时，由于他掌握了先进的世界观和方法论，能够从正确的角度来认识问题、分析问题，所以他的报道既有广度，又有深度，忠实于新闻事实。

邹韬奋作品的另一个特色在于去除了一般新闻作品枯燥乏味的通病，笔尖常带感情，文辞幽默隽永，妙趣横生，生活气息浓郁，富于艺术感染力。这些作品还有一个特色，即创造性。大半个世纪过去了，这些富有生命力的文章，至今仍

---

[1] 邹韬奋：《萍踪寄语》（二集），生活印刷所1934年版；邹韬奋：《萍踪寄语》（三集），生活印刷所1936年版。

然有强烈的感染力量，令人读后感到新颖。作为负载新闻事实的通讯作品，新闻已经过时了，变成历史，却仍能令人感到新颖，这不能不归功于作者在选取新闻素材方面和写作上的独创性

邹韬奋国际通讯的这些特色是他的作品中普遍具备的，在个别类型的作品中表现得尤为突出。为了更好地理解他的采访和写作风格，借鉴其工作经验，下面将结合作品具体阐述。

邹韬奋国际通讯从报道的广度来讲，可谓极其广阔，就地域而言，其足迹遍及四大洲，在亚洲的新加坡、菲律宾、印度和非洲的埃及都曾驻足，对欧美更是作了长时间的社会考察；就题材而言，涉及政治、经济、交通、文化、教育、新闻出版、妇女儿童等各个方面；就报道对象而言，采写了包括皇帝、政治家、大富豪、革命青年、大学教授、工人、小店主、黑奴、乞丐、妓女在内的各种类型、各个阶层的人物。

面对如此广阔的报道领域，作者并没有让他的通讯流于肤浅和庞杂。他的写作动机是清楚的，即通过自己的考察让读者及时了解当时的世界大势和欧美苏各国的实际情形，以解决中华民族的出路问题。纵观邹韬奋的作品，从《萍踪寄语》到《萍踪忆语》，始终贯穿着这一主题。他的读者对象是明确的，主要是文化水平不很高的知识青年，如小市民、小职员、小学教员和中学生等。邹韬奋始终有极强的读者观念，他注重与读者的交流，关心读者的需求，所以他的作品有很强的针对性。他所关注的也是读者日常关切的具体问题，因而尽管作者身在国外，所报道的也是国外的事，但读来并不觉得生涩遥远，反而感到离读者的生活很近，亲切有味。

所以说，作者笔下尽管涉猎很广，但也相当注重新闻素材的选择。他的报道既有鲜明的主题，又有强烈的针对性，同时努力道人所未道、言人所未言，令读者有新鲜感。国际通讯与国内通讯的报道角度可以说大不相同，在本国人看来算不上新闻的事情，也许只是旧闻或寻常小事，对外国人来说却可能很陌生、很新鲜。尤其20世纪30年代的中国读者，他们了解国外的途径甚少，对信息的渴求也就格外强烈，作者因而撷取了那些有益于读者，也是读者最需要的新闻，如《梅隆怎样成了富豪》一文，报道了美国一位大垄断资本家的发家史，深刻地揭示了梅隆剥削工人阶级和操纵政权的真面目，对意欲了解美国资本主义本质的读者来说，不啻为最好的教材。

作者不是事无巨细，流水账似的记游。尽管所到之处都是平生未见过的，但他以新闻记者的身份肩负社会考察的任务，并非闲适的游客，也不是旅行家；他报道给读者的不是普通人眼中的自然人文景观，也不是文学家刻意营造的特定情境，而是结合他独特的个人体验和职业的眼光，透视欧美的社会、经济状况，表达自己的分析和见解。所以他的国际通讯的作用也不在于游记的移人之性情，而是要引发读者进一步的感悟和思考。试以《萍踪寄语》中《威尼斯》与作家朱自清脍炙人口的同名散文比较，可以从中看出作者在选择写作角度上的独到之处。

邹韬奋是经过意大利布林的西港而后到达威尼斯的，所以在这篇通讯的开头，他首先写到了布林的西港。虽仅在此停留两小时，但他的视野并没限于"像样的街道"，而是看到"一般普通人民多衣服褴褛，差不多找不出一条端正的领带来"。至于"许多人赞美不置的威尼斯，关于大多数穷人的区域，也看了一番，和在布林的西港所见的也没有什么两样"。意大利是欧洲一个比较落后的国家，加之时值 1929—1933 年的世界经济危机，自然"穷相更甚"。作者这样写道："威尼斯的景物美吗？美！……佛罗伦萨也有它的美，但这是意大利五六百年乃至千余年前遗下的古董，我们还不能由此看出该国有何新的建设成绩。"

朱自清的《威尼斯》则是这样写的："威尼斯是'海中的城'，在意大利半岛的东北角上，是一群小岛，外面一道沙堤隔开亚得里亚海。在圣马克方场的钟楼上看，团花簇锦似的东一块西一块在绿波里荡漾着。远处是水天相接，一片茫茫。这里没有什么煤烟，天空干干净净；在温和的日光中，一切都像透明的。中国人到此，仿佛在江南的水乡；夏初从欧洲北部来的，在这儿还可看见清清楚楚的春天的背影。海水那么绿，那么酽，会带你到梦中去。"

浪漫主义作家和新闻记者的视角就是如此不同，前者看到美、歌唱美，后者也看到美、承认美，他却不愿一味歌唱美，因为更看到了美背后的丑。二者没有什么高下之分，而是客观上存在着观察视角、写作动机、表达功能的差异。作家与读者之间虽然也有交流，但他是在对一个不确定的读者群进行表达，当他写作的时候，不知道将来在何时、何地，会由谁来阅读他的作品，甚至不知道会不会发表；他所表达的一切可能超出了当代一般读者的理解能力，他对自己作品的影响及读者的反馈不会抱很大的希望，所以常常有作家寄希望于"藏之名山，传诸后人"；他常常热衷于表达自己内心的情感和思想，甚至只说给自己听，作家的写作相当"自我"。

　　而新闻记者恰恰相反，他要在某种程度上失去"自我"，在写作之先就已明确地知道要为什么人而写，所以他的作品一定要适合读者的需要。他写什么，不写什么，都很为读者着想，别人已经写过的、读者已知道的，他就不作重点或者略过不提；读者想要知道，而没有人写过、没有人看到的，他就浓墨重彩、不吝笔墨。从心理学的角度讲，记者的写作是外指性的，他每时每刻都在与读者交流。他应当预见到作品会有怎样的反响，并且努力使作品达到这样的效果。真正的记者应当如此，而邹韬奋也的确做到了。

　　国际通讯与人物通讯、工作通讯等体裁相比，在采访和写作上都存在着比较大的难度。驻外记者常常是独立采访，记者之间的分工也不可能像在国内一样精细明确，任务繁重复杂，身处之地的文化政治背景又与国内有较大的差异，加之语言的隔阂，这一切都需要驻外记者有较高的学识修养和新闻工作技能，否则，他的报道就很难成功。韬奋国际通讯采写上的经验也许能给今天的国际报道提供有益的借鉴。

　　周恩来曾经这样称赞邹韬奋的《萍踪忆语》：关于美国的全貌，从来不曾看到过有比这本书搜集材料之亲切有味和内容丰富的。对此，作者自述："当时为着搜集著述材料，不以视察美国东部为满足，特冒着相当的危险往美国南部一行……除东部、南部外，还往北部、西部，不但视察城市，而且深入乡村，所以自问是很费了一番苦工的。"的确，作者的国际通讯之所以能够写得深刻透彻、细致生动、丰富充实，是以成功的采访为前提的。

　　1.作者有良好的语言基础

　　他在上海圣约翰大学打下了坚实的英语功底，能够运用自如，所以可能在伦敦大学政治经济学院听讲，并在大英博物馆图书馆研读马列主义著作和其他社会科学书籍，从而促进了思想上的进步。设想如果英语不好，他在伦敦的几个月肯定不会过得如此充实而有收获；也很难想象他会走遍美国大陆，甚至加入到地下革命的行列中去。他的法语也有一定的基础，能应付简单的对话。在《离意大利后的杂感》一文中，我们看到，作者很重视语言在采访中的作用，还为因法语不熟而失去与人交谈的机会，没能探出有价值的材料而遗憾。尽管如此，作者还是靠他流利的英语从与各阶层人物的频繁交流中，搜集到了大量的新闻素材。

　　2.作者有健康、平等、积极的采访心态

　　他对各国人民不抱有偏见，在环球旅行当中，始终保持着不卑不亢的态度。

譬如在法西斯主义抬头的德国，他揭露了纳粹主义的独裁行径，同时也写道："德国一般人民，我觉得都很可爱，所以我对于口耳曼种族只有敬重的态度。"他这样认为，各国人民都是良莠不齐，总有友好的朋友。他抱着观察和学习的态度而去，每到一国，都注意他人的长处，以资中国的借鉴；他在许多文章中都力图将国外状况与国内状况作以比较，如《法国的大学教授》一文将中法的高等教育体制加以比较，这并非妄自菲薄，而是实事求是、有的放矢地指出差距，以供国内读者参考研究；他也注意发现国外的弊端，尤其是资本主义黑暗的本质，毫不文饰。他善于与采访对象交谈，即使在语言不通的时候，也努力以自己特有的方式与对方尽量交流。他所做的交流是平等的，他在了解别国情况的同时，也积极向外国人民介绍中国的自然状况、新闻业现状及抗敌救亡的情况，增进了彼此的了解，也消除了一些人对中国的误解。尤可称道的是作者以他丰富的学识、谦和有礼的为人，树立了一位值得尊敬的中国人的良好形象，这使得他交了很多的异国朋友，连原本对中国人很陌生的英国房东老太太也极称赞他。

3. 作者有不畏艰辛、不怕麻烦、深入踏实的工作精神

他通常不参加旅行团，而是一个人跑到各处采访，因为个人旅行所得的经验只有比团体旅行来得多，即使是与美国学生同赴苏联的那一次，他也争取了10天的单独活动时间；他利用各种各样的交通工具，如长途公共汽车和火车慢车等，深入到小镇和乡村的平民当中。这样，他就比跟着旅行团在大城市里观光的那类游客或考察者更多地占有了新鲜、丰富的事实。他曾经注意到种族歧视严重的美国南部有一条法律规定，公共汽车上，黑人与白人不得坐在一起。他把这写入《黑色问题》一文。不久，他又在乡间的长途公共汽车上亲见了这一事实，感受到了"被压迫民族的惨况和这不合理世界的残酷"。有了记者亲身的观察体会，就比只有法律条文的介绍生动真切多了。而这样细致深入的观察在一般的国际通讯中不大见得到，大概正如作者所说，中国人到美国南方游历的很少，尤其是在那样小城小镇的地方。作者为了详尽了解农村的真实情况，冒着被侦探跟踪的危险，除到附近的乡村步行视察外，还雇了一辆汽车到塞尔马郊外的农村去看了好些时候。不仅在美国如此，作者在欧洲采访时，也是不局限于风景名胜，相反，每到一地，都要跑去看看贫民窟。因而，他既看到了"表面"，又看到了"里面"；既看见古迹文物，也看见"堂皇的教堂下面黑暗的地窖"和"龌龊的街道"；既看到华美窗帷，又看到了那后面的孤独劳苦。所以说，没有踏实深入的采访，作者就不

可能拥有丰富翔实的第一手材料，也不可能有忠实的报道。

4. 作者具有敏锐的观察力，冷静清晰的思维，善于分析，所以他的国际通讯从每一篇来讲，虽不大而全，却能深而透

如前所述，作者总是不满足于仅仅占有文字材料，凡有可能，总要亲自去看看，这种观察并非泛泛的参观，而是目光敏锐的观察。作者曾在夏威夷稍驻，注意到火奴鲁鲁的珍珠港是太平洋上设备最完善的一个军事根据地，他由国际风云的紧张以及对日美矛盾和日本帝国主义的野心的清醒认识，预感到夏威夷在军事上的重要性，7 年后，太平洋战争证实了他的预言。

作者勤于思考，善于发现矛盾，提出问题。他发现问题后，不是径直摆在那儿留给读者猜谜，而是进一步了解情况，以问题为中心展开条分缕析的阐述，拿出自己的见解，与读者交流，所以他的文章总是显得很透彻。例如《在法的青田人》一文中，作者不但报道了旅法华侨窘迫、穷困的生活，而且进一步分析了青田小贩之所以冒险偷渡、到国外谋生的根本原因，深刻地指出了正是层出不穷的军阀官僚，使民不聊生，情愿千辛万苦逃到海外，受尽他人的蹂躏侮辱。

作者出色的观察能力还表现在善于抓住精彩的细节加以描写，从而使通讯波澜起伏、引人入胜。《再到巴黎》报道了 1934 年巴黎的政潮，其中加入了一个小插曲：作者到法国众议院旁听了一小时，发现议员开会"简直是四十分钟持续不断的一场大吵闹"，"本党人发言，本党的议员大鼓其掌，反对党的议员便同时你一句我一句插着大声瞎闹"，"最难做的是议长，拿着一个戒尺在桌旁打着，不行，就大摇桌上的钟（这钟的声音，好像救火车在马路上驶过时的钟声一样）……议长好像气得发昏的样子"；至于旁听席上的众人，"看到那样闹得不亦乐乎的样子，都忍俊不住的大笑"。短短五六百字的一段报道，将法国众议院中各色人物的表情描绘得活灵活现，令读者阅后，仿佛觉得吵闹声、笑声、钟声搅成一团，如在耳边，仿佛亲眼见到了一幕生动的政客闹剧。

作者善于捕捉生动的事实，也重视发挥事实的作用。毋庸置疑，他的国际通讯具有很强的知识性，像《掌握全美国经济生命的华尔街》一类的作品，甚至可以当作论文来读。他充分地占有资料，搜集了丰富的文字材料和大量的数字，但他没有滥用这些东西，而是尽量让事实说明问题。譬如在《黑色问题》一文中，他用黑人在芝加哥各工厂中所占的比例来说明美国黑人在工人运动中的位置，罗列了几行数字之后，他这样写道："够了，多举许多数目字，也许要惹起读者的

厌烦。但是略为举了这些数目字，便可想象得到在美国的劳工运动中，黑人也渐渐地占着很重要的位置。"是的，他所举的数字虽不多，但足以说明问题。

邹韬奋国际通讯还有这样一个特点，就是生活气息浓郁。这一方面是由于他擅长捕捉和描绘生活中的细节，也是因为他的旅行方式和认知态度使得他能够贴近日常生活，他以一颗平常心和平民的方式旅行，接近平民。他还喜欢把个人行踪和旅途轶事写入通讯里面，"萍踪"通讯这个名称不是没有根据的，因此有人认为他的一些作品应该算是旅途通讯。他在许多作品中都记述了诸如花多少钱买车票、坐什么样的车、同游旅伴之类的小事，有一些有认识意义，譬如在美国的冒险旅行，有助于读者认识资本主义迫害革命者的罪恶，但也有些没有什么实际意义，今天看来很有些琐碎。不过总的来说，通讯中加入个人的行踪经历后，更加有人情味，更吸引读者。这是因为出国旅行不是人人可遇的机会，更何况环球旅行，所以一般的读者在对国外好奇的同时，也对作者游历世界的过程本身很感兴趣。这也是国际通讯不同于国内通讯之处。国内通讯，一般不必报告记者行踪，读者也不大关心这些，因为这是大家共同的经验范围所在，没有什么新鲜感。国际通讯则不同，对读者来说，即便是日常琐事，也有异域情调，尤其是作者亲身遭遇的有传奇色彩的事件更能增添作品的魅力。从读者心理学的角度看，关注的程度越高，新闻的成功率就越高。

今天的许多国际通讯不复有韬奋国际通讯的魅力，固然有多种多样的原因，国门开放，人们了解国外的途径也增多了。但若从作品自身找原因，很大的一个问题在于许多作品有个通病：缺乏人情味，没个性，不吸引人。这不仅仅是语言运用、遣词造句的问题，还有更深一层原因：采访的贫乏。今日之出国访问考察，都是团体组织，统一行动，一切安排得周密而详尽，固然方便安全，但也少了单独旅行的冒险意味、新鲜感和刺激感，不复有只属于个人的独特经历和感受。作者们因此也很少提及个人行踪，一般都是这样的程式："我们到了什么什么地方"，而后"此地如何如何"。在这样的国际通讯里面，读者看不到作者的身影，只有含混的"我们"走来走去，也很少看到有新鲜的感受。驻外记者的作品一般不会是这种浮光掠影的观感，但也有些人的报道写得如同导游手册，千人一面、毫无趣味。自然，邹韬奋所处的时代在政治、经济、交通等条件上都与今天有很大的不同，如今的新闻作品在时效性、信息量方面也要求更高，但是，那种使得他的作品拥有长盛不衰的生命力的宝贵的精神和经验，仍旧是今天的国际通讯作者们可以学习并且拥有的。

邹韬奋的国际通讯既有鲜明的新闻性，又有一定的文学性。他讲究文笔的优美生动，语言幽默诙谐，富于艺术感染力。他的一些作品是可以当作游记来读的，例如《月下中流——经苏彝士河》清新隽永，对运河沿岸优美的夜景作了富于诗意的描绘，"一轮明月高悬，蔚蓝的青天净洁得没有丝毫的渣滓……在睡梦中还好像明月清风，随我左右"。如此意境，在新闻作品中是不多见的。

邹韬奋的政治题材的国际通讯尤其突出地体现了作者的写作风格。把新闻作品写得引人入胜不容易，而对政治通讯来说，要做到这一点就更难。政治通讯一向很少能写出趣味感，总是板着面孔训人，这是中国报刊在新闻写作方面的薄弱环节。因此，探讨邹韬奋的国际政治通讯何以妙趣横生、吸引读者就显得格外有意义。

邹韬奋能把题材严肃的政治新闻写得引人入胜，很重要的一个原因在于他在新闻报道中投入了丰富的情感。从他的笔下，可以看到对祖国、人民的热爱，对弱小种族、民族的同情，对事业的责任心、对社会的义务感以及对丑恶势力和敌人的厌恶、憎恨。这些感情的流露未必是出于字面上的抒情部分，也不一定是游离于事件之外的议论；他常常以他的思想感情来写报道，字里行间令读者体会他的情真意切，感染着读者，引起读者的共鸣。

列宁曾说过，没有人的情感，就从来没有也不可能有人对于真理的追求。浓厚的感情色彩并没有损害邹韬奋政治通讯的新闻性。作者满怀激情进行采访与写作，使情感与事实达到了高度的统一，大大增强了作品的表现力。前文曾提及的《再到巴黎》可以说就是一篇典型的富于感情色彩的通讯。作者没加什么评论，一番绘声绘色的描写，就轻轻松松地嘲讽了法国议员的无聊和议会制度的腐败、议长的无能，他的思想倾向也由此表现出来了。

要研究邹韬奋国际政治通讯的特色，还不能不注意到他与黄远生之间的继承关系。二者之间有很多相近之处：都出身于书香门第，家道中落；接受西方文化较早，从小就学习英语；虽有深厚的传统文化功底，但不受旧学束缚，向往自由与光明；对世界形势有较清楚的了解，见识广博；有记者的素质，都想通过舆论改造社会。黄远生也曾因政治上的不容于当局而被迫出国流亡。他们的相似不是个别的，那个时代许多知识分子都曾走过同样的道路。

第九章　比较视野中的报刊漫画史

漫画是报刊传播内容的一部分。中国与西方的漫画，从内容到形式都有所不同。本章将通过两个漫画史上的案例进行中西漫画的比较。

第一节　巴黎和会时期的《大公报》新闻漫画

20 世纪以来，新闻漫画成为我国报刊上一种重要的体裁。它夸张幽默，同时又能尖锐地表达对时事的观点。与世界上其他国家的漫画相比，我国新闻漫画的本土性体现在中国时事的新闻内容和中国风格的艺术形式上。中国办报时间最长的报纸《大公报》，是解剖新闻漫画本土性的典型样本。

一、漫画与时事的配合

1919 年 1 月 18 日—6 月 28 日，第一次世界大战的战胜国和战败国在巴黎召开和平会议，史称"巴黎和会"。该和会自始至终在大国的操纵下进行。会议最后一天，在凡尔赛宫举行对德和约签字仪式，战前德国侵占的中国山东省的权益被转移给日本。对于这种不合理的条约，中国代表团多次交涉，没有成功，最终拒绝签字。[1]

这是中国人争取国家权益的重大新闻事件。天津《大公报》十分重视对巴黎和会的报道，总编辑胡政之亲赴巴黎采访，从会议现场发回了大量消息和通讯。该报并且刊登了水平很高的新闻漫画。

---

[1] 《大公报一百年》（上册），香港大公报 2002 年版，第 215 页。

在 1919 年，新闻漫画已是当时中国十分流行的体裁。同时期的《东方杂志》、《国闻周报》、《益世报》等著名报刊也都登载漫画。与之相比，《大公报》新闻漫画的水准是上乘的，既做到了与时事密切配合，又具有视觉的美感。

笔者详细考察了 1919 年 1 月中旬至 7 月中旬期间的《大公报》。[1] 前后近 5 个月的时间里，该报每日都刊登漫画，基本上都围绕着两大时事主题：①国内南北议和；②巴黎和会的山东问题。

其中关于巴黎和会的新闻漫画共刊登了 28 幅。刊登的高峰是 6 月，计有 17 幅，正是我国民众对巴黎和会的抗议行动达到高潮的时段。这表明，《大公报》上刊登的新闻漫画呼应了新闻时事的动态发展。下面就按照该报漫画的内容，具体分析漫画与时事之间的关系。

1. 第一个阶段（2 月 15 日—5 月 5 日），漫画的主调是表达对巴黎和会的担忧和疑虑

1919 年 1 月 18 日，巴黎和会正式举行开幕仪式，中国派外交代表团参加。国内民众对于和会的进展十分关注，传媒发表了大量报道。《大公报》漫画这段时间的主调是担忧和疑虑，即担忧失去中国在山东的主权，对外交代表团抱有疑虑。

2 月 15 日，该报发表了第一篇有关的新闻漫画，题为《国外情形势将如此》。在画上，"欧洲和平大会"专使的口中封着日本旗，暗示中国外交代表团必然被日本收买。次日的漫画题为《亲善目的》，描绘外国代表在交换青岛的情景。

这两幅漫画都表达了对巴黎和会后果的担忧。为何有这种担忧？19 世纪以来中国在外交中屡次失利，已丧失多处领土的主权，因此国人的疑虑并非空穴来风。

4 月 1 日的漫画题为《善吞》，一个日本人装束的魔术师口中吞入铁路，火车上写着"青岛胶济路"。4 月 24 日的漫画是《已成幻境》，寓意日本交还青岛无望，依然在表达对巴黎和会前景的担忧。

1919 年 1—4 月，《大公报》没有刊登大量关于巴黎和会的漫画，只有上面 4 幅。这少数漫画的主题聚焦于山东问题。

2. 第二个阶段（5 月 6 日—6 月 26 日），漫画的主调是抗议西方列强，抨击政府当局

巴黎和会召开后，一直由大国操纵。中国代表团无力抗争，山东权益眼看就

---

[1]　资料来源为国家图书馆收藏的《大公报》缩微胶卷。

要失去，国人担忧不已。经过数月的舆论酝酿过程，国内的抗议浪潮终于在5月4日爆发，这是长期国内外矛盾累积的结果。由学潮进而发展为全国性的罢工罢市，从北京到上海、四川，都发起了抵制日货的风潮，并要求政府惩办国贼，要求外交得胜。

5月6日，《大公报》"北京特约通信"栏目发表了《学界争青岛风潮之昨闻》，是对"五四运动"的首篇报道。当日的漫画《努力处分》，画上五头牛在抢一只鸟，寓意主宰巴黎和会的五大国在觊觎青岛，表达了国人对西方列强的不满。

10日，《合群爱国誓死力争》形象地表现了学生团结起来为中国的领土权益而抗争的场景。13日，《一波未平 一波又起》描绘了"五四运动"引起的学界政界震动的时局。16日，《坚不退让》反映民众坚决不放弃青岛主权的决心。19日，《崂山下呼声震天全岛上日月无光》渲染了山东人民的抗议气氛。24日，《手腕外向 坐失断送》，画中人左手将"矿山"，右手将"铁路"送与外人，而一只穿西装者的手拿"鲁岛"（即青岛）来换，这是抨击当局对国家利益的出卖。

25日，《闭门拒客胡贪误国》画着驻外使馆，狐面人身的外交官在数外币，尖锐地讽刺了中国外交官的腐败与无能。这幅漫画与胡政之从巴黎发来的通讯《外交人物之写真》相互呼应。胡政之深感中国在和会中外交失利，不能不问责于平时驻外使馆的无所作为，于是采写了这篇通讯。文中批评中国驻外使馆腐败，某些外交官"以闭门存钱为不二方针"，为了省下活动经费，竟然丝毫不与外国人交往。使馆闭关自守，每年可节余10万法郎，官员个人是受益了，而国事受害匪浅。报道是深入的，漫画与报道呼应，进一步激发了读者对中国外交问题的思考。

6月，随着抗议行动向全国波及，漫画也趋向密集，几乎每日都有刊登。10日，《五湖四海起风波》紧扣时事，反映当时因外交问题引起的全国范围的学潮、罢市潮。11日，《各埠商家爱国热闭门休息似过年》描绘罢市场景。13日，《十扣门扉九不开》也是反映罢市的。

随后几日的漫画主题集中于惩办国贼的诉求。12日的《户户关门捉贼忙》，14日的《日暮穷途》，以及15日的《霹雳一声惊断魂》，都是讽刺国贼的。17日的《此之谓民气》更加有力度，刻画并渲染了群众抗议掀翻内阁的场景。

在全国民众的抗议下，当局不得不表明态度。《大公报》6月25日发表《政府致巴黎专使电》，文中说，根据国内山东代表及人民之要求，政府发电报给巴黎专使，要力争山东问题。

3.第三个阶段（6月27日—7月1日），漫画的主调是表达危机感和对日本侵略者的警惕

在这个阶段，由于政府已经督促外交代表团力争，但是交涉无效，无奈的民众将矛盾的焦点由国内转移到国外，转向日本侵略者。漫画反映了国内的这种舆论氛围。

6月27日，《我国航政突然日盛》描绘黑河边境出现日本船只；30日，《边门盗贼齐进主人还在梦中》表现一个穿着和服的日本人要进中国人的城池，都是寓意日本有侵占意图。7月1日，《风雨飘摇》画着中华民国的船在浪头上颠簸，危机感跃然纸上。青岛一旦失去，中国领土的全面危机似乎就看得到了。

就在这种氛围之中，7月3日，《大公报》发表外电报道，中国代表团终未签字。次日，总编辑胡政之也发来巴黎专电，说我国代表团"只得不签字"。

巴黎和会就此告一段落了。7月2日—15日，《大公报》没有再刊登有关的漫画，转向反映国内时事题材。

二、新闻漫画中的中国元素

综上所述，巴黎和会时期《大公报》新闻漫画的特点是：

（1）新闻漫画和时事报道相互配合，身在国内的画家和身在国外的记者遥相呼应。

画家画得很快，在新闻发生后不久就能脱稿，时效性相当强。这对当代新闻漫画家也有启发，就是对重大新闻事件要跟得上。

（2）新闻漫画是对国际新闻的阐释，有助于国内读者了解时事动态。

许多研究者认为，新闻漫画的主要功能是评论。而通过考察巴黎和会期间的漫画，我们可以发现，阐释也是新闻漫画的重要功能，漫画家通过把文字叙事转换成图像叙事，可以帮助读者理解新闻主旨。

胡愈之在《东方杂志》上发表过一篇《国民外交与国际时事研究》，集中阐述了国际时事报道之于国家外交的重要性，并指出中国的国际报道水平与国外新闻机构的差距。他这样写道："中国国民国际智识的蒙昧，新闻编辑家逃不了这个重大的责任。报纸在社会教育中占最重要的一部分。实际上普通人对于本国以及外国的时事智识，全是从新闻杂志中得来，中国报纸的编辑法，至今还未曾脱

去幼稚的面目。尤其是对于国外新闻的编辑，太辜负了新闻家的天职。"[1] 在 20 世纪初的中国，读者对国际新闻的认知程度不高。因此，新闻漫画的阐释，对于读者理解新闻、认识时事是有帮助的。

（3）新闻漫画融合了中国的传统文化。包括古典绘画、文学和书法，都在画中有所体现。如 6 月 16 日的《子规夜半犹啼血 不信东风唤不回》，鸟站在树上，暗藏"青岛"二字。这种画中藏字的漫画类型，具有浓郁的中国风格。

《大公报》这一时期的漫画作者有四人，分别署名"守佛"、"笑吾"、"三石"、"涛"，前两位画家是细腻的线描手法，后两位更粗犷些。尽管各具风格，但是他们都喜欢把中国的书法艺术融入漫画，标题也都具有古典韵味。中国的新闻漫画，继承了中国画的传统，具有东方艺术的写意特点。如果用比喻的方式诠释，中国的新闻漫画是抒情诗。

《大公报》登载新闻漫画，并非首创。世界各国的报刊登载新闻漫画的传统，由来已久。

与外国新闻漫画相比，中国的新闻漫画的本土性可以归纳为：①中国时事的新闻内容。20 世纪的中国是反抗帝国主义侵略的时代，新闻漫画反映了这种斗争，同时也表现了中国的社会变迁，反映了中国人日常生活的变化。②中国风格的艺术形式。中国的新闻漫画，在绘画手法上喜欢用白描，把书法与画结合起来，透视关系和构图也与西方的新闻漫画不一样。当代人已经创造出了不少精彩的新闻漫画作品，了解新闻漫画的世界渊源、传承新闻漫画的本土传统，可以促进我国新闻漫画事业的进一步发展。

第二节　美国 19 世纪末黄孩子漫画史

黄孩子漫画经历了"霍根小巷"、"麦克法登公寓路"、"随黄孩子环游世界"、"赖安拱廊"四个系列，受到欧洲漫画传统和 19 世纪时代风气的影响，并且在继承的基础上有所创新。其反映了纽约贫民社区的艰困和人们的乐观精神，是 19 世纪末儿童史的画卷。

---

[1] 胡愈之：《国民外交与国际时事研究》，载《东方杂志》第 23 卷第 1 号，第 24 页。

黄孩子漫画以其与黄色新闻时代的关联而闻名，是影响了一个时代的重要传媒现象，也是报业史上重要的标志性作品。但是目前国内学术界对其的认识尚不够清晰完整，并且缺乏跨学科的视角。在漫画家奥特考特（Richard F. Outcault，1863—1928）的故乡，美国俄亥俄州立大学已将收藏的黄孩子（The Yellow Kid）漫画公布于该大学的网站[1]，令我们可以了解该系列漫画的全貌，并可由此深入探讨其背后的丰富内涵。本节以此为文献来源，对黄孩子漫画的发展史进行系统梳理、史实辨正，并深入阐释新闻史、漫画史、城市史、儿童史等多维视野中的黄孩子漫画。

一、新闻史视野中的黄孩子漫画

（一）黄孩子漫画的四个系列

黄孩子，本名米基·杜根（Mickey Dugan），是一个光头、龅牙、穿着一件过大尺寸黄色睡衣的男孩。黄孩子的形象最早出现于1894年的《真相》（Truth）杂志，1895年被作者奥特考特带到了约瑟夫·普利策（Joseph Pulitzer）的《纽约世界报》（New York World）。1896年10月奥特考特又带着黄孩子跳槽到威廉·伦道夫·赫斯特（William Randolph Hearst）的《纽约新闻报》（New York Journal）。1898年，黄孩子系列漫画结束。

纵观黄孩子漫画的发展历程，它经历了四个系列：

（1）第一个系列，以"霍根小巷"（Hogan's Alley）为名，刊登于《纽约世界报》。

（2）第二个系列，以"麦克法登公寓路"（McFadden's Row of Flats）为名，刊登于《纽约新闻报》。

（3）第三个系列，以"随黄孩子环游世界"（Around the world with the yellow kid）为名，刊登十《纽约新闻报》。

（4）第四个系列，以"赖安拱廊"（Ryan's Arcade）为名，刊登于《纽约新闻报》。

我国新闻学界常将黄孩子漫画称为《霍根小巷》，但这其实只是最初一个时期的名称。在奥特考特跳槽到《纽约新闻报》之后，从1896年10月18日开始，即已改名为《麦克法登公寓路》，每一幅漫画的上方都有醒目的标题，可以清楚地看到。

之所以黄孩子漫画有四个系列，与作者的不断推陈出新有关。前两个系列是城市街巷题材；第三个系列是环游世界题材，黄孩子的足迹从英国到法国，再到埃及金字塔。在灵感枯竭、题材已充分挖掘之后，作者又回到了城市题材，开始

---

[1]　美国俄亥俄州立大学网址：http://cartoons.osu.edu/yellowkid/1895/1895.htm。

画"赖安拱廊"系列。黄孩子漫画的后期作品质量大不如从前，乏善可陈，在1898年告别了读者。

（二）黄孩子争夺战

黄孩子漫画之所以从《纽约世界报》迁移到《纽约新闻报》，源于两报对这个栏目的争夺。下面这幅漫画反映了1895年两报的竞争，普利策和赫斯特身着黄孩子的袍子，样子很滑稽。这幅著名的漫画由利昂·巴雷特（Leon Barritt）所绘，标题是《黄孩子大战》，1898年6月发表于《力量》（*Vim*）杂志。[1]（见图9.1）

图 9.1　黄孩子大战

黄孩子漫画在当时深受大众读者欢迎，故此两家报馆的老板掀起这场争夺战，结果是赫斯特的《纽约新闻报》大获全胜，奥特考特欢天喜地入驻新东家。奥特考特和他的黄孩子漫画之所以改换门庭，主要是被赫斯特给的高薪吸引。尽管普利策在新闻史上声名显赫，但是他给员工的薪水不高。赫斯特虽然名声不佳，但是肯给员工高薪，所以在争夺人才时有利。虽然普利策后来又找到其他的画家创作漫画，以至于出现了黄孩子"双胞胎"，但黄孩子毕竟是奥特考特的原创，失去他不能不说是普利策的重大损失。

图 9.2　麦克法登公寓路

奥特考特跳槽时心情如何呢？下面这幅画非常生动地表达了出来。1896年10月18日是特别的一天，漫画的作者依然是奥特考特，画上有他的签名。但作品的名称已经不是"霍根小巷"，而是"麦克法登公寓路"。画面中，人们在搬家，欢天喜地搬离霍根小巷。黄孩子漫画也在这一天从《纽约世界报》搬家到《纽约新闻报》。画面暗示着，栏目迁移是两家大报竞争的结果，也是漫画家自主的选择。（见图9.2）

黄孩子漫画的名声大噪，是特定时代的产物。当时出现了新型新闻业，特点之一就是大量用插图。于是，出色的插图画家成了那个时代的宠儿。

---

[1]　http://www.loc.gov/pictures/resource/ppmsc.02832。

（三）"随黄孩子环游世界"系列

黄孩子漫画的"环游世界"系列，也是时代的产物。由于交通条件发达，19世纪末兴起了环游世界的潮流。1889年，《纽约世界报》女记者内利·布莱用了72天环游世界，打破了法国小说家儒勒·凡尔纳《80天环游地球》的记录。《纽约新闻报》的黄孩子漫画没有落伍，1897年1月也开始了环游世界的旅程。黄孩子漫画的前两个系列都是关于城市街巷题材的，当时的读者大概也对奥特考特千篇一律的街巷题材厌倦了，推出新的"随黄孩子环游世界"系列也是正当其时。

在这个系列里，黄孩子出现于世界各地，他的身影总是和人群在一起，兴高采烈。"随黄孩子环游世界"能够表现世界各地的特点，并且根据地域特色塑造黄孩子的多变形象，是一个有趣的系列。1897年1月24日，黄孩子来到英国，背景是伦敦的标志性建筑。他离开了那贫民区公寓的狭小世界，穿着也改变了，头戴绅士高帽，身穿黄色双排扣风衣，一派出访的隆重景象。1897年2月21日，黄孩子乘上了氢气球，从空中俯瞰大地。1897年2月28日，标题为《在卢浮宫》，画面里到处是画家和画作、画框和画笔，还有断臂的维纳斯雕像，一派生机勃勃的艺术氛围，黄孩子也手持一支画笔，鲜明地表达了主题。（见图9.3）

图9.3　在卢浮宫

二、漫画史视野中的黄孩子漫画

黄孩子漫画受到了欧洲漫画传统和19世纪时代风气的影响，并且在继承的基础上有所创新。

（一）黄孩子漫画的色彩

关于黄孩子漫画的色彩，容易有一种误解，即认为该漫画是黑白的，只有黄孩子的形象才是彩色的。这种理解源于对19世纪末报业水准的想象，以及各种新闻史教材和相关论文的黑白插图。

但是当笔者打开美国俄亥俄州立大学的黄孩子漫画专题网页，马上被五彩缤纷的画面深深吸引了，彻底推翻了从前的想象。原来，黄孩子漫画并非只有局部是彩色的，而是全部为彩色。这些漫画色彩清晰鲜艳，笔触细致繁复，完全可以用精美来形容。

在五彩纷呈的画面中，黄孩子身上的黄睡衣十分醒目。这黄色最初来自何处？有美国学者认为，是印刷工突发灵感，给漫画着了色。[1]但是追溯漫画史的发展轨迹，我们会发现在漫画中使用色彩，并突出使用黄色，在欧洲漫画家的创作中早已有之，所以这既不是画家奥特考特的创造，也不是印刷工的灵机一动，而是源自欧洲的传统。

据波罕·林奇的《西方漫画史》，亨利·威廉·班伯里在《痛风的缘由》中大面积使用了黄色，詹姆斯·吉尔雷在《罪孽、死亡和恶魔》中也使用了醒目的黄色。英国漫画家托马斯·罗兰森（1756—1827）的经历或许更能帮助我们理解色彩在西方漫画中的应用。罗兰森最初是一位严肃的水彩画家，偶尔也画一些肖像油画，后来成为著名的漫画家，"惯于使用大面积的黄色"是其作品的重要特点。[2]黄色比其他色彩更醒目，这该是水彩画家出身的漫画家们常常选择黄色的原因。北美曾是欧洲殖民地，与欧洲的联系密切，如果说欧洲前辈漫画家在使用色彩方面的技巧对奥特考特产生了影响，是有说服力的。

"黄色新闻事业"的"黄"字源自黄孩子漫画。"黄色新闻事业"在中国人的理解里，与色情有关。通过本章研究，我们可得出结论，黄孩子漫画无涉色情，在漫画中对黄色的使用也源远流长。

（二）黄孩子与三毛

把儿童作为漫画的主角，源于何时？在奥特考特之前，迈克·安吉洛·伍尔夫（Michael Angelo Woolf）已经开始画街市中的孩童。[3]以男孩女孩作为漫画的主角，是 19 世纪的一种时代风气。这反映了当时传媒的一种转向，即更加关注日常生活。

奥特考特之所以要反映穷人的生活，刻画无家可归的儿童，受到了同时代其他人的影响。摄影记者、作家雅各布·里斯（Jacob A. Riis）曾注意到纽约贫民公寓区糟糕的生活条件，他在 1890 年出版的著作《另一半人如何生活》（*How the Other*

---

[1]　[美] 大卫·斯隆：《美国传媒史》，上海人民出版社 2010 年版，第 327 页。

[2]　[英] 波罕·林奇：《西方漫画史》，中央编译出版社 2011 年版，第 101 页。

[3]　美国弗吉尼亚大学网址：http://xroads.virginia.edu/~ma04/wood/ykid/illustrated.htm。

Half Lives）中把流浪儿童叫做"街头的阿拉伯人"（The Street Arab）。

中国有没有黄孩子这样的漫画作品？中国漫画家张乐平的《三毛流浪记》与美国的黄孩子漫画有多个相似之处：①都反映了大都市的街头场景，只不过奥特考特描绘的是纽约，张乐平笔下的是上海；②主角都是儿童的形象，一个是黄孩子，一个是三毛。

二者也有区别，各有千秋。中国的漫画来自写意的水墨画传统，所以多是黑白的，比较抽象。西方的漫画来自写实的水彩画及油画传统，所以多是彩色的，比较写实。因此，黄孩子漫画的画法比《三毛流浪记》繁复，《三毛流浪记》的笔触比黄孩子漫画简约。

（三）漫画等于讽刺吗？

在我国的新闻史学界，对于黄孩子漫画的基本情况还存在一些误解，需要澄清，相关研究也还需要深化。有的研究者称黄孩子为"小瘪三"[1]，这恐怕不恰当。尽管流浪儿童犯罪和街头小流氓在那个时代很常见，但是通览所有黄孩子系列漫画，没有一幅是描绘他犯罪的。黄孩子是天真的孩童，一个有趣、可爱的角色。

画家没有讽刺黄孩子，这是因为漫画的本质并不等于讽刺。如果对漫画史上的关键概念严格辨析，我们会发现，漫画一词的本意是"夸张"。漫画的定义是"一种肖像画或其他艺术表现形式，它通过运用夸张的手法渲染描绘对象的特征，使其具有滑稽效果"[2]。黄孩子的形象，正是画家通过夸张渲染的手法达到滑稽效果的一种努力。

（四）创造性的拼贴技法

1. 卡通与写实的拼贴

如同后来的电影《谁谋杀了兔子罗杰》（美国，1988）把真人与卡通形象拼贴在一起具有开创性意义，黄孩子漫画在黄孩子的形象处理上也具有创造精神。它以群像为主，描绘喧闹的场景，主角黄孩子与画中其他人保持距离：既参与其中，又仿佛超然世外，醒目的黄色，使他在人群中很突出；并且他往往被置于画面的前端，由于透视作用，他看起来比其他人物更大。这是卡通与写实的拼贴，既写实地反映了生活的场景，又夸张地塑造了黄孩子的形象。

2. 漫画与文本的拼贴

---

[1] 陈立生：《李鸿章与"黄孩子"》，载《新闻爱好者》2006年第8期，第12页。

[2] [英]波罕·林奇：《西方漫画史》，中央编译出版社2011年版，第9页。

将漫画和文本组合在一个版面上，这也是黄孩子漫画的一个特点。人物之外有大段文字，说明故事的背景以及人物的对白。

3. 漫画与戏剧的拼贴

奥特考特非常善于制造戏剧性冲突，黄孩子漫画的场景总是定格于一个个饱含张力的精彩画面。与四格漫画和连环漫画不同，黄孩子漫画作为单幅作品，需要在单一的有限空间内表现戏剧性冲突，因此作者必须善于设计故事情节。黄孩子漫画的故事多发生在廉价公寓社区的楼间空地，孩子们在此嬉戏玩耍，时常会有热闹的事件发生，比如马戏团来演出、孩子们打球等。楼间空地就是公共舞台，作者将戏剧性冲突凝固于此。

三、城市史视野中的黄孩子漫画

19世纪后半叶，纽约下东区的廉价公寓，生活条件简陋，居住拥挤，居民使用公用厕所和水龙头。儿童失学严重，只有极少的儿童见过布鲁克林桥，去过中央公园，流浪儿童犯罪也很常见，廉价公寓中的孩子们被称为"纽约的危险阶层"[1]。奥特考特通过一些方式在作品里表现了这种穷人家孩子的处境。比如他把黄孩子描绘为一个光头的小孩，这是为什么呢？因为那个时代纽约下东区穷孩子们的头经常被刮得很干净，只为去除虱子。[2]

奥特考特的漫画表现了贫民区人口密集、建筑密集的特点。《黄孩子展示他掷色子的技巧赢得了火鸡》发表于1896年11月22日的《纽约新闻报》。画面里，公寓楼的窗口、阳台、围墙、楼前空地，到处都是人。漫画与历史惊人地相似，19世纪末美国纽约城下东区贫民的廉价公寓，正是这般居住拥挤、条件简陋。1899年，曼哈顿和布朗克斯有40 000栋廉价公寓，由于建筑商拼命压低成本，这类公寓过度拥挤、不舒适，只有贫民住在这里。[3]

纽约如此悲惨而感伤，黄孩子漫画却洋溢着乐观的精神。漫画家有意刻画一些积极乐观的人物和场景，希望使贫民振作、自尊、自救，而不是依赖外界救援贫穷悲哀的他们。

---

[1] [美]艾瑞克·洪伯格：《纽约地标：文化和文学意象中的城市文明》，湖南教育出版社2008年版，第113页。

[2] 美国弗吉尼亚大学网址：http://xroads.virginia.edu/~ma04/wood/ykid/illustrated.htm。

[3] [美]艾瑞克·洪伯格：《纽约地标：文化和文学意象中的城市文明》，湖南教育出版社2008年版，第110页。

　　黄孩子漫画描绘了贫民社区居民的苦中作乐。发表于 1895 年 12 月 15 日的《圣诞早晨的霍根小巷》是代表性作品之一。贫民儿童的圣诞节是物质匮乏的，既没有高大华丽的圣诞树，也没有包装精美的礼物，在这张画里丝毫看不到有关圣诞节的象征符号。但是，画面里几个男孩子在演奏乐器，其中一个戴着自制的纸帽子在打鼓，还有一个吹笛子，另一个吹喇叭，快乐的孩子们几乎可以组成一个小乐队了。

　　发表于 1896 年 1 月 5 日的《霍根小巷的高尔夫球比赛》寓意深刻，既表达了贫民儿童的乐观精神，也揭示了社会阶层的隔阂与差异。画中的黄孩子开心地参与到一场"高尔夫球"比赛当中。高尔夫本是上流社会的运动，霍根小巷的孩子们拿起球杆，也打得起劲。但是毕竟场地狭小，结果是一片混乱：要么挥舞的球杆打中伙伴的鼻梁，要么把高尔夫球打到旁人的脑门上，附近的公寓玻璃窗也被打破了。小贩则在一旁起劲地叫卖着高尔夫球杆（仿照真正的高尔夫球杆，用廉价的材料制成）。这场面荒诞而又令人心酸，反映了美国的阶级鸿沟，上流社会与底层阶级的距离。

　　另一幅发表于 1896 年 8 月 9 日的《霍根小巷的人们去布鲁克林参加聚会》，也展示了纽约贫民生活的艰难况味以及孩子们的乐观精神。当时有轨电车还是新事物，霍根小巷的居民们挤在一辆有轨电车里。孩子们好奇地在车上车下嬉戏，甚至攀爬到电线上。车子速度很快，场面颇为惊险。画家对黄孩子的描绘充满了想象力——惬意地斜倚在自行车上，手里拉着一根绳子，由电车牵引前进，仿佛冲浪一般。与不谙世事的孩子们快乐的表情形成鲜明对照的是，为生活而担忧的大人们心事重重、面露

图 9.4　霍根小巷的人们去布鲁克林参加聚会

愁容。打高尔夫球和聚会都是中上阶层的生活方式，处于社会底层的霍根小巷贫民模仿富有的中上阶层，令人深思，也令人同情。（见图 9.4）

　　黄孩子漫画生动描绘了纽约街巷的场景，建构了一个生机勃勃的城市，热闹的街市里充满了向上的积极氛围，令读者感到振奋。漫画是艺术，高于生活，有别于生活。当我们静心感受画面中的黄孩子形象，并联系其社会背景的底色，就会既看到穷人社区的拥挤贫困，又感受到画家对贫民关爱的拳拳之心，奥特考特

为下东区涂上了一层温暖美好的亮色。

黄孩子漫画对于当代新闻业的实践具有启示意义。传媒如何继承传统并创新？传媒如何报道平民？如何鼓舞人众？黄孩子漫画都是一个出色的典范。以往我们对黄孩子漫画的了解仅局限于其在报业竞争中的角色，对于它的卓越成就认识不足，本章研究在一定程度上可以弥补这个缺憾。

四、儿童史视野中的黄孩子漫画

在翻译的美国新闻史教材以及国内学者的有关论文中，对"The Yellow Kid"有多种译法，有人翻译为"黄小子"。笔者认为，这个译法不确切。在汉语里，"小子"的年龄范围对应着较年长的青少年，且有轻蔑之意；而"孩子"对应着儿童，是中性的。所以，还是译为"黄孩子"更确切。

运用图像资料研究儿童的社会史，已成为学术界普遍认可的研究方法。绘画是儿童史研究的重要资料，可以从中解读信息。俞金尧对此领域的发展进行了综述。[1]儿童史研究的经典——法国学者菲利普·阿里耶斯出版于1960年的著作《儿童的世纪》为发掘、利用儿童史的研究资料提供了示范。阿里耶斯在研究文字史料的同时，参考并引用了包括墓碑、雕刻、画等在内的大量的图像资料，勾勒出了从中世纪到近代的、作为一个年龄群体的儿童的历史。其中，给人留下最为深刻印象的莫过于他对肖像画的观察、分析。[2]美国美术史学家安尼塔·斯科丝克在她的《儿童的形象——图像中的社会史》一书中，也从历史图像入手，深入系统地分析了欧洲社会史中人们的儿童观的演变。

漫画也可以作为儿童史研究的依据，黄孩子漫画是19世纪末儿童史的画卷。黄孩子身上体现了19世纪末美国贫民儿童的传媒形象——身后是破败的公寓，周围是同龄的伙伴，整日在街巷中嬉戏，兴高采烈。在这些画面中，看不到读书、上学的场景，也没有家庭的室内场景。缺失的场景反映了历史的真实：当时纽约下东区的贫民儿童很少能上学；并且，由于居住拥挤，孩子们只好在公寓楼下的公共区域玩耍。

英国历史学家彼得·伯克指出，在使用图像研究历史时，要注意两点：①绘

---

[1] 俞金尧：《儿童史研究及其方法》，载《国外社会科学》2001年第5期。

[2] [法]菲力浦·阿利埃斯：《儿童的世纪：旧制度下的儿童和家庭生活》，北京大学出版社2013年版。

画的表现套式随着时代变迁而发生变化；②不能忽视图像的功能或用途。[1] 就表现套式而言，黄孩子漫画是戏剧化的、动态的，迥异于欧洲中世纪的静态的贵族家庭儿童肖像；就图像功能而言，中世纪的儿童肖像是为了在家中珍藏并悬挂，而 19 世纪末的报纸漫画是面向大众传播。

《孩子们的博物馆》发表于 1898 年 5 月 1 日，这幅作品对于理解奥特考特的创作意图以及黄孩子漫画的社会功能非常重要。画中的黄孩子已经老了，皱纹爬满了额头，白色长须垂到胸前，他带人们参观"孩子们的博物馆"。展台上陈列的不是古代人物雕像，也不是什么文物，而是若干儿童的形象：他们或站或坐，或手持高尔夫球杆，或身穿大大的工装裤，或叼着烟、两两靠背而坐，这些展示的人物都让我们联想到黄孩子漫画的代表作品。（见图 9.5）

图 9.5　孩子们的博物馆

画家奥特考特在这里做了一个总结，他关注的是那些角落里的孩子，他的创作意图就是想表现贫民孩子们的生活。他笔下的漫画记录了历史，报纸漫画专栏就仿佛是一个收费低廉的博物馆。这幅画是黄孩子漫画的社会功能的象征。

在中世纪的欧洲油画里，童年耶稣总是依偎在圣母玛利亚的怀中，贵族儿童嬉戏的场景里也总是有父母的身影。黄孩子漫画的特点是，当孩子们在画面中出现时，身边并没有家长，这表明 19 世纪儿童地位的提高。菲力浦·阿利埃斯的《儿童的世纪：旧制度下的儿童和家庭生活》以对 16、17 世纪的考察为主，本节对 19 世纪美国黄孩子漫画的研究发现是对儿童史的深入拓展。

以多维的视角考察黄孩子漫画，可发现多重的研究价值。黄孩子漫画是内涵丰富的图像文本。建立在图像文本之上的跨学科研究既是对漫画史的拓展，也是对童年史、城市史的深化，更是对新闻史的重要补充。对外国新闻史的研究需要

[1]　[英]彼得·伯克：《图像证史》，北京大学出版社 2008 年版，第 143—144 页。

考订、阐释和对翻译的辩误，在本研究中，这些方面都有突破。

第三节　西方报刊漫画中的报人

漫画描绘不同阶层、不同职业的人物，在每个国家、每个时代都有。在特定时期和地区，总有特定的职业受到特殊的表现。[1] 从 16 世纪开始，手工业逐渐衰落，手工业者地位日益下降，社会对他们的批评和嘲讽越来越多。手工业者难逃被漫画丑化和讽刺的命运，除了行业道德的败坏，主要还在于手工业者在经济生活中的重要性大大降低。[2] 从 15 世纪起，"出卖良心的法官"和"瞎了眼的法官"便是以法官为题材的漫画中出现得最多的形象。[3] 不公正的司法制度、营私舞弊的法官引起那个时代人们的愤怒和反抗，漫画成为这种反抗最有效的形式之一。

图 9.6　本杰明·富兰克林

我们来看看漫画里的报人。典型的报人漫画是非常传神的。美国国会图书馆收藏了一幅 1779 年的本杰明·富兰克林漫画，英国政治漫画家笔下的这位著名报人被塑造成很有权力的人物。[4]（见图 9.6）

美国报人威廉·伦道夫·赫斯特的漫画形象却不同，有一幅赫斯特骑着恐龙的漫画，将他塑造为傲慢的青年报人，这倒是符合赫斯特的出身和风格。赫斯特出身富有的家庭，少年得志，办报不择手段，政治上野心勃勃。漫画非常鲜明地表现了他的性格和办报风格。[5]（见图 9.7）

关于《纽约先驱报》（*New York Herald*）创办人詹姆斯·戈登·贝内特（James

---

[1]　[德]爱德华·福克斯：《欧洲漫画史：古代—1848 年》，上海人民出版社 2008 年版，第 418 页。

[2]　[德]爱德华·福克斯：《欧洲漫画史：古代—1848 年》，上海人民出版社 2008 年版，第 420 页。

[3]　[德]爱德华·福克斯：《欧洲漫画史：古代—1848 年》，上海人民出版社 2008 年版，第 436—437 页。

[4]　美国国会图书馆网站：http://www.loc.gov/exhibits/treasures/franklin-break.html。

[5]　http://www.lambiek.net/artists/h/hearst_wr.htm。

Gordon Bennett）的漫画很多，他也是一个性格鲜明的人物。漫画家笔下的报人贝内特被描绘得非常生动形象，面目既酷似本人，同时讽刺十分辛辣。[1]（见图9.8）野蛮的土著人形象，寓意这位报人勇往直前的办报风格。詹姆斯·戈登·贝内特是"新闻客观性"理念的倡导者，办报富有创新精神。

图9.7　威廉·伦道夫·赫斯特

图9.8　詹姆斯·戈登·贝内特

《纽约论坛报》（*New York Tribune*）的创办人霍勒斯·格里利（Horace Greeley）在一幅漫画中被塑造为爱说教的教授。[2]（见图9.9）这也很符合他的办报特点，《纽约论坛报》的确富于激情，常常宣传空想社会主义。

图9.9　霍勒斯·格里利

典型的报人漫画，反映了报人的个性和办报作风。这些个性和办报作风常常成为漫画家嘲讽的对象。此外，新闻界与政界的密切交往也常是被嘲讽的对象，有的漫画讽刺报人为总统竞选造舆论，报人与总统候选人一唱一和。这些尖刻的

---

[1]　http://www.abrahamlincolnsclassroom.org/Cartoon_Corner/index3.asp?ID=249&TypeID=3。

[2]　http://www.sonofthesouth.net/leefoundation/civil-war/1862/november/horace-greeley.htm。

漫画有些刊登在《哈泼斯杂志》（*Happer's Magazine*）上，该杂志常刊发讽刺性的时事文章，漫画与杂志的整体风格是相符的。报人漫画反映了传媒处于社会的监督之下，也反映了传媒之间的竞争关系。

之所以会出现这样的报人漫画，与西方的漫画传统有关。漫画家残酷却又聪明无比，他们的漫画是真正的艺术，通过夸张不断地探索着人的心灵。而这些画作之所以会广为流传，是因为它们不论在绘画方面，还是就人物的相似度而言，都是无与伦比的作品。[1] 西方的报人漫画有写实的特点，无论是贝内特，还是赫斯特，其相貌特征都保留并适度夸大，令人一见即知是哪位报人。

中国的漫画里少见报人形象。中国的报馆与同行之间，也不乏竞争的关系。比如《申报》与《新闻报》之间，激烈竞争，直至收购对手。但是，很少见中国报纸用漫画讽刺对手的做法。报人监督社会，谁来监督报人？漫画其实是一种巧妙的监督方式。

---

[1] ［英］波罕·林奇：《西方漫画史》，中央编译出版社 2011 年版，第 149 页。

第十章　比较视野中的传媒业电影

对于传媒史来说，电影有怎样的研究价值？虚构作品可以用来研究历史吗？在传统的观念里，无疑是不可以的。但是新文化史带来研究观念的转变，更多样的研究素材进入视野，越来越多类型的文献都成为历史研究的依据。在这样的路径里，电影史成为传媒史研究的丰富资源，由电影可以窥视特定地域、特定时代的传媒业在社会中的角色。

一、电影中表现传媒业的十个主题

（一）对小报记者的批判主题

2012 年 9 月，世界各地媒体报道了一则王室新闻，英国凯特王妃在海滨的半裸照被登上一些欧洲杂志的封面。王妃的隐私被侵害，王室的尊严被伤害，这样的偷拍事件在英国已经不是第一次，戴安娜王妃甚至为此付出了生命的代价。真正的记者不齿于这样的偷拍，但是有一个记者类型，即偷拍名人的自由记者，以卖照片为生，他们蔑视传媒伦理，被称为"帕帕拉齐"（Paparazzi），凯特王妃被偷拍显然系帕帕拉齐所为。

"帕帕拉齐"这个词最早出现是在电影《甜蜜的生活》（*La Dolce vita*）（法国 / 意大利，1960）里。片子一开始，就出现了记者的活跃身影：在直升飞机上跟拍耶稣塑像的运送，在餐厅打探显贵的菜单，偷拍名人与女人幽会。一位名女人玛德琳娜每晚从酒吧出来上车，都会有许多记者围着拍照，她颇不耐烦地说："每天都这样，不烦吗？"

《阮玲玉》（中国香港，1992）也是一部关于女演员与小报记者的电影。阮玲玉是上海一位著名的女演员，在电影业很有影响力，深受观众喜爱，然而由于复杂的婚姻恋爱纠葛被新闻界关注，捕风捉影的报道和社会舆论的压力令她备受困扰，1935年，年仅25岁的阮玲玉自杀身亡，令公众遗憾叹息。

《丑闻》（日本，1950）中的日本八卦杂志主编，得到手下偷拍的女歌星与男画家的邂逅照片后，开始添油加醋地疯狂炒作。很显然，在导演黑泽明的眼里，那是个小丑一样的人物，而且也是某一类记者的象征符号。

在电影《后窗》（*Rear Window*）（美国，1954）里，这部由大导演阿尔弗雷德·希区柯克执导的片中，男主角是摄影记者杰弗瑞，他由于一次意外摔断了腿，经常外出采访的他如今不得不在轮椅上过一段日子。时值纽约的盛夏，邻居们每日敞开窗户，闲极无聊的杰弗瑞坐在轮椅上观察邻居们：体态迷人的舞蹈女演员，独居的作曲家……无意中竟发现了一起凶杀案。这部电影如希区柯克其他的电影一样，具有浓厚的悬疑气氛。主角杰弗瑞的形象刻画得很成功，作为一名摄影记者，在日常生活中也喜欢观察周围的世界，他的职业特征被表现得很鲜明。

《追踪眼前人》（中国香港，2004）是一部具有反思性的电影，由梁家辉饰演主角。这位原本是新闻摄影记者的男主角，转行成为狗仔队的一员，他追求高收入，同时也反感厌倦这个职业。在追寻爱情的过程中，他重新发现了生命的意义，对职业也有了新的认识。

透过这些电影，可以看到新闻记者在社会中的角色是矛盾的。他们在被加以"无冕之王"桂冠的同时，也被批判和抱怨。这种相悖的处境在电影中得到了体现，电影对新闻记者爱恨交加，小报记者尤被诟病，他们使大量发行的日报用粗俗的大号黑体字标题，以及充斥了谋杀、破产和绯闻的内容，毒害了社会生活的空气。

（二）神奇记者主题

《超人I》（*Superman*）（美国，1978）和《蜘蛛侠I》（*Spider-Man*）（美国，2002）都是由漫画改编的电影。两位主人公都是有超能力的英雄人物，他们有个共同的特点，其公开身份都是记者。他们作为记者为公众揭发真相，有时又换上隐蔽的战衣，扮作力大无穷的超人或蜘蛛侠。这表明，记者的身份或人类拯救者的身份是合二为一的。这反映了社会对传媒业的期许和幻想：如果赋予记者以超能力，加上新闻职业的正义感，记者就能拯救世界。

（三）假新闻制造者主题

电影《欲盖弥彰》（*Shattered Glass*）（美国，2003）讲述了一个关于假新闻制造者的故事。斯蒂芬·格拉斯是华盛顿《新共和》（*The New Republic*）杂志的一名年轻编辑，1995 年从宾夕法尼亚大学毕业后，加入了这家有 90 年历史、在美国很有影响力的严肃杂志。《新共和》1914 年创刊，以刊登政治和社会评论闻名。三年间，格拉斯的多篇报道在《新共和》和多家全美发行的刊物上发表，年仅 25 岁就成为众人瞩目的新星。如果不是《黑客天堂》那篇稿件写得太吸引人了，可能他还会继续欺瞒下去。正是这篇报道引起了同行的疑心和调查，最终揭露出格拉斯报道的所谓"黑客大会"完全是无中生有。

事实真相还不只如此，1998 年，斯蒂芬·格拉斯因发表了 27 篇添枝加叶和杜撰的报道被开除，这成为当年美国媒体最大丑闻之一。《欲盖弥彰》作为一部取材于真实事件的投资 600 万美元的低成本电影，片中人物的姓名都取自事件原型。导演比利·雷说："我会小心翼翼的、以完全客观的角度去诠释这一备受争议的人物。我不想把斯蒂芬·格拉斯塑造成一个完完全全、罪大恶极的反面典型，一切应由观众去做出评判。"[1] 影片对这个人物的塑造注重背景、讲究细节，让观众能够理解：为什么假新闻会发生在这个百年老杂志身上？

《新共和》作为一家严肃的新闻杂志，在业内享有盛誉，之所以有如此的声誉是因为它有严格的稿件审核制度。但是由于一次人事冲突，审核稿件甚严的资深高层离职了，换了一位徒有其表、审核稿件不严的编辑部负责人。就在这个背景下，二十多岁的记者斯蒂芬·格拉斯采写了一篇又一篇吸引读者却不负责任的深度报道，他丝毫没有受到质疑，稿件陆续发表了，还因此备受器重，年纪轻轻就升职做了副总。

这个电影也反映了稿件审核制度的时代变迁。在《新共和》编辑部，传统的审核方法是看记者的采访笔记本，记录得密密麻麻的采访笔记就不会被怀疑。但是，引起同行非议的格拉斯的报道《黑客天堂》是通过另一种方式被揭露的。格拉斯写了一篇关于黑客聚会的新闻，作为互联网专业杂志的同行诧异：要是有这样一件大新闻，我们怎么可能不知道？于是开始调查事实真相。结果在"聚会"举行的饭店，工作人员说在那个时间根本没见过上百人开会；又查询报道中提及的公司，却原来既无政府登记，也无可联系的电话。斯蒂芬·格拉斯赶紧制作了一个假的公司网站，一个假的公司答录电话，结果是欲盖弥彰，一一被同行识破。黑客公司的网页，被发现只是匆匆制作的简单主页，甚为可疑，而黑客公司的电话也永远只有自动应答。这两个至为重要的疑点，终于令同行确认了斯蒂芬·格

---

[1] 《欲盖弥彰》，载《电影文学》2004 年第 1 期。

拉斯稿件的作弊。

在电影的最后，斯蒂芬·格拉斯一篇篇有问题的报道终于都被揭露出来，《新共和》杂志的声誉受到空前的考验。电影《欲盖弥彰》发人深省，这起假新闻事件的根源可以归结为年轻人的功利心以及杂志管理层的疏于监控，观众从中能够看到一个野心勃勃的年轻记者怎样在出现漏洞的制度的纵容中一天天地堕落。

（四）政治小报与谣言主题

《玛丽·安托瓦内特》（*Marie-Antoinette*）（法国，2006）与《皇室风流史》（*A Royal Affair*）（丹麦，2012）这两部电影同是历史题材，波澜壮阔的历史叙事中都出现了政治小报的身影，而且角色还颇为关键。

《玛丽·安托瓦内特》，是一部关于法国路易十六王后的传记片，拍摄于2006年。同一年还有一部《绝代艳后》（*Marie-Antoinette*）（美国，2006），由索非亚·科波拉导演，克里斯滕·邓斯特主演。虽然都是关于路易十六王后的，但两部电影有很大的不同。前一部法国版更接近于还原历史真相，在电影中出现了法国的政治小报。政治小报传播关于一桩关于王后买奢侈项链的传闻，由于报道与事实有很大的距离，所以王后并没有当回事。但是民众宁愿选择相信王室的腐败，结果此事对王后的威信构成了很大的负面影响，也大大影响了君主制的威望，间接酿就了后来的革命。

《皇室风流史》中也出现了揭露王室丑闻的政治小报，并且明确展示了政治小报的消息来源——是由争夺王位的对手操纵的。的确，王室丑闻的内幕，哪是平民百姓能知晓的，通常都有内部的消息来源。在这部电影中，小报的力量和矛盾的角色同时被强调。丹麦王后和她的大臣情人在全国推行了多项改良措施，其中包括鼓励小报发展，但是当小报披露了王后的私情之后，她和大臣十分紧张，不得不决定查禁政治对手出版的小报。这表明，小报有助于政治信息的流动公开，小报也能传播谣言，这就是小报矛盾的双重角色。

（五）互联网主题

《电邮情缘》（*You've Got Mail*）（美国，1998）由梅格·瑞恩和汤姆·汉克斯主演。这部电影有两个主题：①传统书店的消亡；②电子邮件在交往中的作用。

《社交网络》（*The Social Network*）（美国，2010）讲述哈佛大学的天才学生马克·扎克伯格创建社交网站"Facebook"，如何通过努力名声大噪，并为马克带来财富的故事。

（六）新闻记者与法律主题

喜剧电影《BJ 单身日记》（*Bridget Jones's Diary*）（Ⅰ）（Ⅱ）讲述的是女记者与男律师的爱情，出生入死的女记者需要男律师的拯救，这个故事其实有爱情之外的深刻内涵。新闻记者是世界上最危险的职业之一，怎样才能保护这个群体的权益？电影里描写的女记者的男朋友，是一位英勇神武的律师，能在深夜给部长打电话，能在第一时间联络上国际警察组织，能在办妥上述事宜后立即飞往曼谷看看监狱有没有虐待女友，相信有很多新闻记者都梦想有这样的一个好友吧。法律应该成为记者的守护神、好朋友。

（七）报童主题

荷兰电影《小淘气彼得·贝尔》（*Peter Bell*）的主人公彼得·贝尔只有十来岁，父亲是个修鞋匠。彼得·贝尔卖报纸，帮补家用。这个从小就聪明顽皮的孩子一脑子鬼主意，别人对他说，可以从报童到百万富翁，有些人是这样成功的。彼得·贝尔说，我要成为百万富翁。25 年后，荷兰小镇上的居民看报纸时发现，当年的小男孩果然已经在美国成了百万富翁。

（八）时尚媒体主题

《时尚女魔头》（*The Devil Wears Prada*）（又译《穿 Prada 的恶魔》）（美国，2006）这部电影是根据世界著名时尚杂志 *VOGUE* 编辑的真实经历改编的。传媒为公众营造了一个"拟态环境"，传媒人自己也深陷其中。在"拟态环境"里，时尚的华服为人带来尊严与荣耀，幸福和快乐。然而，在"真实环境"里，时尚杂志的传媒人并没有因为衣着时尚而获得幸福和快乐。生活的真相是沉重、朴素的，所以在电影最后，一度向往时尚的女主角回归了朴素。

（九）日常生活中的传媒业主题

电视已经进入人们的日常生活，发挥了重要作用，电影中表现了这一点。《龙卷风》（*Twister*）（美国，1996），影片一开始就有这样的画面，1969 年 6 月，俄克拉荷马州暴风雨来临之时，电视台进行了龙卷风警报，并提醒居民，在龙卷风到来之时，如果来不及躲，就停留在房子中央。

记者也是普通人，渴望爱，但是生活奔波不定，对于爱情生活和建立稳定的家庭会有些影响。《一夜未了情》（中国，2011），男主角是战地摄影记者。在这部电影里，炮火和硝烟只是背景，最主要的情节主线是记者作为渴望爱的普通人，遇到相爱的女子，却不得不分离。

（十）新闻界名人主题

1. 《公民凯恩》

《公民凯恩》（*Citizen Kane*）（美国，1941）是电影史上最伟大的电影之一，反映了美国传媒业波澜壮阔的历史。主人公的原型是报业大王赫斯特，办报、建庄园、政治热情、女演员情人，这些赫斯特人生中最醒目的部分在电影中得到了充分的表现。如何评价赫斯特在传媒业历史中的地位？赫斯特是传媒业的创新者，他在传媒业中的地位是十分重要的。但在美国，赫斯特不是一个受人尊崇的角色，这与他的财富不是"老钱"有关，赫斯特喜欢炫耀财富和与好莱坞明星交往的作派也使他为人诟病。在美国，通向上流社会的阶梯十分狭窄，往往取决于祖先的出身。洛克菲勒家族的财富和声誉远高于赫斯特家族，因此戴维·洛克菲勒屡次受邀却拒绝入阁，而赫斯特屡次竞选总统都未能如愿，这样的差距与出身有关。赫斯特野心勃勃地想创造功勋，想突破上流社会的偏见，但终于还是被归为暴发户一类，他和他的赫斯特庄园都成为被讥讽的对象。

2. 《晚安，好运》

关于著名广播记者爱德华·默罗的《晚安，好运》（*Good Night, And Good Luck*）（美国，2005）是一部怀旧的黑白电影。著名演员乔治·克鲁尼集编、导、演于一身（不过爱德华·默罗不是他演的）。乔治·克鲁尼之所以拍摄这部电影，是因为他自幼崇敬新闻职业，崇拜爱德华·默罗，一直希望拍一部关于默罗的电影。该片出色地表现了爱德华·默罗与麦卡锡主义的斗争，赢得2005年第62届威尼斯电影节最佳剧本奖。

爱德华·默罗（Edward R.Murrow）是美国哥伦比亚广播公司的著名记者、播音员，不仅在第二次世界大战期间贡献了一流的战争广播报道，还在电视时代开启之际，创造了电视新闻的新模式，并在对抗麦肯锡的斗争中取得胜利。我们需要通过传记、报道文本等更多地研究这位世界广播史上的重要人物。互联网上关于默罗的研究资源很丰富，可以作为印刷文献的补充，不过假如不留心，我们可能会被几幅照片骗到，那就是电影《晚安，好运》的剧照。我们在检索默罗的照片时一定要注意，不要把这部电影的演员剧照和默罗本人的照片相混淆。

（十一）小　结

新闻学发轫之时，即赋予自身第四权力的冠冕，以及监测社会之功能。传媒业自身也始终被社会所监测和批评。银幕如明镜，电影唤醒内卷化的媒介批评，督促传媒业走出自给自足的批判，通过他者检省自身。

电影如何表现传媒业？可以归入电影社会学的范畴。电影如何表现社会变迁中的传媒业？可以参照社会变迁理论。本研究通过对若干电影的分析，阐述传媒业在电影的镜像中呈现怎样变化万千的图景，并且由此省思传媒业的理想与现实。

1. 传媒业的现代性与电影的现代性彼此呼应，形成了互动的模式

本研究所指的传媒业，其意涵是现代的，不是宫廷和官员的古代传播。电影的意涵也是现代的，属于大众的，而非少数人玩赏的艺术。

电影是大众文化的重要组成部分。大众文化中的传媒业，反映了社会对传媒业的看法，社会大众对传媒业的观察。传媒业监督社会，社会也在监督传媒业，根源在于电影业需努力满足大众的口味。在大众眼中，传媒业如何，电影业相应地也这般表现传媒业。

2. 电影与学术、政治、法律不同，其对传媒业的监测，是通过艺术和技术的表现来实现的

西班牙电影大师路易斯·布努艾尔说："在一个心灵自由的人手里，电影是一种重要而危险的武器。它是借以表达思想、感情和本能世界的高级手段。"[1]

在银幕上，每个时代的传媒业都呈现不同的风貌。中国传媒业的 20 世纪 80 年代是充满理想的，其时电影中的记者形象充满光彩、神通广大，能轻易地解决工作中棘手的困难，接触到政治上层。而 21 世纪的传媒业已经褪去许多神圣的光环，相应地，电影中的记者形象也变得平凡。

3. 电影作为传媒史文献的价值

电影表现传媒业，在学术的范畴里研究这个问题有什么意义？传媒业电影是有学术价值的。电影虽然是虚构的作品，也可以用来研究历史。随着史学研究观念的转变，小说、电影都可进入研究材料的范畴。对于传媒史来说，电影史是丰富的研究资源，可以通过电影窥视传媒业在社会中的角色。同时，要意识到电影

---

[1]　[美]波布克等：《电影的元素》，中国电影出版社 1986 年版。

毕竟是虚构的，要了解传媒业发展的历史，还需将电影与社会背景联系起来诠释。

4. 关于传媒业电影的研究

理查德·奈斯（Richard R.Ness）在 1997 年出版了《从大标题猎人到超人》（*From Headline Hunter to Superman*）[1]，书中收集了 2 100 部电影中涉及的新闻记者角色。他还建立了"报纸中的电影"主页 [2]，收录了几十部美国电影的故事梗概和剧照，包括 1927 年的《最终号外》、1929 年的《大新闻》、1931 年的《诽谤清单》、1939 年的《内幕故事》、1940 年的《外国通讯员》、1941 年的《公民凯恩》、1946 年的《夜班编辑》、1952 年的《被俘虏的城市》、1953 年的《头条新闻》、1979 年的《新闻记者》、1982 年的《城市新闻》、1994 年的《我爱麻烦》、1997 年的《欢迎来萨拉热窝》等。

二、电影中的传媒业与电影史的考察

下面从电影理论和电影史的视角来分析表现传媒业的电影。

（一）写实主义与技术主义

在电影的形成期（1895—1927），美国的爱迪生和法国的路易·卢米埃尔两位电影的创始人分别开创了西方电影艺术的两支传统——写实主义和技术主义。

电影的写实主义传统，强调对真实生活的原样重现，提倡到生活中去挖掘真实事件。电影的技术主义传统，则是把技术放在重要地位上，重视技术上的精美完整。

表现新闻记者的电影既有写实主义的，如《欲盖弥彰》，完全取材于真实事件；也有技术主义的，如《阿黛拉的非凡冒险》（*Les aventures extraordinaires d' Adèle Blanc-Sec*）（法国，2010），充满了奇妙的幻想。《阿黛拉的非凡冒险》由法国导演吕克·贝松的制片公司出品，讲述了 20 世纪初巴黎一位年轻勇敢的女记者阿黛拉，为了拯救因意外事故成为植物人的妹妹，独闯埃及金字塔，希望通过法老御医的灵魂唤醒她的亲人，由此展开了一场非凡的冒险，最后终于唤醒了她的妹妹。

有的电影难以界定，如《公民凯恩》，电影中有新闻集锦形式的闪回，以此

---

[1] Richard R.Ness, *From Headline Hunter to Superman: Journalism Filmography*, Scarecrow Press ,1997.

[2] http://www.freep.com/jobspage/club/movies.htm。

来倒叙凯恩的一生，但是也有含蓄的象征手法。电影中有两个引人深思的场景：①凯恩与夫人用餐，分坐在长长的餐桌两旁，日子一天天过去，两人的座位越来越远，这富于象征意义，表现了情感的疏离。②幼时的雪橇，名字叫做玫瑰花蕾，主人公临终时提到它，象征纯真童年的逝去，空留回忆。

（二）表现新闻记者的电影：类型片的视角

类型片是好莱坞电影在其全盛时代特有的一种影片创作方法，与制片厂制度有密切的联系，实质是一种艺术产品标准化的规范。20 世纪 50 年代后，类型电影日趋没落，一些样式失去其固有的特点，类型间的界线日趋模糊，但影响至今依然存在。类型电影就是按照不同的类型的规定要求创作出的影片，或者说，类型是由于不同的题材或技巧而形成的影片范畴、种类或形式。比较常见的有西部片、歌舞片、喜剧片、恐怖片、科幻片、灾难片、战争片等。

其中，犯罪片与新闻记者的关系更为密切。犯罪片，包含强盗片、警匪片、黑色片、侦探片等一切通过犯罪题材来反映社会的影片。犯罪片常常以城市为背景，以一桩罪案的始末为内容，以一个犯罪分子为主要人物，故事的来源多数是社会新闻。

新闻记者经常出现在犯罪片中，扮演调查真相、伸张正义的角色，比如电影《我爱麻烦》（*I Love Trouble*）（美国，1994）中，朱丽亚·罗伯茨饰演的女记者角色。

幻想片，包括科幻片和恐怖片。代表性作品有《化身博士》（*Dr.Jekyll and Mr. Hyde*）（美国，1941）等。有的幻想片中也有新闻记者的身影，如《蜘蛛侠》。

类型电影有三个基本元素：①公式化的情节，如科幻片里的怪物出世、为害一时；西部片里的铁骑劫美、英雄解围；强盗片里的抢劫成功、终落法网。②定型化的人物，如除暴安良的牛仔，至死不屈的硬汉，仇视人类的科学家等。③图解式的视觉形象，如代表邪恶凶险的森林，预示危险的城堡，象征灾害的实验室里冒泡的液体等。

类型片很大程度上是商业的需要，反映了某种社会需要——观众希望在电影中寻求安抚和宽慰，以弥补在现实世界受到的压抑。类型电影不是对人生的模仿，而是对第一部成功影片的模仿。新闻记者之所以成为犯罪片中一种定型化的人物，是因为观众对新闻记者的描写寄予了一种幻想，在记者身上寄寓了正义的期待。

（三）明星制：哪些明星饰演过新闻记者？

好莱坞的明星制突出演员的作用。明星要有摄影机前的魅力，有作为某种角色需要的恰当气质或外形。一旦明星被制造出来，往往就限制在某个特定的角色模式里。

哪位大明星扮演过记者的角色呢？格利高里·派克，总是扮演正直、有礼的君子、绅士形象，他在《罗马假日》（*Roman Holiday*）（美国，1953）中饰演美国记者的角色，用尽心机偷拍到了欧洲公主的照片，虽然留下照片有利可图，但为了不伤害心中深深爱慕的公主，在最后时刻的会面中，这位记者还是将照片交给了公主。这是一部可借以讨论传媒伦理道德的经典电影。

《女记者》（台湾，1974）中的主角由林青霞扮演，这是一个有理想的独立女性形象，女记者沈馥慧聪明机智，克服困难采访到了外宾，获得独家新闻。

三、中国电影中女记者形象的变迁

女记者的类型化与去类型化是一个有意思的话题。女记者在电影中常常被表现为这样几个特质：①伸张正义；②与上流社会密切，要么本身是上流社会的一员，要么因采访接触到上流社会；③家庭与记者的事业有冲突；④常常在采访中邂逅爱情。

以电影《花园街五号》（中国，1984）为例。《花园街五号》由李国文的同名小说改编。花园街五号是市委书记韩潮的官邸，女记者吕莎是市委书记的儿媳、《临江日报》记者，这个角色由方舒扮演。电影中刻画了一个特立独行、有优越感的女记者形象。她的童年在无忧无虑的环境下成长，犹如红色公主，成年后在记者工作中的直率个性多少带着特权的色彩。但她的报道很出色，作为记者是成功的，并不是无所作为的高干子弟。

韩国电影和电视剧中有一些女记者的形象，但是毫无优越感，很平民化。《最强罗曼史》（韩国，2007）中有一位笨拙的年轻女记者崔秀真，作为初出茅庐的小记者老是犯错，周围的环境也没有很关照她。电影中的男主角，年轻警察姜警官对记者很反感，说："记者都没什么好东西。"韩国电视剧《食客》（韩国，2008）中也有一个小记者形象，是美食杂志的女记者，接受了采访高级餐厅云岩亭的任务，这是一个衣着普通，才智也平平的小记者，常被上司训斥。

《搜索》（中国，2012）中王珞丹饰演的菜鸟记者，也是初出茅庐的小记者，偶然在公交汽车上拍到女白领拒绝给老人让座的画面，给事业带来转机。这让人联想到韩国电影中类似的小记者角色。这些女记者衣着相貌普通，奔波于街头采访，没有过人的才智，也没伟大的理想，不属于上流社会的一员。

中国 20 世纪 80 年代电影中的神勇女记者形象，接近好莱坞类型片犯罪片中的正义记者形象。而 21 世纪中国电影里的女记者形象，则接近于韩国电影中的平凡小记者形象。这是时代的典型转变。

20 世纪 80 年代到 21 世纪，电影中的传媒业的这种变化，是两个原因带来的：

（1）电影告别类型化。类型化、模式化渐渐式微，电影越来越模糊它的属性，难以界定一部电影是犯罪片，还是爱情片，抑或是科幻片。比如《阿黛拉的非凡冒险》就是如此。当代电影融合了多种类型的特征。

（2）传媒业趋向碎片化。有影响的媒体不局限于少数大媒体，一些网络媒体也发挥影响。受众关注的不只是少数政治新闻，社会新闻也会引起关注。不只是名记者、大记者可以制造话题，名不见经传的小记者也可能创造报道的奇迹。

女记者这个群体的电影形象，总的来说，既不是传统的软弱女子形象，不能掌控自己的命运，只得在阶级压迫和父权压迫下随波逐流，也不是现代嬉皮士女子的放浪形骸形象。女记者的性格大都独立、坚强，并且都从属于一个新闻机构，是职业女性的形象。传媒业的故事充满了竞争和罗曼史，关于传媒业的电影曲折跌宕、富有可观性，女记者形象为这类电影增添了色彩和光辉。

第十一章　比较视野中的区域史与传媒史

一、区域差异

中国是一个庞大的国家，要想透彻地研究中国的历史，区域差异是一个重要的视角，可以帮助我们认识中国的多样性与复杂性。

第二次世界大战后，中国学的重心从欧洲转移到了美国。费正清（John King Fairbank）开创了美国的中国研究模式。他主编的《剑桥中华民国史》已注意到中国的文化不是单一的、同一的模式："通常把'中国'作为单一实体来对待的尝试，正在为详细研究所揭示的诸多情况所减弱。区别于外部世界的'中国文化的差异性'，虽仍在打动旅行者的心，但这一陈旧观念却正被中国国内所发现的各种亚文化群所打破。'中国文化'作为（中国独特的经济、政体、社会结构、思想以及价值观交互影响所创造的）可视为同一的构成模式，在近代国际接触的进程中，变得不是那么独特的和可以视为同一的了。随着我们知识的增长，概括变得更加困难，而不是更容易了。"[1]

在费正清之后，国际中国学界有新的发展。施坚雅（G. William Skinner）提出关于中国的区域研究新模式，他强调区域系统在时间和空间上的动态感，对国际学术界产生了广泛影响。[2]

在区域史方面，另一个具有代表性的是日本学者斯波义信，他根据中国的地理历史特点，创立了一套系统的区域史理论。他在《宋代江南经济史研究》中指出"地域偏差"即区域差异，已经超出了地理概念，毋宁说是历史形成的。他并

---

[1]　费正清等：《导论：近代中国历史的透视》，载《剑桥中华民国史》（1912—1949），中国社会科学出版社 1998 年版。

[2]　柯文：《在中国发现历史——中国中心观在美国的兴起》，中华书局 1989 年版。

将近 20 位中外学者论述中国区域史的观点归结为：①依人口移动或定居史形成的区域差异；②依土地利用或水利史、农田开发史形成的区域差异；③依社会精英流动或文化生态史形成的区域差异；④依宗法、家族、阶级等社会组织变迁形成的区域差异；⑤依军事、政治或行政建置史形成的区域差异。他说："中国社会容量巨大，也许与其说时间的差异性大，还不如说空间的差异性更大。"[1]

不论是施坚雅，还是斯波义信，国际中国学界的区域史研究都可追溯到 20 世纪 60 年代盛极一时的法国年鉴学派。以布罗代尔为代表的年鉴学派强调人类社会的多元性，提倡在总体史观的指导下展开区域性研究，尤为关注基层民众生活史，倡导所谓"空间史学"[2]。

但是在中国的史学传统中也早就有地方史研究，而且卷帙浩繁。那么传统的地方史与当代的区域史有什么区别呢？近来中国的历史学家们已经对此进行了深入的思考，对区域史与地方史的关键差异已经有明确的认识。

有学者提出，区域研究应有"自身一套独特的规范"：①综合性，即区域研究一定要着眼于区域内的总体特点，如果只是对区域内某些单个现象展开讨论，一般说来不足以称为区域研究。②区域性，即区域的意识，研究者必须有"某一现象的空间范围、某区域与外区域之间的差异"的概念，"否则，便只是地方性的研究而不是区域研究"。[3]

赵世瑜（2006）指出区域史的价值在于将"中国历史在空间上的多样性、差异性，在时间上的多元历史演进线索"如何"充分的挖掘和展现"，他强调"各地方社会的历史不应被任何一种单一逻辑的大历史所简单收编"。[4]

王先明（2006）更为明确地界定了区域史与地方史的不同：作为学科方向意义的"区域史"突出体现为一种研究理念、视野或方法的创新。区域史并不是研究主题的地方化，而是立足于文化、民族、语言、地理、气候、资源等结构性要素，从整体上探讨影响一定区域内的历史进程的力量及其原因或区域历史发展共同特性的一种视野或方法。要而言之，是研究问题的空间特征决定了"区域史"研究

[1] ［日］斯波义信：《宋代江南经济史研究》，江苏人民出版社 2001 年版。

[2] 任放：《施坚雅模式与国际汉学界的中国研究》，载《史学理论研究》2006 年第 2 期。

[3] 张伟然：《区域研究的新走向笔谈》，载《史学月刊》2004 年第 4 期。

[4] 赵世瑜·《多元时空视阈下的 19 世纪中国社会——几个区域史的例子》，中国人民大学清史研究所史学前沿课系列讲座 2006 年 4 月 18 日。

的选择,而不是人为的空间取舍形成"区域史"研究,即将研究对象简单地"地域化"或"地方化"。前者构成真正意义上的"区域史研究",后者毋宁说是研究中的"区域化取向"。

王先明还敏锐地指出要警惕历史研究中的"区域化取向"泛滥:"如果讨论的问题并不具有区域同构型或共趋性,就不应该归于区域史,而只能归属于其他规范下的历史。它们或者是通史的地方化,或者是专门史的地方化","近年来的所谓区域史研究,大多属于研究的区域化取向,而不是真正意义上的区域史研究。'区域化取向'造成了历史学研究的失范及近代史研究的'碎片化'"。[1]

许纪霖(2006)的说法也对实际研究有指导意义,他认为有意识地带着问题去选择一个区域,才可以避免区域研究研究常见的误区——"往往比较拘谨,以小见小,提炼不出具有普遍意义的大问题"[2]。

因此,将区域史的研究观念用于中国新闻史研究,关键在于要带着问题选择区域。不是在通史的框架下机械地完成一个个地方新闻史的组合,相反,有问题价值的才可以作为区域新闻史研究的对象。

如何更好地将西方学术思潮与中国历史研究进行有效的结合,这是目前中国新闻史研究的重要问题。对于本研究来说,20世纪70年代列文森(Joseph Levenson)提出的世界主义(cosmopolitanism)是一个重要的核心概念。他在《革命与世界主义》一书中探讨了世界主义与地方主义(provincialism)和谐共存的话题。

也许因为天才的列文森英年早逝,也许因为《革命与世界主义》只有薄薄的一本,列文森的世界主义没有像全球化理论一样流行。但与"全球化"(Globalization)理论相比,"世界主义"具有更多主动的色彩。《革命与世界主义》如是说:"多数中国的世界主义者都有激进的中国目标","(中国的浪漫主义者)为了中国而选择了欧洲模式","中国需要一种革命的模式"。[3] 这意味着,"世界主义"的价

---

[1] 王先明:《"区域化"取向与近代史研究》,载《学术月刊》2006年第3期。

[2] 许纪霖:《从知识分子研究的视野看近代士绅——〈晚清士绅与地方政治〉》,载《中华读书报》2006年8月2日第10版。

[3] Joseph R.Levenson. *Revolution and Cosmopolitanism, The Western Stage and the Chinese Stages*, University of California Press, 1971,p.37、29、25. 李欧梵的《上海的世界主义》发表于《二十一世纪》1999年8月版,他发展了列文森的观点,指出生活在上海这个国际大都会的中国文化人,一方面热烈拥抱西方生活方式和知识趣味,另一方面坚持中国人身份认同,以中文写作。

值在于研究中国如何主动地把自己变成世界的一部分，并与民族传统相容，而不是被动地变成西方的一部分。

与"世界主义"相比，"全球化"理论的被动色彩更为浓郁，更带有西方中心的意味。学者们在亚洲国家应用全球化的研究，要么是证明亚洲被"全球化"了，要么就是没有"全球化"。可是对于后边一种情况，用全球化理论来解释显得捉襟见肘。而"世界主义"能更好地回答这个问题，它更能解释亚洲国家的自主选择。可惜"世界主义"的解释力还远未受到充分的重视。

"全球化"理论时下甚为流行，但列文森的"世界主义"自有其独到的价值。在是否走西方化道路问题依然困扰亚洲国家的今天，"世界主义"不应被"全球化"取而代之。"世界主义"的生命力会在中国研究里延续。

国际中国学界以往关于印刷文化史的著作，往往集中于沿海地区，尤其是上海。新近的两部重要著作——芮哲菲（Christopher A.Reed）的《上海的印刷资本主义》（2004）[1] 和梅嘉乐（Barbara Mittler）的《为上海的报纸》（2004）[2] 也都是集中于上海。

原因何在？①上海是现代史上最开放的中国城市，最接近西方，研究者方便提出这类的问题："上海与世界有什么关系？"②上海是现代中国的印刷业中心、报业中心，有关这个城市的文献非常丰富。③国际中国学界重视同领域研究之间的对话：围绕着理论线索，学者们可以在同一个领域反复耕耘，不断深入，不断创造新的观点。

中国大陆新闻史学界与国际中国学界不同，大陆学人有一种填补空白的使命感，希望写成完整的新闻史，对每个地区都不想遗漏。所以在中国大陆，不会出现大家都集中于一个区域进行研究的现象。这样做的好处是研究成果分布全面，弊端是彼此不易对话，常常是各说各话。

另一方面，大陆的新闻史研究其实也存在偏重沿海的倾向，在历史叙事中把沿海报业，尤其是上海报业的发展模式推及到全国。回顾中国新闻史的奠基之作《中国报学史》，它是在报业中心——上海写就的，作者戈公振最熟悉上海的报纸，

---

[1] Christopher A.Reed, *Gutenburg in Shanghai, Chinese Print Capitalism, 1876-1937*, UBC Press, 2004.

[2] Barbara Mittler. *A Newspaper for China? Power, Identity, and Change in Shanghai's News Media, 1872-1912*, Harverd University Press, 2004.

因此对民国时期报业特点的概括（见第六章《报界之现状》）主要是基于上海的《申报》、《新闻报》、《时报》等，而对内地报业（包括北京报业）的独特性则忽略了。[1]

代表 1949 年以后中国大陆新闻史研究最高成就的《中国新闻事业通史》，其中 1949 年以后的部分可以说是北京中心，首都中心的。因为在社会主义计划经济体制下，中央级的媒介都在北京，上海变成了地方媒介。但是，延续了戈公振的传统，该书 1949 年以前的部分，依然在叙事秩序上按照先沿海后内地、先上海后北京的顺序，将二者的区别视为先进与落后之别，没有充分注意到中国各区域不同的报业发展模式。[2]

上海新闻史学家宁树藩曾经分析过中国各地区报业的发展轨迹，对于北京"这一全国政治中心、文化重镇，可是长期以来，在报业发展中它一直被冷落"的现象虽然注意到了，但也没有深入地探究。[3]

如果以上海为中心看中国的新闻史，沿海与内地之间不过是先进与落后的关系，二者的差异不过是发展速度不同、进程不同。但是换一个角度看，可能会觉察到更复杂的情况。本研究的假设是：北京以及其他内地城市，自有其独特的报业发展模式。它们一方面是上海的追随者，同时也是自己风格的创造者。

二、 研究方法

本章是以北京报业为研究对象的区域史研究。选择北京这个城市，首先是想打破以上海为中心的民国新闻史叙事，以呈现报业史的区域发展模式。

以往的地方新闻史研究成果颇丰，中国各个省份的新闻史志应有尽有，但美中不足在于割裂，即缺乏从区域比较的角度来透析各个地方的报业何以呈现不同的发展轨迹，因此各省的地方新闻史自说自话，没有产生普遍性的比较性的结论。这是理论贫血造成的，还是学术研究处于起步阶段的必然？无论如何，需要 21 世纪的新闻史学者努力，在原有基础上更进一步。

本章的另一个目标是将"世界主义"与区域史研究结合起来，提炼出北京与上海在接受西方影响上的不同。国内学者虽然早就提出，"研究中国新闻事业如

---

[1] 戈公振：《中国报学史》，中国新闻出版社 1985 年版。

[2] 方汉奇：《中国新闻事业通史》第二卷，中国人民大学出版社 1996 年版。

[3] 宁树藩：《辛亥革命前中国报业发展的地区轨迹》，载《宁树藩文集》，汕头大学出版社 2003 年版，第 134 页。

何接受外国影响，又如何在中国社会条件下形成自己独特的面貌，是一重要研究课题"[1]，但是实际产出的研究成果还较少。困难何在？①此种研究必须克服语言障碍，比较史研究涉及不同语言的报纸，涉及不同国家的报业研究，研究者需要了解不同国家的新闻史；②比较史研究必须有证据支持，需要找到中国报业与西方有直接关联的证据；③比较史研究需要有理论的支撑；④中国大陆的学术研究长期受意识形态和主流文化影响，过于强调本国的独立发展，不大愿意承认现代以来与西方的密切关联。

经过克服语言的障碍，以及耐心寻找证据，笔者（2004）发现了中国出版的数种报纸杂志与西方的直接关联，证明中国的媒介在不同的时代都曾接受世界的影响。[2]也发现，上海比北京更直接地受到西方的影响。这正是本章研究的起点。

本章采用的集体传记的研究法（prosopography），又叫集体传记法，由英国历史学家纳米尔（L.B.Namier）（1888—1960）首先应用，是历史学中标准的研究方法之一。它旨在通过研究历史过程参加者的人物传记来分析这一进程，与传统的人物传记相比，出新之处在于关注群体，力求通过这些人物群体来理解社会及制度的变革，这与传统的人物传记的留意某个活动家，并把他解释成为历史事件的主要动力和创造者是大不相同的。[3]本章将应用集体传记法，分析北京报人与上海报人的不同。

本章研究的时间范围是1912—1927年。在此期间，北京既是中国的政治中心，又是文化中心。1928年以后，蒋介石政府定都南京，北京不复政治中心的地位。

三、研究发现

早在20世纪20年代，《中国报学史》已经认识到中国的区域差异。戈公振指出"北京与上海为政治与商务之中心"[4]，但是对于南北报业差异的原因他没有深入地分析。为了呈现这个问题更复杂的一面，本章将从两地报人的差异入手。

民国时期，北京和上海的报人都属于社会转型期的知识分子，面临着从文人

---

[1] 宁树藩：《辛亥革命前中国报业发展的地区轨迹》，载《宁树藩文集》，汕头大学出版社2003年版，第153页。

[2] 陈彤旭：《争夺与控制——20世纪的青年报刊史研究》，2004年中国人民大学博士学位论文。

[3] 张广智、张广勇：《现代西方史学》，复旦大学出版社1996年版，第51页。

[4] 戈公振：《中国报学史》，中国新闻出版社1985年版，第166页。

到职业报人的转变。大陆新闻史学家关于从文人向职业报人转型的研究已经有过不少[1]，但是对南北报人的不同尚未揭示出来，包括他们与西方国家的文化距离，以及关乎报业发展的其他区域差异。

民国时期的北京，与上海、天津相比，它不是一个工商业城市，也不是一个金融城市，而是一个政治城市、文化城市、消费城市。在这样一个城市，晚清以降到民国，出现了几代报人。以下选取几位声名显赫的著名北京报人，分析他们与西方的文化距离，以及与上海报人的差异。

本章的时间范围在 1912—1927 年，其中有个别人物的生活时间超出了这个范围，比如彭翼仲和王韬。这是因为他们地位超然，是当地报业的先驱，所以时间向上延伸了一段。本章涉及的"北京报人"，这个概念不是指在北京出生的报人，而是指主要报业活动在北京的报人。

（一）北京报人的集体传记

彭翼仲，1864 年出生，在北京长大，说北京话，熟悉北京社会远胜过祖籍苏州。据同时代的人回忆，1900 年八国联军入侵北京，彭翼仲身受"洋兵"欺侮伤害，险些丧命。[2] 因为这次受了大刺激，所以他对帝国主义侵略者有强烈的对抗情绪。他创办的《京话日报》是北京第一个民营报纸，起《京话日报》这个名字，是有意与社会上称呼的"洋报"相对而言。当时北京占主导地位的都是外资报纸。他创办报纸的目的，是希望在北京有一个为中国人说话的舆论阵地，"争回这说话的权柄"[3]。

《京话日报》的内容是贴近市民生活的，语言采用通俗的白话。但是作为北京最早创办的现代报纸，北京本土社会并不接受它，视之为外资报纸的同类，甚至有些老人称其为"洋报"，劝子弟不要看，该报的销路和广告长期打不开局面[4]，彭翼仲赔累甚巨。两年后销路才渐渐扩大。这个报纸后来发行量超过一万，成为北京销路最大、影响最大的报纸之一。[5]

---

[1] 这方面的论文有刘磊：《中国早期报人社会地位的演进》，载《传媒》2002 年第 7 期；田中初：《游离中西之间的职业生存——晚清报人蔡尔康述评》，载《新闻与传播研究》2004 年第 3 期等等。

[2] 梁漱溟：《记彭翼仲先生》，载《新闻春秋》2004 年第 3 期。

[3] 彭翼仲：《答锦州赵礼南先生来函并谢曹孟二兄》，载《京话日报》1905 年 2 月 4 日版。

[4] 梁漱溟：《记彭翼仲先生》，载《新闻春秋》2004 年第 3 期，第 24 页。

[5] 方汉奇：《清末的〈京话日报〉》，载《新闻春秋》2004 年第 3 期，第 28 页。

彭翼仲在八国联军占领北京期间深受苦难，使他在与殖民主义的互动中形成了强烈的民族主义情绪。他的经历或许能反映北京报人的一个特点：没有享受到西方现代生活的多少好处，但是对帝国主义侵略的伤害印象深刻。而上海的知识分子在心灵深感殖民地耻辱的同时，也享受到了西方生活和教育的好处，所以上海报人更多几分对西方的亲近感。

林白水，1874 年出生于福建闽侯。其早年曾留学日本，民国时期先后在北京创办了《新社会日报》和《社会日报》。对一个清末民初的中国留学生来说，留学日本与留学欧美是不同的。留日学生更经常回国，更多地参与国内的政治，更多保持与中国的联系。林白水即是如此，他在留学期间与国内联系密切。[1] 他始终是一个很传统的文人，喜好收藏金石，书法也颇有造就。

黄远生，1885 年出生于江西九江。中进士后留学日本学习法律，归国后从政。民国成立以后，放弃仕途在北京从事新闻业。[2] 他的新闻文体是西方新闻业准则与中国化文字风格的结合。一方面他重视亲自采访，另一方面将中国文字的感染力发挥到淋漓尽致。《断送蒙古声中之大借款》、《奈何桥上之大借款》等报道标题脍炙人口。

邵飘萍，1886 年出生于浙江。父亲是私塾先生。他国学底子扎实，13 岁考中秀才。后入考入高等学堂师范科。后来为报纸撰稿，成为职业报人。1918 年在北京创办《京报》。[3] 他是一个很专业的记者，同时保留了许多传统中国文人的气质。其教育经历与文化格调都与后来成为中国革命领袖的本土文人毛泽东有相似之处，毛泽东在北京大学新闻学研究会听课期间，最喜欢的就是这位兼职教授新闻学的名记者。

成舍我，1898 年出生于南京。北京大学中文系毕业后在多家报社任职，20世纪 20 年代创办了著名的《世界晚报》和《世界日报》。[4] 他有丰富的本土新闻业经验，是熟谙北京政治经济文化的职业记者。1930 年曾出国考察 欧美报业。

---

[1] 张次溪：《记林白水》，载《纪念林白水文集》，福建历史名人研究会林白水分会编，第 15 页。

[2] 方汉奇：《中国新闻事业通史》（第一卷），中国人民大学出版社 1992 年版，第1090—1091 页。

[3] 方汉奇：《中国新闻事业通史》（第一卷），中国人民大学出版社 1992 年版，第1098 页。

[4] 周靖波：《成舍我的业绩》，载《报海生涯——成舍我百年诞辰纪念文集》，新华出版社 1998 年版，第 5 页。

他的世界报业集团，适应北京本地的环境，创造了一种不依赖政党津贴，不依赖广告也能赢利的成功的地方报业市场运营模式：①北京经济不发达，报纸的广告收入有限，所以世界报系主要依靠销售；②重视本地读者的特殊兴趣，北京学校多，教育新闻受欢迎，就大量刊登教育新闻；③抓住本地资源，采访独家新闻，如日本外交新闻；④利用北京作为文化中心的优势，充分挖掘副刊的潜力，使世界报系成为优秀作家的发表园地，增进了报纸的销路；⑤因为不依赖津贴和广告，收入来源单一，所以努力降低人力物力成本。[1]

综合以上北京报人的传记，我们发现他们的特点是本土化，包括文化气质与报业经营模式。与上海报人相比，北京报人更具有本土知识分子的特征。北京承受了八国联军的侵害，但不是殖民地。所以，北京报人对洋人有强烈的反感情绪，同时也因为没有浸润在西方文明的日常生活方式中，而与西方国家有很大的文化距离。

他们当中有一些留学日本，但是日本还是在中国的文化辐射圈内。他们当中有些报人，比如成舍我，不乏积极主动学习西方报业的精神。由于北京的工商业环境不发达，他们不得不开创了一种适应当地情况的报业经营模式——以卖报为主要收入来源，这与上海报业的"广告第一"模式大不相同。

相对于北京报人来说，上海报人中有更多的双语知识分子，与西方人有更多的直接接触，更积极主动地学习西方报业：王韬，曾考察欧洲，与西人为友；汪汉溪，作为美国人的助手，后来执掌《新闻报》，与西人关系密切；戈公振，曾考察欧洲，学习西人办报经验；邹韬奋，擅长英语翻译，曾专门学习如何从事英文广告业务；史量才，接手外国人创办的《申报》，延续西化的办报模式，大力主张"广告第一，新闻第二"。

我们还可以在对比中发现，北京报人中被杀害的多：黄远生、邵飘萍、林白水都死于谋杀，成舍我也曾身陷囹圄。原因是北京一度被残暴的奉系军阀控制；而且北京是政治中心，记者掌握更多的政治信息，容易引祸上身。而上海作为殖民地，租界曾经充当了报业的保护伞。这方面的情况说明两地报人生存环境的不同。

---

[1] 陈彤旭：《出奇制胜——旧中国的民间报业经营》，福建人民出版社1999年版，第89页。

（二）北京的报业资本主义：以《社会日报》为例

芮哲菲的《古登堡在上海——中国印刷资本主义》中指出："近年来，三个概念——印刷文化、印刷商业，和印刷资本主义——已经对历史学家理解民族发展的精神和社会语境产生了深远的影响。"[1]

芮哲菲说，与印刷文化和印刷商业的宽泛应用范围不同，印刷资本主义一般只用于对欧洲印刷文化的讨论，很少对学者研究中国产生影响。原因也许是本尼迪克特·安德森在《想象的共同体》一书中最先使用了这个词，但并没有给出明确的概念，我们只知道"印刷资本主义"在安德森那里意味着"商业的、世俗化的、非官方的、盈利的、面向大众的内容生产"[2]。芮哲菲在此基础上，进一步探讨了印刷资本主义（Print Capitalism）在中国的起源和发展。

本书将这个概念延伸为中国的"报业资本主义"（Press Capitalism），指报纸的商业化、世俗化、非官方、盈利的、面向大众的内容生产。

北京的印刷资本主义是落后于上海的，彭翼仲办《京话日报》之初，"北京铅字排印机尚不多见，技工不易觅"[3]。北京的报业资本主义发展也晚于上海，但北京的报业资本主义并非毫无基础。北京是古代官报的中心，《京报》在清朝有众多的读者，北京人有阅读《京报》的传统。这一点会对北京的报业没有影响吗？作为曾是清朝《京报》最发达的地方，也是传统浓厚的地方，如果忽略了北京在西方进入中国之前的本土的历史，我们就陷入了"西方文化中心论"[4]。《京报》是非机器印刷，内容不是市场信息，而是政治信息；不是记者自行采集，而是复制官方公报的内容——这些特征使《京报》不具有报业资本主义的特征。《京报》也没有培养出一个新闻人的职业群体。但它并不是没有意义的：《京报》培养了有阅读政治新闻习惯的读者，培育了北京的报业消费市场。晚清以后，从封建官报的消费市场逐渐转向现代报纸的消费市场。

下面分析的这个报纸，它的生存就依赖于民国北京的现代报纸消费市场。《社

---

[1]　Christopher A.Reed. *Gutenberg in Shanghai, Chinese Print Capitalism , 1876-1937,* UBC Press, 2004, p.4.

[2]　Christopher A.Reed. *Gutenberg in Shanghai, Chinese Print Capitalism , 1876-1937,* UBC Press, 2004, p.8.

[3]　梁漱溟：《记彭翼仲先生》，载《新闻春秋》2004 年第 3 期，第 24 页。

[4]　西方文化中心论认为西方文化是最优越的，堪称世界文化的中心。参见邢建昌：《世纪之交中国美学的转型》，河北教育出版社 2003 年版。

会日报》创刊于 1922 年 5 月 1 日，是民国报人林白水一生创办的最后一家报纸。本研究选取初创时期的《社会日报》进行分析，使用的是国家图书馆缩微文献阅览室的《社会日报》缩微胶卷。本研究通过浏览该报，考察以下方面：①广告的数量及类型；②从刊登的启事看副业经营；③文体风格。研究发现如下：

（1）广告。《社会日报》共四版，每天仅有25%的篇幅是广告版(头版上有半版，四版有半版)，而历史同时期的统计数据说明，中国报纸上的广告篇幅占报纸总版面的50%—60%。[1]这表明《社会日报》上的广告是很少的。广告类型与一般的报纸差不多，主要是银行广告和书刊广告。

（2）副业。笔者从《社会日报》的启事中，未找到兼营他业的证据，说明没有什么副业收入。而历史同时期的《大公报》上经常刊登一些启事，表明报社还经营印刷业、图书出版业等。

（3）文体风格。该报很喜欢在新闻报道的开头写上一段采访新闻的感受，如同今天电视主播在报道新闻之前要加一段开场白一样。以下试举几例：

吾万能之新闻记者，今又揭开墨盒，来作军事谈矣。以无聊之政客，而开报馆，不能不冒充新闻家。北京新闻，以政治为重，于是亦有时冒充为政治家。今日政治，正在破产之时，吾辈新闻家正将随之破产。不意轰然一声，奉直相斗，于是吾人又扬扬得意，不揣冒昧，来冒充军事家矣。[2]

这两天我们新闻界糟糕得很，简直没有新闻。真叫做'有人来问我，连我也不知'。弄得没法，只好对不起电话局司机生，烦他忙一下子，到处挂线叫号，闹得好一会。这才讨得几条，分叙如下。[3]

在这里，新闻人与读者的交流建立在双方有共同兴趣的基础之上。该报对北京的报纸消费市场有清晰的认识，并且努力满足读者对阅读政治新闻和议论时事的需求：

直奉战争，可以算是解决了。我们国民，与其整天无事，东打听新闻，西评论战事，拿这个伴着来过无聊的日子，不如鼓起勇气，认起真来，把善后问题，大家着实研究一下。[4]

---

[1] 戈公振：《中国报学史》，中国新闻出版社 1985 年版，第 177 页。

[2] 《奉直战纪》（三），载《社会日报》1922 年 5 月 3 日第 2 版头条。

[3] 《时事昨讯》，载《社会日报》1922 年 5 月 23 日第 2 版头条。

[4] 《吾人宜注意善后问题》，载《社会日报》1922 年 5 月 7 日头版。

北京人每清早起来睁开眼睛，以看报打听新闻为第一要事。大家意思，尤其以先看我这社会日报为乐。我们相别两个多月，趁这机会给读者诸君继续文字的因缘，天天拿最新最确的新闻，报告给诸君听听……这就是本报复业的最大任务了。[1]

我们能够看到，《社会日报》非常重视读者需求，和读者的交流活泼生动，字里行间充满了与读者沟通的强烈愿望。从新闻专业主义的角度看，《社会日报》的不足很明显：喜欢在报道中夹杂评论，是与新闻的客观性原则背离的。但是，从另一个角度看，这未尝不是个性和创造性的表现。北京读者有爱看政治新闻，具有喜欢打听时事、评论时事的心理特征。David Strand 对北京城市政治的研究，提供了一些 20 世纪 20 年代市民社会出现的证据，如茶楼、饭庄和公园等扩大的公共空间，成为政治辩论的场所。[2]

《社会日报》了解并适应这种心理，一边报道新闻，一边评论，显得亲切有趣。同上海报纸稳定、成熟但又保守的风格相比，不完美的北京《社会日报》充满了活力。该报在新闻报道中夹杂个性化评论的做法，虽然有悖新闻专业主义原则，但是有助于和读者交流，生动鲜活，富于互动性和感染力。

较上海而言，北京商业环境不发达，大众化报业起步较晚，读者培育也慢一步，但是到 20 世纪 20 年代，已经有一个报纸读者群落形成了，他们政治兴趣更浓厚，关心时事动态，爱看报纸，更爱议论报纸的内容。林白水的报纸面对的就是这样一些读者，报纸的生动鲜活恰恰是读者的生动鲜活的折射。看着《社会日报》上热辣的文字，我们耳边仿佛就能听到读者热热闹闹的议论。

四、结　论

《社会日报》没有多少广告，也没有副业，新闻生产成本很低。它有自己的风格，符合北京本地读者的口味——爱议论时事政治，有人情味。北京的《社会日报》表现出与上海《申报》非常不同的地方，不只是因为北京是政治中心，更重要的是因为北京的报业资本主义选择了不同的生存路径。除了广告、副业方面的差异之外，《社会日报》采集新闻，即"新闻生产"的成本也很低。它一不买外国通讯社的电稿，二不外派记者，只有极少的记者采访本地新闻，有时只有主编一人

---

[1]　《本报复业宣言》，载《社会日报》1922 年 5 月 1 日头版。

[2]　黄宗智：《中国研究的范式问题讨论》，社会科学文献出版社 2003 年版，第 211 页。

撰稿。

或者可以说，上海《申报》代表了大型工业化的大众传播媒介，而北京的《社会日报》代表了保留许多前现代化特征的小规模的传播媒介。总之，它的报纸运营模式与《申报》的大不相同。

在西方影响辐射下形成中国现代报业的过程中，中国新闻史具有这样一种面貌：19 世纪中叶到 20 世纪中叶，在沿海城市里，有些媒介直接仿制西方的媒介取得成功，然后扩散到本市的其他媒介，以及内地的城市。这些成功的媒介因此成为报业扩散的"中心媒介"，《申报》即是代表，"中心媒介"离西方的距离较近；其他媒介接受"中心媒介"的扩散，可以称为"地方媒介"，"地方媒介"受西方的影响更为间接。

但是地方媒介的发展动力，不只是来自模仿西方媒介或中心媒介，还有自发萌生的很强的创造力。虽然不那么符合现代新闻业的规范，显得粗糙，但是有活力，有自己的风格（Style），《社会日报》即是如此。这个报纸的个案表明，地方媒介不是被动地接受扩散，北京报业有它自己的传统和发展的脉络。

以往的新闻史研究以沿海报业为中心。但是，沿海中国是否遮蔽了另一个本土中国呢？解释中国历史的真正秘密，只看沿海中国是不够的。如果只看到沿海，只看到上海，那还是有西方中心论的嫌疑。

中国如果忽略了传统文明的影响，只将自己视为西方的一部分，结果是既不可能成为西方的一分子，也不可能保持自己。冷战结束后西方学界亨廷顿等人提出"多文明世界秩序"的问题。亨廷顿认为，21 世纪所有国家都面临一个共同的问题，即这个国家的"现代国家形态"是否与其固有"文明母体"具有亲和性，是否能植根于其固有文明母体。如果一个现代"国家"不能植根于她原先固有的"文明母体"，而是千方百计与自己的文明母体断绝关系，力图想"换种"而进入一个本不属于她的"其他文明母体"，那么这个"国家"就必然会成为一个"自我撕裂的国家"（Torn Country），其前途多半是令人沮丧的。[1]

本章着重讨论并得出了初步证明的是——中国的报业现代化进程中有区域的差异。区域间的关系不只是先进与落后的关系，而是包含了文化趣味的不同风格，以及经营模式的不同路径。另外，北京报人与上海报人相比，与西方国家有更大

---

[1]　《甘阳：从"民族—国家"走向"文明—国家"》，载《21 世纪经济报道》2003 年 12 月 29 日版。

的文化距离。作为地方媒介，北京报业不是被动地接受扩散，而是有它自己的传统和发展的脉络。如果把北京的特殊推及到全国，也许可以说：与沿海相比，内地报业不应只是发展迟缓的代名词，而是构成了有价值的区域特征。

本章的研究还可继续发展：①使用集体传记法，可研究更多数量的人物；②探讨北京报业的经营模式，可考察更多种类的报纸。

美国得克萨斯农工大学历史学教授王笛的近作《茶馆：成都的公共生活和微观世界（1900—1950）》[1]、《街头文化：成都公共空间、下层民众与地方政治（1870—1930）》[2]研究了成都街头茶馆中的传播活动，是区域史与传媒史结合的成功研究个案。区域史与传媒史的研究有广阔的发展空间。

---

[1]　王笛：《茶馆：成都的公共生活和微观世界（1900—1950）》，社会科学文献出版社 2010 年版。

[2]　王笛：《街头文化：成都公共空间、下层民众与地方政治（1870—1930）》，中国人民大学出版社 2006 年版。

第十二章 比较视野中的政治经济学与
传播政治经济学

传播政治经济学和政治经济学一样，都面临"非主流"的争论。超越这种争论，获得更强大地位的途径是研究面向和研究方法的更新。本章从政治经济学和传播政治经济学的发表文献入手，分析两个学科各自的研究面向和研究方法、源流以及发展趋势，并通过对比数据得出结论。

政治经济学和传播政治经济学正在突破传统的研究方法，与主流学科方法融合。通过对二者发表文献的比较分析，可以看到传播政治经济学进入中国的时间较短，目前主要处于理论梳理和译介阶段，应用性的本土研究成果不多。政治经济学在发表文献上数量更多，应用性研究的影响更广，但是在教学中呈现尴尬的状态。对于这些现状和发展态势都可以从学科源流和研究特质中得到解释。

一、传播政治经济学的源流与前沿

政治学与经济学的关联本来非常密切，因此自18世纪以来，两者即整合于政治经济学的理论发展中。近代学术史中，政治学与经济学逐渐分殊而独立。但两个学科"科学化"的结果也产生不少后遗症。因此，如何整合政治与经济理论，以分析同一社会现象的政治与经济层面，即变成政治经济学的重要工作。[1]

传播政治经济学根植于政治经济学的理论基础，具有批判学派的特点。它传承了法兰克福学派的学术传统，将传播现象放在一个更广泛的历史、经济和社会背景下来研究，探讨媒体和传播体系如何强化、挑战或影响现有的阶级与其他社

---

[1] 萧全政：《政治与经济的整合》，台湾桂冠图书股份有限公司2006年版，第1—2页。

会权力关系。传播政治经济学强调政治经济结构性因素与劳动过程，尤其是经济因素对社会传播关系的影响。与行政研究在很大程度上忽略对传播制度和传播生产问题的研究取向相反。[1]

传播政治经济学在融合数量统计方法。加拿大传播政治经济学教授赵月枝在西蒙弗雷泽大学设立了"全球媒体监测与分析实验室"，以电视频道如何报道金融危机为中心来分析它们对世界秩序的呈现。2008 年开始录制四个跨国卫星电视频道（CNN、BBC、半岛电视台和 CCTV 国际）的相关新闻节目，主要采用计量内容分析和话语分析方法。[2]

传播政治经济学最前沿的变革，除了开始重视对数据的监测和处理，还重视对社会实践的参与。2013 年 6 月，在加拿大西蒙弗雷泽大学举办的"传播与全球权力转移"国际学术研讨会上，主题演讲者是一位土著背景的教授，他面对来自全世界的传播政治经济学者们发表了 1 小时 30 分钟的演讲。这次会议对于土著居民抗争的关注，反映了传播政治经济学领域不仅关注抗争，而且重视参与抗争的社会实践的特点。根据笔者与会的实地观察，在这次会议的分组讨论中，参与人数最多的是关于劳工抗争的分会场。

传播政治经济学近来的应用性本土研究成果，如香港中文大学新闻与传播学院邱林川副教授关于"工人阶级的网络社会"的研究[3]，清华大学新闻与传播学院王维佳博士的著作《作为劳动的传播：中国新闻记者劳动状况研究》[4]，都强调劳动与抗争的主题。

传播政治经济学的经典和前沿著作书目如下。[5]

大卫·哈维（David Harvey）：《新自由主义简史》（*A Brief History of Neoliberalism*），上海译文出版社 2010 年版。

---

[1]　赵月枝：《传播与社会：政治经济与文化分析》，中国传媒大学出版社 2011 年版，第 6 页。

[2]　《北大新闻学通讯》2013 年 4 月（总第 9 期），第 22 页。

[3]　刘学：《香港中文大学邱林川教授应邀来中心和学院访问讲学》，武汉大学媒体发展研究中心网页 2008 年 11 月 1 日。

[4]　王维佳：《作为劳动的传播：中国新闻记者劳动状况研究》，中国传媒大学出版社 2011 年版。

[5]　2011 年暑期课程"传播政治经济学：中国与世界"阅读书目；《长江学者赵月枝教授工作室选拔通知》，中国传媒大学传播研究院网页 2011 年 6 月 13 日。

文森特·莫斯可（Vincent Mosco）：《传播政治经济学》（*The Political Economy of Communication*），华夏出版社 2000 年版。

丹·席勒（Dan Schiller）：《信息拜物教：批判与解构》（*How to Think About Information*），社会科学文献出版社 2008 年版。

赵月枝：《传播与社会：政治经济与文化分析》，中国传媒大学出版社 2011 年版。

王维佳：《作为劳动的传播：中国新闻记者劳动状况研究》，中国传媒大学出版社 2011 年版。

Yuezhi Zhao. *Communication in China: Political Economy, Power, and Conflict*, Lanham, M.D.: Rowman & Littlefield, 2008.

卡尔·波兰尼（Karl Polanyi）：《大转型：我们时代的政治与经济起源》（*The Great Transformation*），浙江人民出版社 2007 年版。

罗伯特·麦克切斯尼（Robert McChesney）：《富媒介，穷民主》（*Rich Media, Poor Democracy*），新华出版社 2004 年版。

罗伯特·哈克特（Robert A. Hackett）、赵月枝（Yuezhi Zhao）：《维系民主？西方政治与新闻客观性》（*Sustaining Democracy? Journalism and The Politics of Objectivity*）（修订版），清华大学出版社 2010 年版。

托德·吉特林（Todd Gitlin）：《新左派运动的媒介镜像》（*The Whole World Is Watching*），华夏出版社 2007 年版。

詹姆斯·卡伦（James Curran）：《媒体与权力》（*Media and Power*），清华大学出版社 2006 年版。

文森特·莫斯可（Vincent Mosco）：《数字化崇拜：迷思、权力与赛博空间》（*The Digital Sublime: Myth, Power and Cyberspace*），北京大学出版社 2010 年版。

科林·斯巴克斯（Colin Sparks）：《全球化、发展与大众传播》（*Globalization, Development and Mass Media*），社会科学文献出版社 2009 年版。

曹晋、赵月枝编：《传播政治经济学英文读本》（上、下册），复旦大学出版社 2007 年版。

二、政治经济学的源流与前沿

政治经济学在中国是马克思主义政治经济学的简称，理论学说的源头是马克思。当代西方也有马克思主义经济学家（Marxian economist）。目前，政治经济学在中国的现状是：沿用经典的方法，注重历史的长时段分析，注重理论的阐释；同时，吸收主流经济学的经验实证方法有所发展。

尽管国内的主流经济学也有缺陷，但政治经济学在方法上的长处与不足也是明显的，比如执著于对马克思经典的解读，学术定位不清晰，学者分布于马克思主义学院和经济系。专业期刊的稿件刊发下降，专门栏目萧条，比如《当代经济研究》的"资本论"专栏。这些困难的本质是马克思主义研究者的断代、边缘化。尴尬的局面源自政治经济学的意识形态是主流的，但是学术地位和研究方法日益边缘化。许多政治经济学的研究成果发表于《马克思主义研究》等政治类期刊，而非《经济研究》等经济类期刊。

《中国社会科学》刊发的政治经济学论文呈现逐年下降的趋势。在知网上用主题词"政治经济学"加期刊名称《中国社会科学》检索，结果为79篇。其中20世纪80年代（1980—1989）为45篇，20世纪90年代（1990—1999）为17篇，21世纪前10年（2000—2009）为12篇，近3年（2010—2012）为5篇。

其中被引用次数最多的4篇论文是：《城乡收入差距的政治经济学》被引用580次，《非市场缺陷的政治经济学分析——公共选择和政策分析学者的政府失败论》被引用178次，《现代马克思主义政治经济学的四大理论假设》被引用123次，《从总体支配到技术治理——基于中国30年改革经验的社会学分析》被引用118次。另外，下载次数最多的一篇是发表于2011年的《中国经济模式的政治经济学分析》，共下载4 350次。（统计数据截至2013年5月12日）

以上关于政治经济学发表文献的统计数据，表明政治经济学日益边缘化的趋势，也表明最受欢迎的论文是能解释现实重大问题的研究。以下分别加以介绍。

中国社会科学院人口研究所蔡昉、杨涛发表于《中国社会科学》2000年第4期的《城乡收入差距的政治经济学》描述了改革前后中国城乡收入不平等的程度，考察了造成这种差距的制度和政策，并利用中国的经验对现存两种城市偏向形成假说的解释力作出评价。文章指出，中国城乡之间差距巨大，1978年以前，利益集团压力和选民的声音在中国基本上是不存在的，与重工业优先发展战略相关的一整套干预政策导致了稳定的城市偏向；改革以后，城乡差距的周期性变化则主要导源于城市利益集团的压力以及传统经济体制遗留的制度障碍。政府的长期目标应该是推进要素市场的发育，即改变城市偏向政策和制度，从而缩小城乡之间的差距，达到长期的目标——资源配置效率最大化。

厦门大学政治学与行政学系陈振明发表了《中国社会科学》1998年第6期的《非市场缺陷的政治经济学分析——公共选择和政策分析学者的政府失败论》指出，政府失败是现代市场经济国家的政府干预所产生的一种普遍现象，是一个重大的理论与实践课题。西方学者特别是公共选择和政策分析学者已对这个问题作了较长时间的研究，形成了颇为系统的"政府失败论"。此文对这种"政府失败论"进行评述，全文分四部分：①政府失败问题的提出；②政府失败现象的表现、类型与成因；③政府失败的纠正及防范；④评价与启示。作者认为，尽管公共选择和政策分析学者的"政府失败论"因政府干预行为的局限而往往得出反对国家干预、否定政府作用的保守主义结论，但他们对政府失败现象的表现、类型和根源进行了相当深刻的分析，并提出了纠正及防范政府失败的某些行之有效的建议。这一理论对于我国在市场经济发展过程中，正确处理好政府与市场的关系，合理确定、发挥或转变好政府职能，完善宏观调控机制及手段，避免政府失败，提高政府工作效率都具有启发意义。

中国社会科学院马克思主义研究院程恩富发表于《中国社会科学》2007年第1期的《现代马克思主义政治经济学的四大理论假设》指出，理论假设是包括政治经济学在内的科学研究的前提和基础。现代马克思主义政治经济学应深入到理论假设来确立基本思想并展开逻辑叙述，这也是从根本上与现代西方主流经济学对话或论战的需要。现代马克思主义政治经济学强调理论假设的现实性、科学性和辩证性，因而具有更大的理论认知功能和社会建设功能。在坚持马克思主义政治经济学基本精神与批判现代西方主流经济学假设的基础上，现代马克思主义政治经济学提出并坚持四大理论假设，即"新的活劳动创造价值假设"、"利己和利他经济人假设"、"资源和需要双约束假设"、"公平与效率互促同向变动假设"。

中国社会科学院社会学研究所渠敬东、北京大学社会学系周飞舟、中国政法大学社会学院应星发表于《中国社会科学》2009年第6期的《从总体支配到技术治理——基于中国30年改革经验的社会学分析》指出，借由政治经济学所生发出来的社会学视角，中国30年改革历程可以分为三个阶段：①改革最初的10年形成的是以双轨制为核心机制的二元社会结构；②20世纪90年代开始的全面市场化及分税制改革确立了市场与权力、中央与地方以及社会分配的新格局；③进入新世纪后，行政科层化的治理改革得以实行，并成为推动社会建设的根本机制。

由此，改革前的总体性支配权力为一种技术化的治理权力所替代，从中可以理解"中国经验"的独特意味，并洞悉中国社会转型所面临的挑战与机遇。

中国人民大学经济学院张宇、张晨、蔡万焕发表于《中国社会科学》2011年第3期的《中国经济模式的政治经济学分析》指出，经济学界对中国经济模式的认识，经历了比较经济学的范式、转轨经济学的范式和政治经济学的范式这样三个主要的发展阶段。中国经济模式涵盖基本制度、经济体制、发展道路、转型方式和全球化等多个方面的丰富内容，社会主义基本制度处于核心地位。中国经济模式实际上是其基本经济制度在现实的改革、发展和开放过程中的展开或实现。进一步完善中国经济模式，必须自觉坚持和完善我国的基本经济制度，实现其与市场经济的有机结合。中国经济模式的形成既体现了经济现代化和市场经济发展的一般规律，又反映了中国特殊的制度、国情和历史阶段的要求，因而既有特殊性，也有普遍意义。

这些精彩的论文说明，如果政治经济学能不断纠正偏差，发展自身，前景是光明的，因为学术界呼唤有思想的经济学。《中国社会科学报》2013年9月27日编发了一组文章《我们需要有思想的经济学论文》，并配发"编者按"说："当前，'重技术轻思想'的经济学论文比比皆是，数学模型的滥用现象比较严重。'偏执'地使用数学模型研究方法，在一定程度上弱化了经济学论文的思想性，削弱了以'经世致用'为根本取向的经济学研究服务决策与服务现实的能力。"[1]

中国人民大学教授方福前在这一期发表了《经济学论文应以思想为主技术为辅》，他指出："经济学是人们研究经济活动的一门学问，而经济学论文则是展示经济活动中诸种问题的有效方式。从答疑解惑的角度看，经济学论文不仅需要回答现实中人们对于经济活动产生的疑问，更为重要的是在进行经济活动行为方面给予人们以深刻的思想性指导。在这个意义上，经济学论文主要是出思想、出观点，而数学模型和计量统计技术则是支撑这些思想、观点的重要工具。可如今的经济学论文写作过多地重视数学模型和计量统计技术，忽视了经济学作为一门学问的思想性、指导性，存在'本末倒置'的现象，需要引起重视并切实加以纠偏。"[2]

---

[1] 《我们需要有思想的经济学论文·编者按》，载《中国社会科学报》2013年9月27日版。

[2] 方福前：《经济学论文应以思想为主技术为辅》，载《中国社会科学报》2013年9月27日版。

三、传播政治经济学与政治经济学的比较

传播政治经济学的源头、在西方的发展状况以及国内现状，都与政治经济学有明显的不同。

国内的政治经济学者许多就职于马克思主义学院，并且奉马克思、恩格斯原著为必读的经典。但传播政治经济学者常提的不是马克思和恩格斯，而是英尼斯、席勒这几位年代更近的学术界前辈。与传播政治经济学相比较，中国的新闻理论学科与政治经济学的有些部分更相似，比如对马克思、恩格斯原著的重视。

政治经济学者目前很重视对长时段的数据进行处理，而且比传播政治经济学者更为普遍。吸收主流传播学的方法，重视经验实证，这是政治经济学对传播政治经济学的启示。而传播政治经济学对政治经济学的启示在于，虽然传播政治经济学也是非主流的，但并未遭遇生存困境，反而是方兴未艾。一个原因是，在研究方法上，主流传播学和传播政治经济学的差别在于数学和统计方法的应用，文科的传播学者本来对这些大都不擅长，所以在方法上的差异并不明显。而经济学学者的教育背景中有数学基础的是主流，没有数学背景的就比较边缘化。

政治经济学与传播政治经济学，虽然名近，但是目前的状况却大不相同。一个遭遇困境（一些大学取消了政治经济学课程），一个方兴未艾（传播政治经济学的课程在增加）。但是，传播政治经济学与政治经济学相比的一个差距是，统计以"传播政治经济学"为主题词的论文，主要是理论介绍，用来解释现实问题的不多。而政治经济学在这方面要胜过一筹。

《新闻与传播研究》、《国际新闻界》等期刊发表的传播政治经济学论文在逐年增加。

在知网数据库，用期刊名称《新闻与传播研究》加主题词"传播政治经济学"检索，结果为 4 篇，都是 21 世纪以来发表的。

用期刊名称《国际新闻界》加主题词"传播政治经济学"检索，结果为 16 篇，也都是 21 世纪以来发表的。这些论文主要是对传播政治经济学的介绍。其中《传播政治经济学理论泰斗达拉斯·斯麦兹》[1]是被引用次数最多的，有 44 次。《从"文化工业"到"文化产业"——关于传播政治经济学的一种概念转型》[2]是下载次数

---

[1] 郭镇之：《传播政治经济学理论泰斗达拉斯·斯麦兹》，载《国际新闻界》2001 年第 3 期。

[2] 陈卫星：《从"文化工业"到"文化产业"——关于传播政治经济学的一种概念转型》，载《国际新闻界》2009 年第 8 期。

最多的，有 1 402 次。

用期刊名称《新闻大学》加主题词"传播政治经济学"检索，结果为 7 篇，都是 21 世纪以来发表的。

用期刊名称《现代传播》加主题词"传播政治经济学"检索，结果为 9 篇，其中 1 篇是 1999 年发表的《加拿大传播学者系列访谈之二　新媒介与政治经济学》[1]，其余 8 篇是 21 世纪以来发表的。（统计数据截至 2013 年 5 月 12 日）

由上述统计可见，《国际新闻界》是介绍传播政治经济学最多的刊物，《现代传播》是介绍传播政治经济学最早的刊物。

在知网数据库，使用主题词"传播政治经济学"检索，结果为 116 篇。（统计数据截至 2013 年 5 月 12 日）其中，理论梳理和介绍的论文为 74 篇，解释现实问题的论文为 42 篇。同时，最受欢迎的（被引用超过 10 次的）主要是理论梳理和介绍的论文。这表明，我国对传播政治经济学主要还在介绍引入和学习阶段。

而政治经济学最受欢迎的四篇论文，被引用次数都超过 100 次，并且主要是解释现实重大问题的。这表明，与政治经济学相比，传播政治经济学在中国的发展才刚刚开始，解释中国现实的力量也还有差距。

笔者 2013 年 5 月参加了在北京召开的中国青年政治经济学者年会，看到做报告的学者们多数很重视经验实证的方法，用数据来检验理论。而传播政治经济学的论文很少这样做，似乎是将自身与实证研究截然分开的。政治经济学的趋势是与主流经济学的方法融合、吸收，国内传播政治经济学学者在这方面应该借鉴之。

纽约新校大学的马克思主义经济学家安华教授（Anwar Shaikh），用经验实证（长时段数据）的方法检验了马克思的多个理论。这启示我们，理论是需要验证的，能够被检验的才是科学。传播政治经济学的理论梳理和介绍阶段已经走过了十余年，解释现实问题也已经有了一些尝试，现在也可以考虑多借鉴吸收实证研究的优点，在研究方法和科学性上做一些调整和努力。

政治经济学的发展和它的困境都给传播学以启示。传播政治经济学是传播学领域近年来非常具有生命力的一支学术脉络。传播政治经济学已经在理论梳理和介绍方面有了很好的基础，现在需要提高解释现实重大问题的能力，并且在研究

---

[1]　郭镇之：《加拿大传播学者系列访谈之二　新媒介与政治经济学》，载《现代传播：北京广播学院学报》1999 年第 5 期。

方法上借鉴经验实证的路径。

传播政治经济学如何发挥其研究方法的长处？政治经济学在分析长时段制度变迁方面有明显的优势。政治经济学适合研究政策和长时段的变迁，能解决重要的理论问题，并对现实重大问题提出深刻的分析。比如对近年西方爆发的金融危机、占领华尔街运动，对于国外重大形势的分析，以及对中国的中等收入陷阱等问题，我国政治经济学者提出了很多有见地的见解；对于现代政治经济学的重大理论问题，也进行了重新梳理与深入探讨。[1]

四、结论与讨论

政治经济学和传播政治经济学的超越"非主流"之争，还意味着超越"左"、"右"之争。政治经济学在当下的学术界，被认为是偏"左"的，因为这个学派以马克思为宗师，如果没读过马恩原著，几乎就被认为没有资格研究政治经济学。而传播政治经济学也与西方马克思主义有密切的渊源。在21世纪的中国学术界，"左"有时被当成保守、过时的代名词，而其实它的内蕴没有那么简单。所以说要超越"左"、"右"之争，超越"非主流"之争。

李民骐和朱安东（2005）撰文指出，新自由主义政策在世界范围的泛滥打击了工人阶级的政治和经济理论，破坏了社会主义国家和许多第三世界国家发展民族经济的努力，一定程度上改变了世界范围利润率下降的趋势。它给世界人民带来了深重的灾难，并加剧了世界资本主义体系内部的各种矛盾，使其结构性危机越来越严重。[2]这可能被认为是一个偏"左"的研究，但联系到雷曼危机、占领华尔街运动等近年来西方国家暴露出来的严重矛盾，不能不说对资本主义的批判是有必要、有价值的。

我国著名政治经济学者程恩富提出政治经济学现代化的四个学术方向，国际化、应用化、数学化和学派化。[3]他曾提出应对资本主义危机要超越新自由主义

[1] 马艳、严金强：《现代政治经济学"重大难题"的理论脉络与新解》，载《学术月刊》2012年第12期。

[2] 李民骐、朱安东：《新自由主义时期的世界经济》，载《高校理论战线》2005年第7期。

[3] 程恩富：《政治经济学现代化的四个学术方向》，载《学术月刊》2011年第7期。

和凯恩斯主义[1]，也曾论述深化经济改革的首要任务绝不是国有企业私有化[2]等中国经济的重大问题。作为一位在美国马萨诸塞州立大学获得经济学博士学位的海归政治经济学者，清华大学马克思主义学院朱安东也对中国经济进行了批判的分析："我们必须看到，新自由主义对我国经济社会并非完全没有影响，当前我国存在的诸多矛盾，如贫富分化、消费不振以及教育医疗方面的问题等等，恐怕都与新自由主义的影响不无联系。"[3]这种比较的视角是有意义的。

我们需要正视政治经济学的复杂处境。政治经济学在中国的大学里不是单纯的学术研究，还担负马克思主义教学，以及论证共产主义的政治经济正当性的任务，或许正是因为它的三重身份，有时难免影响学术的纯粹。2013年5月在北京召开的第三届中国青年政治经济学者年会上，一位年轻学者做了一个很好的研究报告，讨论欧洲债务危机和福利资本主义的关系，然而最后的结论失之于简单化，该学者提出最终的出路是社会主义，到此戛然而止。这未免太省略了，社会主义的福利就完美吗？答案宜考虑到更多、更复杂的因素。严谨的学术研究带着"主义"的束缚，影响到了学术研究的独立性、完整性。虽然政治归政治、学术归学术的真空状态只是一种幻想，但我们要注意避免研究的先入为主、固步自封，应该追求更科学、更完善的境界。

---

[1]　程恩富：《应对资本主义危机要超越新自由主义和凯恩斯主义》，载《红旗文稿》2011年第18期。

[2]　程恩富、方兴起：《深化经济改革的首要任务绝不是国有企业私有化》，载《求是》2012年第13期。

[3]　朱安东：《新自由主义模式与危机根源》，载《人民论坛》2009年第6期。

后　记

自从 2007 年秋季以来，笔者在中国青年政治学院新闻与传播系讲授硕士生课程《中外传媒史研究》，感谢领导和同事、同学们的支持。本书的写作受益于备课中的思考。

本书部分内容是北京市高等院校教育教学改革项目"数字新闻博物馆"的成果。本书的出版得到中国青年政治学院的资助，在此致谢。

本书若干章节曾在中国新闻史学会年会和外国新闻传播史研究委员会年会宣读，感谢同行专家的鼓励和评议。

感谢我的博士生导师——中国人民大学新闻学院方汉奇先生给予的新闻史研究方法的教导；感谢我的硕士生导师——吉林大学新闻系冯国和先生引领我走入新闻史之路；感谢我的高中历史老师——东北师范大学附属中学的老师给予的历史学启蒙。

相关研究的一些文献查询工作是在国家图书馆进行的，在此对工作人员表示感谢。

本书前四章的初稿完成于 2005 年的暑假，之后经过多次修改和补充。其他章节主要是近两年的研究，刚刚完成。

《比较传媒史》的出版合同在 2011 年秋签订，世界图书出版公司的孔令钢编辑为这本书的付梓贡献甚多，在此一并致以诚挚的谢意。

陈彤旭

2013 年 10 月于北京万寿寺